会 计 岗 位 实 操 系 列

李启明 ◎主编

图解版

新编

行政事业单位
会计实务

人 民 邮 电 出 版 社
北 京

图书在版编目（ＣＩＰ）数据

新编行政事业单位会计实务：图解版／李启明　主
编. -- 北京：人民邮电出版社，2017.6
ISBN 978-7-115-43647-4

Ⅰ．①新… Ⅱ．①李… Ⅲ．①单位预算会计－图解
Ⅳ．①F810.6-64

中国版本图书馆CIP数据核字(2017)第050050号

内 容 提 要

本书立足行政事业单位会计工作岗位的实际需要，突出会计实务操作技能的讲授与训练。

全书共分三部分。第一部分主要讲解行政事业单位会计的基础理论知识，包括会计和财政预算两个方面的内容。第二部分主要讲解事业单位会计操作实务，共分为事业单位资产的核算、事业单位负债的核算、事业单位收入的核算、事业单位支出的核算、事业单位净资产的核算、事业单位财务会计报告的编制六个项目内容。第三部分主要讲解行政单位会计操作实务，共分为行政单位资产的核算、行政单位负债的核算、行政单位收入与支出的核算、行政单位净资产的核算、行政单位财务报告五个项目的内容。

本书适合作为高等教育、职业教育的专业教材，同时也可作为行政事业单位会计人员的在职培训和参考用书。

◆ 主　　编　李启明
责任编辑　刘　琦
责任印制　焦志炜

◆ 人民邮电出版社出版发行　北京市丰台区成寿寺路 11 号
邮编　100164　电子邮件　315@ptpress.com.cn
网址　http://www.ptpress.com.cn
北京鑫丰华彩印有限公司印刷

◆ 开本：787×1092　1/16
印张：14.25　　　　　　　2017 年 6 月第 1 版
字数：345 千字　　　　　2017 年 6 月北京第 1 次印刷

定价：45.00 元

读者服务热线：(010)81055256　印装质量热线：(010)81055316
反盗版热线：(010)81055315
广告经营许可证：京东工商广登字 20170147 号

前 言

　　会计是一个以提供财务信息（货币信息）为主的经济信息系统。会计按其核算、监督的对象及适应范围可划分为企业会计（也叫营利性会计）和预算会计（也叫政府与非营利组织会计）两大体系。行政事业单位会计是政府与非营利组织会计体系的重要组成部分，"行政事业单位会计"课程是财务会计类专业的专业选修课。为适应财务会计类专业"行政事业单位会计"课程教学的需要，同时满足广大行政事业单位财务会计人员学习会计制度的需要，我们根据《行政单位会计制度》（财库〔2013〕218号）、《事业单位会计准则》（2012年财政部第72号令）、《事业单位会计制度》（财会〔2012〕22号），结合《行政单位财务规则》（2012年财政部第71号令）、《事业单位财务规则》（2012年财政部第68号令）以及《行政事业单位内部控制规范（试行）》（财会〔2012〕21号）对行政事业单位财务管理提出的基本要求，组织编写了本书。

　　本书在编写过程中立足行政事业单位会计工作岗位的实际需要，遵照学习者学习规律，突出会计实务操作技能的讲授与训练，解决行政事业单位财务管理和会计核算工作中的具体问题，力争突出以下特点。

　　"丰富"——本书在行政事业单位财务规则、会计准则与会计制度及相关规章制度正式实施2~3年后编写，一方面充分体现了财务规则、会计准则与会计制度本身的规范要求，另一方面针对财务规则、会计准则与会计制度实施过程中遇到的一些重点问题和疑难问题，充实了部分项目任务的内容，提高了课堂教学和学员自学重点、难点问题的效率。

　　"实用"——本书契合行政事业单位会计内容与流程以及岗位业务素质的要求，主体内容以行政事业单位会计要素为基本项目单元，以行政事业单位会计科目为基本任务单元，结合行政事业单位日常经济业务与事项介绍了会计科目的基本对应关系与使用方法，充分体现了会计教育的基本规律，突出了实用性和操作性。

"通俗"——本书作者长期从事财务会计类专业"行政事业单位会计"课程的教学和研究工作，承担财政、教育、卫生、质量技术监督等行业会计人员继续教育的教学任务，担任当地市（县）会计局、教育、卫生等行业或单位的会计业务咨询专家，指导或参与部分学校和医院内部财务管理办法的修订与制定。作者在编写本书时，在每个项目任务中插入了一些图形和表格，这些图形和表格是作者多年教学和研究的成果，能够形象直观地分析和描述行政事业单位财务管理和会计核算过程中相关要素之间的联系与区别，可以有效地帮助学习者学习和理解相关知识。

　　本书由陕西财经职业技术学院教授李启明主编，在编写过程中参考了有关资料和观点，在此对原作者深表谢意。由于作者水平有限，书中难免有不妥之处，敬请读者批评指正。

作者

2016年6月

目 录

CONTENTS

1

2

1 第一部分 基础理论知识

基础理论知识一 会计

👥目 会计基本概念

（一）行政事业单位会计的含义

行政单位是进行国家行政管理、组织经济建设和文化建设、维护社会公共秩序的单位，主要包括国家权力机关、行政机关、司法机关、检察机关以及实行预算管理的其他机关、政党组织等[①]。行政单位会计是指各级行政、党派、政协机关核算和监督国家预算资金的取得、使用及其结果的一种非营利组织会计。

事业单位是指国家为了社会公益目的，由国家机关举办或者其他组织利用国有资产举办的，从事教育、科技、文化、卫生等活动的社会服务组织[②]。事业单位会计是以事业单位实际发生的各项经济业务或事项为对象，核算、反映和监督事业单位年度财务收支计划执行过程及其结果的一种非营利组织会计。

（二）行政事业单位财务管理与会计标准体系

为了加强行政事业单位的财务管理、规范日常会计核算，财政部近年来先后对行政事业单位财务与会计制度进行修订，形成了新的行政事业单位财务管理与会计标准体系。

从狭义上看，行政单位财务管理与会计标准体系主要是指财政部 2012 年 12 月 6 日公布的《行政单位财务规则》（2012 年财政部第 71 号令）及 2013 年 12 月 18 日修订印发的《行政单位会计

---

① 行政单位是财政上的概念，区别于行政机关。行政机关是指依宪法和有关组织法的规定设置的，行使国家行政职权，负责对国家各项行政事务进行组织、管理、监督和指挥的国家机关。

② 事业单位分类改革之前现有事业单位按照社会功能划分为承担行政职能、从事生产经营活动和从事公益服务三个类别，随着事业单位分类改革的逐步推进，承担行政职能的事业单位的行政职能将划归行政机构或将其转为行政机构，从事生产经营活动的事业单位将转为企业，从事公益服务的事业单位继续将其保留在事业单位序列，以强化其公益属性。从事公益服务的事业单位根据职责任务、服务对象和资源配置方式等情况细分为公益一类和公益二类两类，公益一类是指承担义务教育、基础性科研、公共文化、公共卫生及基层的基本医疗服务等基本公益服务，不能或不宜由市场配置资源的事业单位；公益二类是指承担高等教育、非营利医疗等公益服务，可部分由市场配置资源的事业单位；具体由各地结合实际研究确定。

制度》（财库 [2013]218 号),《行政单位财务规则》和《行政单位会计制度》适用于各级各类国家机关、政党组织（统称行政单位）；事业单位财务管理与会计标准体系主要是指财政部 2012 年 2 月 7 日修订公布的《事业单位财务规则》（2012 年财政部第 68 号令）、2012 年 12 月 5 日修订印发的《事业单位会计准则》及 2012 年 12 月 19 日修订印发的《事业单位会计制度》，以及近年来相继修订印发行业特色突出的行业事业单位会计制度，如《医院会计制度》《基层医疗卫生机构会计制度》《高等学校会计制度》《中小学校会计制度》等。《事业单位财务规则》和《事业单位会计准则》适用于各级各类事业单位。《事业单位会计准则》在事业单位会计标准体系中起统驭作用，《事业单位会计制度》和行业事业单位会计制度的制定必须遵循《事业单位会计准则》的规定。《事业单位会计制度》一般适用于各级各类事业单位，但按规定执行《医院会计制度》等行业事业单位会计制度的事业单位除外；纳入企业财务管理体系执行《企业会计准则》或《小企业会计准则》的事业单位除外；参照公务员法管理的事业单位对《事业单位会计制度》的适用，由财政部另行规定。所以，一般来讲如果事业单位所处的行业有国家统一规定的行业事业单位会计制度，则该事业单位执行特定的行业事业单位会计制度（如公立医院执行《医院会计制度》等）；没有国家统一规定的特定行业事业单位会计制度的事业单位，都执行《事业单位会计制度》。

从广义上看，行政事业单位的财务管理与会计标准体系除包括上述主要内容外还具有较强的层次性，作为规范单位财务行为的财务管理标准体系分三个层次，最高层次是《中华人民共和国预算法》，最低层次是单位内部财务管理办法，中间层次是财务规则与行业特色突出的行业财务制度，财务管理标准是单位财务活动的基本遵循，在一定程度上财务管理标准体系是给单位会计核算定"规矩"的；作为财务行为反映形式的会计标准体系也分三个层次，最高层次是《中华人民共和国会计法》，最低层次是通用会计制度及行业特色突出的行业会计制度，中间层次是事业单位会计准则（行政单位没有会计准则），会计标准是单位财务活动的基本遵循。以事业单位为例，财务管理标准标准体系和会计标准体系分别如图 1-1-1 和图 1-1-2 所示。

🖼 图形示意

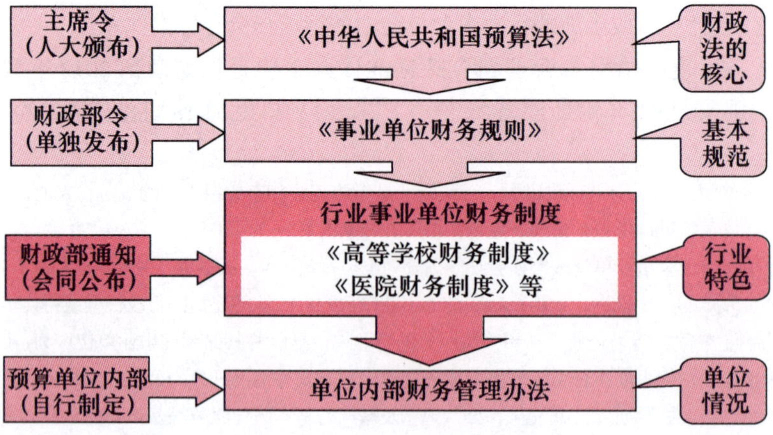

图 1-1-1　事业单位财务管理体系

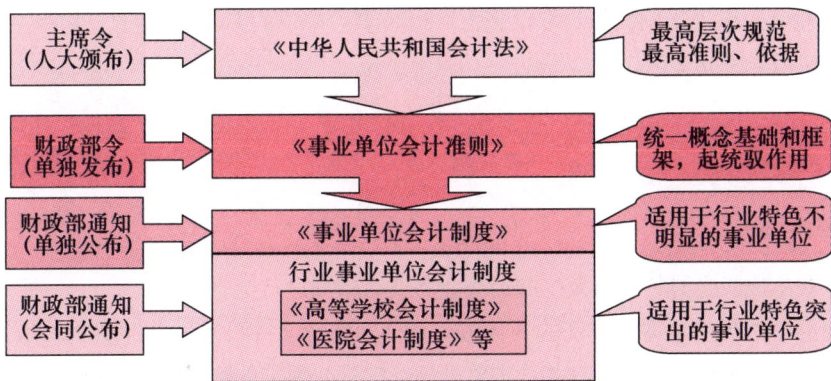

图 1-1-2 事业单位会计标准体系

（三）行政事业单位会计核算目标

行政事业单位会计核算目标是为会计信息使用者提供与行政事业单位财务状况、预算执行情况及事业成果等有关的会计信息，反映行政事业单位受托责任的履行情况，有助于会计信息使用者进行管理、监督和决策。

行政单位会计信息使用者包括人民代表大会、政府及其有关部门、行政单位自身和其他会计信息使用者；事业单位会计信息使用者包括政府及其有关部门、举办（上级）单位、债权人、事业单位自身和其他利益相关者。

（四）行政事业单位会计基础与记账方法

行政事业单位会计核算一般采用收付实现制。

行政单位的特殊经济业务和事项应当按照《行政单位会计制度》的规定采用权责发生制核算；事业单位的部分经济业务或者事项按《事业单位会计制度》的规定可以采用权责发生制核算，行业事业单位的会计核算按照其适用行业会计制度的规定可以采用权责发生制。

行政事业单位会计基础的选用如图 1-1-3 所示。

🖼 图形示意

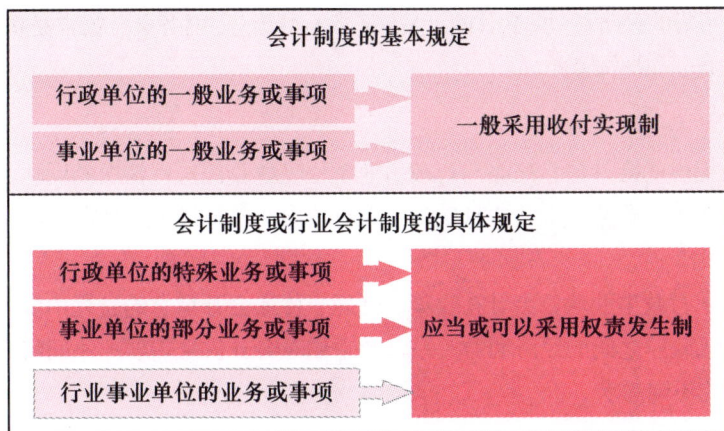

图 1-1-3　行政事业单位的会计基础的选用

行政事业单位应当采用借贷记账法记账。行政事业单位的会计记录应当使用中文，少数民族地区可以同时使用本民族文字。

会计核算前提

（一）会计主体假设

行政事业单位应当对其自身发生的经济业务或者事项进行会计核算。

行政事业单位对基本建设投资的会计核算在分别执行《行政单位会计制度》和《事业单位会计制度》的同时，还应当按照国家有关基本建设会计核算的规定单独建账、单独核算。

（二）持续经营假设

行政事业单位会计核算应当以行政事业单位各项业务活动持续正常地进行为前提。

（三）会计分期假设

行政事业单位应当划分会计期间，分期结算账目和编制财务会计报告（又称财务报告、财务报表）。会计期间至少分为年度和月度。会计年度、月度等会计期间的起讫日期采用公历日期。

（四）货币计量假设

行政事业单位会计核算应当以人民币作为记账本位币。发生外币业务时，应当将有关外币金额折算为人民币金额计量。

会计信息质量要求

（一）可靠性

行政事业单位应当以实际发生的经济业务或者事项为依据进行会计核算，如实反映各项会计要素的情况和结果，保证会计信息真实可靠。

可靠性原则是对会计核算工作和会计信息的基本质量要求，它要求在会计核算的各个阶段，如审核原始凭证、填制记账凭证、记账、结账、编制财务报表时等都必须真实可靠。在确认会计事项时也必须依据真实可靠的经济活动，会计的计量、记录不得伪造，财务会计报告必须如实地反映情况，不得弄虚作假以偏概全和掩饰真相。

（二）相关性

行政事业单位提供的会计信息应当与行政事业单位受托责任履行情况的反映、会计信息使用者的管理、决策需要相关，有助于会计信息使用者对行政事业单位过去、现在或者未来的情况做出评价或者预测。

相关性原则要求行政事业单位会计在收集、处理、传递会计信息的过程中要充分考虑国家、各部门、各单位和各级政府之间的经济利益关系以及它们对会计信息需要的不同特点，确保会计信息使用者对会计信息的不同需求。

（三）全面性

行政事业单位应当将发生的各项经济业务或者事项全部（或统一）纳入会计核算，确保会计信息能够全面反映行政事业单位的财务状况、预算执行情况及事业成果等。

全面性原则要求凡是能够用货币计量的经济业务或者事项，会计都应反映，以保证会计的全面性；为全面完整地反映行政事业单位经济业务或事项的相关信息，并且能使行政事业单位会计信息的使用者易于理解，就要求对会计信息充分揭示；如果某项会计信息被忽略或遗漏，会引起信息使用者误解或误导其决策时，则该信息也应予以揭示。

（四）及时性

行政事业单位对于已经发生的经济业务或者事项，应当及时进行会计核算，不得提前或者延后。

由于持续经营和会计分期前提的存在，行政事业单位的经济业务或者事项并未停止，而财务会计报告是定期报送的。为了保证会计信息与所反映的对象在时间上保持一致，避免使会计信息失去时效性，必须遵循及时性原则。及时性原则要求在会计确认、计量和报告中要及时收集会计信息，即在经济发生后，及时收集整理各种原始单据或者凭证；及时处理会计信息，即按照会计制度的规定，及时对经济业务进行确认或者计量，并编制财务会计报告；及时传递会计信息，即按照国家规定的有关时限，及时地将编制的财务报告传递给财务报告使用者，便于其及时使用和决策。

（五）可比性

行政事业单位提供的会计信息应当具有可比性。

同一行政事业单位不同时期发生的相同或者相似的经济业务或者事项，应当采用一致的会计政策，不得随意变更。确需变更的，应当将变更的内容、理由和对单位财务状况、预算执行情况及事业成果的影响在附注中予以说明。

同类行政事业单位中不同单位发生的相同或者相似的经济业务或者事项，应当采用统一的会计政策，确保同类单位会计信息口径一致，相互可比。

（六）可理解性

行政事业单位提供的会计信息应当清晰明了，便于会计信息使用者理解和使用。

在会计核算中坚持可理解性原则，有利于会计信息的使用者准确、完整地把握会计信息所要说明的内容，从而更好地加以利用。

可理解性原则要求对于重要的、复杂的经济业务应用规范的文字加以单独反映；对预算收支项目和会计科目的分类，要科学合理、有条不紊，项目内容清晰明了。

会计要素

行政事业单位的会计要素包括资产、负债、净资产、收入、支出或者费用。资产、负债、净资产是用来说明行政事业单位财务状况的三个基本会计要素；收入和支出（费用）是用来反映行政事业单位预算执行情况及事业成果的会计要素。

（一）资产

行政单位资产是指行政单位占有或者使用的，能以货币计量的经济资源。行政单位的资产包括流动资产、固定资产、在建工程、无形资产等。

事业单位资产是指事业单位占有或者使用的能以货币计量的经济资源，包括各种财产、债权和其他权利。事业单位的资产按照流动性，分为流动资产和非流动资产。

（二）负债

行政单位负债是指行政单位所承担的能以货币计量，需要以资产等偿还的债务。行政单位的负债按照流动性，分为流动负债和非流动负债。

事业单位负债是指事业单位所承担的能以货币计量，需要以资产或者劳务偿还的债务。事业单位的负债按照流动性，分为流动负债和非流动负债。

（三）净资产

行政单位净资产是指行政单位资产扣除负债后的余额。行政单位的净资产包括财政拨款结转、财政拨款结余、其他资金结转结余、资产基金、待偿债净资产等 [①]。

事业单位净资产是指事业单位资产扣除负债后的余额。事业单位的净资产包括事业基金、非流动资产基金、专用基金、财政补助结转结余、非财政补助结转结余等。

（四）收入

行政单位收入是指行政单位依法取得的非偿还性资金。行政单位的收入包括财政拨款收入和其他收入。

事业单位收入是指事业单位开展业务及其他活动依法取得的非偿还性资金。事业单位的收入包括财政补助收入、事业收入、上级补助收入、附属单位上缴收入、经营收入和其他收入等。

（五）支出或者费用

行政单位支出是指行政单位为保障机构正常运转和完成工作任务所发生的资金耗费和损失。行政单位的支出包括经费支出和拨出经费。

事业单位支出或者费用是指事业单位开展业务及其他活动发生的资金耗费和损失。事业单位的支出或者费用包括事业支出、对附属单位补助支出、上缴上级支出、经营支出和其他支出等。

（六）会计要素间的关系

会计要素之间的关系通常用会计等式表示，会计等式也称会计平衡公式。会计等式表现为静态平衡和动态平衡。

所谓静态平衡是指从静态看，行政事业单位所拥有的资产与负债和净资产表现为同一资金的两个方面，即有一定数额的资产，就必然有一定数额的负债和净资产；反之，有一定数额的负债和净资产，也就必然有一定数额的资产。资产与负债、净资产是相互依存的，一个单位所拥有的资产总额与负

[①] 与国际通行的用法相一致，行政事业单位会计中资产与负债的差额称"净资产"，企业会计中与之相对的概念称"所有者权益"。企业会计中的"所有者权益"是各种投资者对企业净资产的所有权，与负债共同构成企业会计的"权益"。行政事业单位会计资产与负债的差额没有明确的所有者权益特征，因而称"净资产"，以区别于企业会计的"所有者权益"概念。

债和净资产的总额必然是相等的。资产与负债和净资产之间的这种恒等关系称为会计等式，用公式表示为：

$$资产 = 负债 + 净资产$$

所谓动态平衡是指从动态看，行政事业单位在发生业务或事项时，必然会取得一定数额的收入，同时也必然会发生一定数额的支出（费用）。收入和支出（费用）相抵后的余额为结转结余，用公式表示为：

$$收入 - 支出（费用）= 结转结余$$

结转结余不属于行政事业单位的会计要素[①]，结转结余经过年终结转或分配后形成净资产，会计平衡公式又回归到静态平衡状态。

会计等式是会计复式记账的理论基础，是会计记账凭证、会计账簿和财务报表的设计理论依据。

会计科目

行政事业单位会计的会计科目按其反映的经济内容或用途分为资产类、负债类、净资产类、收入类、支出（费用）类。

（一）会计科目的分级

行政事业单位会计的会计科目按核算层次分为总账科目和明细科目。

1. 总账科目

总账科目也叫总分类科目（或一级科目），它是按照预算管理要求对其会计要素进行总括分类的项目，是设置总账账户的依据。

2. 明细科目

明细科目是按照预算管理的要求，根据会计核算的重要性原则，对总账科目进一步分类后的项目，是设置明细账户的依据。明细科目按其反映内容的详略，又可分为一级明细科目和二级明细科目。

一级明细科目，又称子目。它是对总账科目直接分类后的项目，是设置一级明细账户的依据。

二级明细科目，又称细目。它是对一级明细科目进一步分类后的项目，是设置二级明细账户的依据。

从总账科目和明细科目的关系来看，总账科目是明细科目的综合，一级明细科目是二级明细科目的综合，总账科目对明细科目、一级科目对二级科目起统驭作用；明细科目是总账科目的详细分类和具体说明，对总账科目起补充和分析作用，二级明细科目对一级明细科目也是如此。所以，会

---

① 结转结余是行政事业单位在一定期间收入与支出相抵后的差额。首先虽然行政事业单位的收入与支出通常也有差额，但是由于行政事业单位不以营利为目的，其收入与支出的确认口径与企业收入与费用的确认口径有着明显的差别，因而这个差额并不表现为利润（或亏损），而表现为结转结余（或负结余），由于行政事业单位并不追求这个差额，而是予以客观反映，以提供有用的会计信息，结转结余的本质属性为净资产，独立作为要素的意义不大；其次，行政事业单位来说主要关注的是年度预算的执行情况，结转结余平时无法反映出收支结转结余情况的真实结果，即没有实际的内容；最后，结转结余作为预算的执行结果，有很大的不确定性，可能有，也可能没有，可能是贷方余额，也可能是借方余额，余额的方向不确定，作为独立的会计要素也不合适。所以，结转结余没有作为一个独立会计要素。当然，这并不影响预算收支以及结转结余的核算和对预算执行的检查分析。

计记账要求总账科目与明细科目平行登记。平行登记的要点是"三同四相符"，即总账科目与明细科目同时间、同方向、同金额登记，登记的结果必然是期初余额、本期借方发生额、本期贷方发生额、期末余额相符。

（二）会计科目的设置

1. 总账科目的设置

为了保证会计信息的可比性，使会计核算所提供的指标口径一致，便于会计信息使用者逐级汇总和分析利用，行政事业单位会计制度中规定了行政事业单位会计的会计科目。国务院各有关主管部门和各省、自治区、直辖市财政部门可以根据本部门、本地区的实际情况做必要的补充规定。基层单位应按照上级规定执行，不得改变会计科目的名称、编号、核算内容和对应关系。

行政单位会计适用的会计科目如表 1-1-1 所示。

表1-1-1　　　　　　　　　　　　　　　　**行政单位会计科目表**

序号	科目编号	会计科目名称		序号	科目编号	会计科目名称	
一、资产类				21	2301	应付账款	
1	1001	库存现金		22	2302	应付政府补贴款	
2	1002	银行存款		23	2305	其他应付款	
3	1011	零余额账户用款额度		24	2401	长期应付款	
4	1021	财政应返还额度		25	2901	受托代理负债	
	102101		财政直接支付	三、净资产类			
	102102		财政授权支付	26	3001	财政拨款结转	
5	1212	应收账款		27	3002	财政拨款结余	
6	1213	预付账款		28	3101	其他资金结转结余	
7	1215	其他应收款		29	3501	资产基金	
8	1301	存货			350101		预付款项
9	1501	固定资产			350111		存货
10	1502	累计折旧			350121		固定资产
11	1511	在建工程			350131		在建工程
12	1601	无形资产			350141		无形资产
13	1602	累计摊销			350151		政府储备物资
14	1701	待处理财产损溢			350152		公共基础设施
15	1801	政府储备物资		30	3502	待偿债净资产	
16	1802	公共基础设施		四、收入类			
17	1901	受托代理资产		31	4001	财政拨款收入	
二、负债类				32	4011	其他收入	
18	2001	应缴财政款		五、支出类			
19	2101	应缴税费		33	5001	经费支出	
20	2201	应付职工薪酬		34	5101	拨出经费	

事业单位会计适用的会计科目如表 1-1-2 所示。

表1-1-2　　　　　　　　　　　　　　**事业单位会计科目表**

序号	科目编号	会计科目名称	序号	科目编号	会计科目名称
一、资产类			三、净资产类		
1	1001	库存现金	29	3001	事业基金
2	1002	银行存款	30	3101	非流动资产基金
3	1011	零余额账户用款额度		310101	长期投资
4	1101	短期投资		310102	固定资产
5	1201	财政应返还额度		310103	在建工程
	120101	财政直接支付		310104	无形资产
	120102	财政授权支付	31	3201	专用基金
6	1211	应收票据	32	3301	财政补助结转
7	1212	应收账款		330101	基本支出结转
8	1213	预付账款		330102	项目支出结转
9	1215	其他应收款	33	3302	财政补助结余
10	1301	存货	34	3401	非财政补助结转
11	1401	长期投资	35	3402	事业结余
12	1501	固定资产	36	3403	经营结余
13	1502	累计折旧	37	3404	非财政补助结余分配
14	1511	在建工程			
15	1601	无形资产			
16	1602	累计摊销	四、收入类		
17	1701	待处置资产损溢	38	4001	财政补助收入
二、负债类			39	4101	事业收入
18	2001	短期借款	40	4201	上级补助收入
19	2101	应缴税费	41	4302	附属单位上缴收入
20	2102	应缴国库款	42	4401	经营收入
21	2103	应缴财政专户款	43	4501	其他收入
22	2201	应付职工薪酬			
23	2301	应付票据	五、支出类		
24	2302	应付账款	44	5001	事业支出
25	2303	预收账款	45	5101	上缴上级支出
26	2305	其他应付款	46	5201	对附属单位补助
27	2401	长期借款	47	5301	经营支出
28	2302	长期应付款	48	5401	其他支出

2. 明细科目的设置

行政事业单位会计明细科目的设置，除会计制度已有规定者外，在不违反会计信息质量要求的前提下，单位可根据需要，自行规定。一般情况下行政事业单位会计明细科目的设置有以下三种情况。

（1）按照《政府收支分类科目》设置明细科目。如事业单位的"财政补助收入"科目、行政单位的"财政拨款收入"科目应当按照《政府收支分类科目》中"支出功能分类"的"项"级科目设置明细科目，事业单位的"事业支出"科目、行政单位的"经费支出"科目应当按照《政府收支分类科目》中"支出经济分类"的"款"级科目设置明细科目；

（2）按结算单位、个人名称或事项设置明细科目。如各种往来款项明细科目的设置；

（3）按财产物资的类别或品名设置明细科目。如固定资产、存货明细科目的设置。

（三）会计科目的使用

行政事业单位应当按照下列规定运用会计科目。

1. 行政事业单位应当对有关法律、法规允许进行的经济活动，按照会计制度的规定使用会计科目进行核算；行政事业单位不得以会计制度规定的会计科目及使用说明作为进行有关法律、法规禁止的经济活动的依据。

2. 行政事业单位应当按照会计制度的规定设置和使用会计科目。因没有相关业务不需要使用的总账科目可以不设；在不影响会计处理和编报财务报表的前提下，行政事业单位可以根据实际情况自行增设会计制度规定以外的明细科目，或者自行减少、合并会计制度规定的明细科目。

3. 行政事业单位会计制度统一规定会计科目的编号，以便于填制会计凭证、登记账簿、查阅账目，实行会计信息化管理。行政事业单位不得随意打乱重编会计制度规定的会计科目编号。

4. 行政事业单位在填制会计凭证、登记会计账簿时，应当填列会计科目的名称，或者同时填列会计科目的名称和编号，不得只填列科目编号、不填列科目名称。

另外，按照财政部规定对固定资产和公共基础设施计提折旧的，相关折旧的账务处理应当按照会计制度规定执行；按照财政部规定不对固定资产和公共基础设施计提折旧的，不设置会计制度规定的"累计折旧"科目，在进行账务处理时不考虑会计制度其他科目说明中涉及的"累计折旧"科目。

基础理论知识二　财政预算

政府收支分类

政府收支分类是按照一定的原则、方法对政府收入和支出项目进行类别和层次划分，以全面、准确、清晰地反映政府收支活动。政府收支分类是制定和修订年度政府收支分类科目的基本依据。

政府收入是预算年度内通过一定的形式和程序，有计划地筹措到的归国家支配的资金，是国家参与国民收入分配的主要形式，是政府履行职能的财力保障。政府收入分类是将各类政府收入按其性质进行归类和层次划分，以便全面、准确、明细地反映政府收入的总量、结构及来源情况。

政府（财政）支出是政府为提供公共产品和服务，满足社会共同需要而进行的财政资金的支付。主要有：保证国家机器正常运转、维护国家安全、巩固各级政府政权建设的支出；维护社会稳定、提高全民族素质、外部效应巨大的社会公共事业支出；有利于经济环境和生态环境改善、具有巨大外部经济效应的公益性基础设施建设的支出；对宏观经济运行进行必要调控的支出等。政府支出分类是将政府支出的内容进行合理的归纳，以便准确反映和科学分析支出活动的性质、结构、规模以及支出的效益。

政府收支分类科目是编制政府预决算、组织预算执行以及预算单位进行会计明细核算的重要依据，是财政预算管理的一项重要基础性工作，直接关系到财政预算管理的透明度，关系到财政预算管理的科学化和规范化，是公共财政体制建设的一个重要环节。

根据《财政部关于印发政府收支分类改革方案的通知》（财预〔2006〕13号），改革后的政府收支分类体系包括"收入分类""支出功能分类"和"支出经济分类"三部分。

（一）收入分类

收入分类主要反映收入的性质和来源。收入分类具体有两种分类方法，一是按收入形式分类，如税收收入、非税收入，以及税收收入下的增值税、消费税、营业税，非税收入下的行政性收费、罚没收入等，说明收入以何种方式取得；二是按来源分类，有的按所有制结构划分，如增值税下的国有企业增值税、集体企业增值税；有的按部门结构划分，如行政性收费下的文化行政性收费、公安行政性收费；罚没收入下的文化罚没收入、公安罚没收入。

（二）支出功能分类

支出功能分类主要根据政府职能进行分类[①]，说明政府做什么。支出功能分类，一方面参考了国外支出的职能分类办法，同时也考虑了我国政府职能构成和财政管理的实际需要。支出功能分类中，类、款两级科目设置情况如下：

1. 一般公共服务。分设人大事务、政协事务、政府办公厅（室）及相关机构事务、发展与改革事务、统计信息事务、财政事务、税收事务、审计事务、海关事务、人事事务、纪检监察事务、人口与计划生育事务、商贸事务、知识产权事务、工商行政管理事务、食品和药品监督管理事务、质量技术监督与检验检疫事务、国土资源事务、海洋管理事务、测绘事务、地震事务、气象事务、民族事务、宗教事务、港澳台侨事务、档案事务、共产党事务、民主党派及工商联事务、群众团体事务、彩票事务、国债事务、其他一般公共服务支出等款。

2. 外交。分设外交管理事务、驻外机构、对外援助、国际组织、对外合作与交流、对外宣传、边界勘界联检、其他外交支出等款。

3. 国防。分设现役部队及国防后备力量、国防动员、其他国防支出等款。

4. 公共安全。分设武装警察、公安、国家安全、检察、法院、司法、监狱、劳教、国家保密、缉私警察、其他公共安全支出等款。

5. 教育。分设教育管理事务、普通教育、职业教育、成人教育、广播电视教育、留学教育、特殊教育、教师进修及干部继续教育、教育附加及教育基金支出、其他教育支出等款。

---

① 联合国《政府职能分类》将国家财政支出的职能分为四个部分：一是一般政府服务，主要反映政府需要，且与个人和企业劳务无关的活动，包括一般公共管理、国防、公共秩序与安全等；二是社会服务，主要反映政府直接向社会、家庭和个人提供的服务，如教育、卫生、社会保障等；三是经济服务，主要反映政府经济管理、提高运行效率的支出，如交通、电力、农业和工业等；四是其他支出，如利息，政府间的转移支付。

6. 科学技术。分设科学技术管理事务、基础研究、应用研究、技术研究与开发、科技条件与服务、社会科学、科学技术普及、科技交流与合作、其他科学技术支出等款。

7. 文化体育与传媒。分设文化、文物、体育、广播影视、新闻出版、其他文化体育与传媒支出等款。

8. 社会保障和就业。分设社会保障和就业管理事务、民政管理事务、财政对社会保险基金的补助、补充全国社会保障基金、行政事业单位离退休、企业关闭破产补助、就业补助、抚恤、退役安置、社会福利、残疾人事业、城市居民最低生活保障、其他城镇社会救济、农村社会救济、自然灾害生活救助、红十字事业、其他社会保障和就业支出等款。

9. 社会保险基金支出。分设基本养老保险基金支出、失业保险基金支出、基本医疗保险基金支出、工伤保险基金支出、生育保险基金支出、其他社会保险基金支出等款。

10. 医疗卫生。分设医疗卫生管理事务、医疗服务、社区卫生服务、医疗保障、疾病预防控制、卫生监督、妇幼保健、农村卫生、中医药、其他医疗卫生支出等款。

11. 环境保护。分设环境保护管理事务、环境监测与监察、污染防治、自然生态保护、天然林保护、退耕还林、风沙荒漠治理、退牧还草、已垦草原退耕还草、其他环境保护支出等款。

12. 城乡社区事务。分设城乡社区管理事务、城乡社区规划与管理、城乡社区公共设施、城乡社区住宅、城乡社区环境卫生、建设市场管理与监督、政府住房基金支出、国有土地使用权出让金支出、城市公用事业附加支出、国有土地收益基金支出、农业土地开发资金支出、其他城乡社区事务支出等款。

13. 农林水事务。分设农业、林业、水利、南水北调、扶贫、农业综合开发、其他农林水事务支出等款。

14. 交通运输。分设公路水路运输、铁路运输、民用航空运输、其他交通运输支出等款。

15. 工业商业金融等事务。分设采掘业、制造业、建筑业、电力、信息产业、旅游业、涉外发展、粮油事务、商业流通事务、物资储备、金融业、烟草事务、安全生产、国有资产监管、中小企业事务、可再生能源、能源节约利用石油价格改革财政补贴、其他工业商业金融等事务支出等款。

16. 其他支出。分设预备费、年初预留、住房改革支出、其他政府性基金支出、其他支出等款。

17. 转移性支出。分设返还性支出、财力性转移支付、专项转移支付、政府性基金转移支付、彩票公益金转移支付、预算外转移支出、调出资金、年终结余等款。

需要说明的是，支出功能项级科目没有完全按政府职能分类，而是根据预算细化和财政支出统计分析的需要，采用了四种不同的办法。

（三）支出经济分类

支出经济分类主要反映政府支出的经济性质和具体用途。从形式上看，各项财政支出，虽然都表现为资金从政府流出，但最终的经济影响是存在差异的。有些表现为政府的商品和服务购买，直接对社会的生产和就业产生影响，并最终影响资源配置；有些表现为资金的无偿转移，关系到收入分配，最终对社会生产和就业产生间接影响。支出经济分类中，类、款两级科目设置情况如下：

1. 工资福利支出。分设基本工资、津（补）贴、奖金、住房公积金、提租补贴、购房补贴、福利费、社会保障缴费、伙食费、伙食补助费、其他工资福利支出等款。

2. 商品和服务支出。分设办公费、印刷费、咨询费、手续费、水费、电费、邮电费、取暖费、物业管理费、交通费、差旅费、出国费、维修（护）费、租赁费、会议费、培训费、招待费、专用材料费、装备购置费、工程建设费、作战费、军用油料费、军队其他运行维护费、被装购置费、专用燃料费、劳务费、委托业务费、工会经费、其他商品和服务支出等款。

3. 对个人和家庭的补助。分设离休费、退休费、退职（役）费、抚恤金、生活补助、救济费、医疗费、助学金、奖励金、生产补贴、住房公积金、提租补贴、购房补贴其他对个人和家庭的补助支出等款。

4. 对企事业单位的补贴。分设企业政策性补贴、事业单位补贴、财政贴息、其他对企事业单位的补贴支出等款。

5. 转移性支出。分设不同级政府间转移性支出、同级政府间转移性支出、不同级预算单位间转移性支出、同级预算单位间转移性支出等款。

6. 赠与。分设对国内的赠与、对国外的赠与等款。

7. 债务利息支出。分设国库券付息、向国家银行借款付息、其他国内借款付息、向国外政府借款付息、向国际组织借款付息、其他国外借款付息等款。

8. 债务还本支出。分设国内债务还本、国外债务还本等款。

9. 基本建设支出。分设房屋建筑物购建、办公设备购置、专用设备购置、交通工具购置、基础设施建设、大型修缮、信息网络购建、物资储备、其他基本建设支出等款。

10. 其他资本性支出。分设房屋建筑物购建、办公设备购置、专用设备购置、交通工具购置、基础设施建设、大型修缮、信息网络购建、物资储备、其他资本性支出等款。

11. 贷款转贷及产权参股。分设国内贷款、国外贷款、国内转贷、国外转贷、产权参股、其他贷款转贷及产权参股支出等款。

12. 其他支出。分设预备费、预留、补充全国社会保障基金、未划分的项目支出、其他支出等款。

支出经济分类与支出功能分类从不同侧面、以不同方式反映政府支出活动。支出分类与部门分类编码和基本支出预算、项目支出预算相配合，在财政信息管理系统的有力支持下，可对任何一项财政支出进行"多维"定位，清清楚楚地说明政府的钱是怎么来的，干了什么事，最终用到了什么地方，为预算管理、统计分析、宏观决策和财政监督等提供全面、真实、准确的经济信息。

国库单一账户体系

按照《财政国库管理制度改革试点方案》（财库〔2001〕24 号）的规定，财政国库管理制度的基本发展要求是：建立国库单一账户体系，所有财政性资金都纳入国库单一账户体系管理，收入直接缴入国库或财政专户，支出通过国库单一账户体系支付到商品和劳务供应者或用款单位。

国库集中收付制度是指以国库单一账户体系为基础、资金缴拨以国库集中收付为主要形式的财政国库管理制度。国库集中收付制度包括财政性资金集中收缴和集中支付两个方面。

（一）国库单一账户体系的构成

1. 国库单一账户

国库单一账户为国库存款账户，用于记录、核算和反映纳入预算管理的财政收入和支出活动，并用于与财政部门在商业银行开设的零余额账户进行清算，实现支付。国库单一账户由财政部门在中国人民银行开设，并按收入和支出设置分类账，收入账按预算科目设置明细科目，支出账按资金使用性质设立分账册。

2. 财政部门零余额账户

财政部门零余额账户用于财政直接支付和与国库单一账户支出清算。财政部门零余额账户由财政部门按资金使用性质在商业银行开设。

3. 预算单位零余额账户

预算单位零余额账户用于财政授权支付和与国库单一账户支出清算。预算单位零余额账户由财政部门在商业银行为预算单位开设。

4. 预算外资金财政专户

预算外资金财政专户用于记录、核算和反映预算外资金的收入和支出活动，并用于预算外资金日常收支清算。预算外资金财政专户由财政部门在商业银行开设，并按收入和支出设置分类账。

5. 特设专户

特设专户用于记录、核算和反映预算单位的特殊专项支出活动，并用于与国库单一账户清算。特设专户经国务院和省级人民政府批准或授权财政部门开设。

上述账户和专户要与财政部门及其支付执行机构、中国人民银行国库部门和预算单位的会计核算保持一致性，相互核对有关账务记录。

国库单一账户体系建立后，相应取消各类收入过渡性账户。预算单位的所有财政性资金的收入和支出全部纳入国库单一账户管理，并通过各部门在商业银行的零余额账户处理日常支付和清算业务。

国库单一账户体系的构成如图 1-2-1 所示。

图形示意

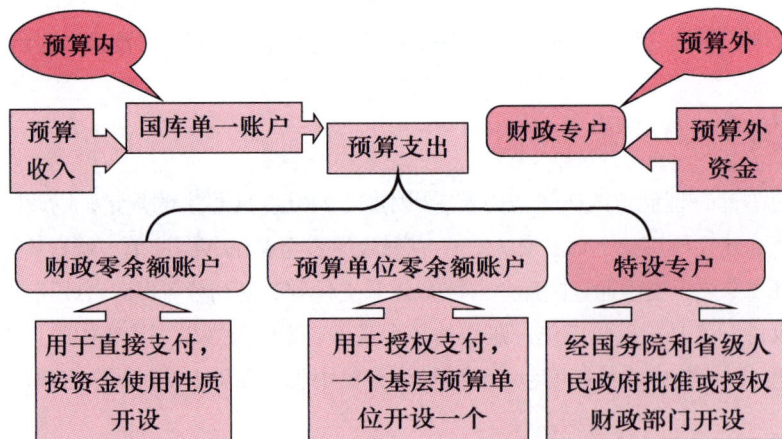

图 1-2-1　国库单一账户体系的构成

一般情况下，财政性资金都应通过国库单一账户体系存储、支付和清算。纳入国库集中支付管理的预算单位财政性资金应当包括：

1. 财政预算内资金；

2. 纳入财政预算管理的政府性基金；

3. 纳入财政专户管理的预算外资金；

4. 其他财政性资金。

（二）国库集中收缴的形式

纳入国库集中收入的财政性资金按政府收支分类标准对财政收入进行分类。按照《财政国库管理制度改革试点方案》的要求，将财政收入的收缴分为直接缴库和集中汇缴。

1. 直接缴库是指由缴款单位或缴款人按有关法律法规规定，直接将应缴收入缴入国库单一账户或预算外资金财政专户。

直接缴库的税收收入，由纳税人或税务代理人提出纳税申报，经征收机关审核无误后，由纳税人通过开户银行将税款缴入国库单一账户。直接缴库的其他收入，比照上述程序缴入国库单一账户或预算外资金财政专户。

2. 集中汇缴是指由征收机关（有关法定单位）按有关法律法规规定，将所收的应缴收入汇总缴入国库单一账户或预算外资金财政专户。

小额零散税收和法律另有规定的应缴收入，由征收机关于收缴收入的当日汇总缴入国库单一账户。非税收入中的现金缴款，比照小额零散税收缴入国库单一账户或预算外资金财政专户。涉及从国库中退库的，依照法律、行政法规有关国库管理的规定执行。

（三）国库集中支付的方式

财政支出总体上分为购买性支出和转移性支出。根据支付管理需要，具体分为：工资支出，即预算单位的工资性支出；购买支出，即预算单位除工资支出、零星支出之外购买服务、货物、工程项目等支出；零星支出，即预算单位购买支出中的日常小额部分，除《政府采购品目分类表》所列品目以外的支出，或列入《政府采购品目分类表》所列品目，但未达到规定数额的支出；转移支出，即拨付给预算单位或下级财政部门，未指明具体用途的支出，包括拨付企业补贴和未指明具体用途的资金、中央对地方的一般性转移支付等。按照不同的支付主体，对不同类型的支出，分别实行财政直接支付和财政授权支付。

1. 财政直接支付是指由财政部门开具支付令，通过国库单一账户体系，直接将财政资金支付到收款人（即商品和劳务供应者，下同）或用款单位账户。实行财政直接支付的支出包括：

（1）工资支出、购买支出以及中央对地方的专项转移支付，拨付企业大型工程项目或大型设备采购的资金等，直接支付到收款人。

（2）转移支出（中央对地方专项转移支出除外），包括中央对地方的一般性转移支付中的税收返还、原体制补助、过渡期转移支付、结算补助等支出，对企业的补贴和未指明购买内容的某些专项支出等，支付到用款单位（包括下级财政部门和预算单位，下同）。

2. 财政授权支付是指预算单位根据财政授权，自行开具支付令，通过国库单一账户体系将资金支付到收款人账户。实行财政授权支付的支出包括未实行财政直接支付的购买支出和零星支出。

　　财政直接支付和财政授权支付的具体支出项目，由财政部门在确定部门预算或制定改革试点的具体实施办法中列出。

　　国库资金的两种集中支付方式的比较如图1-2-2所示。

🖼 图形示意

财政直接支付	财政授权支付
由财政部门开具支付令	预算单位根据财政部门授权，自行开具支付令
通过国库单一账户体系	
直接将财政资金支付到供应商或收款人（用款单位）账户	将资金支付到供应商或收款人（用款单位）账户
适用于工资支出、购买支出、转移支出	适用于未实行财政直接支付的购买支出和零星支出

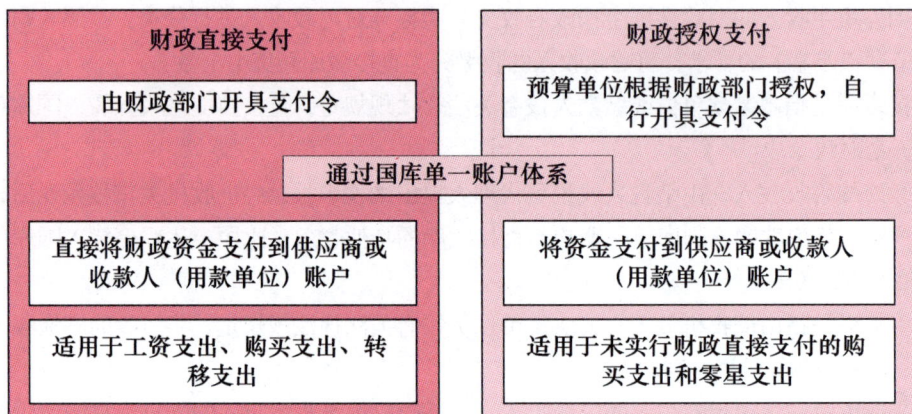

图 1-2-2　财政国库资金两种支付方式比较

（四）国库资金集中支付的程序

1. 财政直接支付程序

　　预算单位按照批复的部门预算和资金使用计划，向财政国库支付执行机构提出支付申请，财政国库支付执行机构根据批复的部门预算和资金使用计划及相关要求对支付申请审核无误后，向代理银行发出支付令，并通知中国人民银行国库部门，通过代理银行进入全国银行清算系统实时清算，财政资金从国库单一账户划拨到收款人的银行账户。

　　财政直接支付主要通过转账方式进行，也可以采取"国库支票"支付。财政国库支付执行机构根据预算单位的要求签发支票，并将签发给收款人的支票交给预算单位，由预算单位转给收款人。收款人持支票到其开户银行入账，收款人开户银行再与代理银行进行清算。每日营业终了前由国库单一账户与代理银行进行清算。

2. 财政授权支付程序

　　预算单位按照批复的部门预算和资金使用计划，向财政国库支付执行机构申请授权支付的月度用款限额，财政国库支付执行机构将批准后的限额通知代理银行和预算单位，并通知中国人民银行国库部门。预算单位在月度用款限额内，自行开具支付令，通过财政国库支付执行机构转由代理银行向收款人付款，并与国库单一账户清算。

　　上述财政直接支付和财政授权支付流程，以现代化银行支付系统和财政信息管理系统的国库管理操作系统为基础。在这些系统尚未建立和完善前，财政国库支付执行机构或预算单位的支付令通过人工操作转到代理银行，代理银行通过现行银行清算系统向收款人付款，并在每天轧账前，与国库单一账户进行清算。

预算外资金的支付比照上述程序。

（五）国库集中支付业务电子化管理

随着我国经济社会的发展，财政收支规模不断扩大、管理内容不断细化，国库收付业务大量增加，依靠目前半手工的操作手段，已远远不能适应业务管理的需要。为规范国库集中支付业务电子化管理，保障财政资金安全，提高业务办理效率，根据《中华人民共和国电子签名法》《财政国库管理制度改革试点方案》等有关规定，财政部、中国人民银行于 2013 年 9 月 5 日制定印发了《国库集中支付业务电子化管理暂行办法》（财库〔2013〕173 号），自 2013 年 10 月 1 日起实施。《国库集中支付业务电子化管理暂行办法》适用于各级财政部门、中国人民银行及其分支机构、国库集中支付业务代理银行、各级预算单位等业务方，利用信息网络技术，通过有关业务处理系统制作、发送、接收和处理电子凭证，办理国库集中支付业务。

单位预算管理

（一）单位预算分级

按照预算管理权限，单位预算分为下列级次：

1. 向同级财政部门申报预算的单位，为一级预算单位；

2. 向上一级预算单位申报预算并有下级预算单位的单位，为二级预算单位；

3. 向上一级预算单位申报预算，且没有下级预算单位的单位，为基层预算单位。

一级预算单位有下级预算单位的，为主管预算单位。

部门和单位预算批准后，预算单位依法拥有相应的资金使用权、会计核算权，履行财务管理职责，并接受财政和审计部门监督。

各级预算单位应当按照规定编制分月用款计划，并根据批复的分月用款计划使用财政性资金。财政性资金的支付，应当坚持按照财政预算、分月用款计划、项目进度和规定程序支付的原则。

预算单位的分级如图 1-2-3 所示。

图形示意

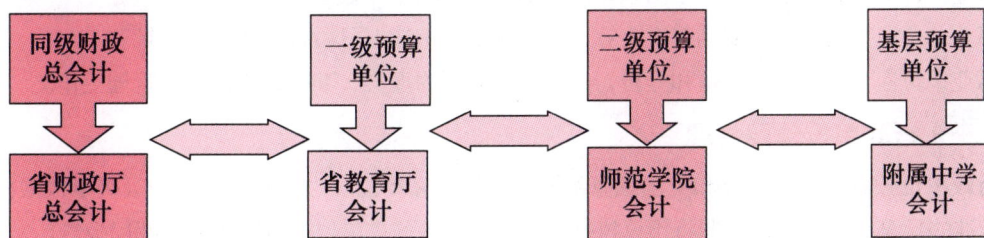

图 1-2-3　预算单位分级示意图

（二）事业单位预算管理

事业单位预算是指事业单位根据事业发展目标和计划编制的年度财务收支计划。事业单位预算由收入预算和支出预算组成。

1. 预算管理办法

国家对事业单位实行核定收支、定额或者定项补助、超支不补、结转和结余按规定使用的预算管理办法。

定额或者定项补助根据国家有关政策和财力可能，结合事业特点、事业发展目标和计划、事业单位收支及资产状况等确定。定额或者定项补助可以为零。

非财政补助收入大于支出较多的事业单位，可以实行收入上缴办法。具体办法由财政部门会同有关主管部门制定。

2. 预算编制的依据与原则

事业单位参考以前年度预算执行情况，根据预算年度的收入增减因素和措施，以及以前年度结转和结余情况，测算编制收入预算；根据事业发展需要与财力可能，测算编制支出预算。

事业单位预算应当自求收支平衡，不得编制赤字预算。

3. 预算编审的程序

事业单位根据年度事业发展目标和计划以及预算编制的规定，提出预算建议数，经主管部门审核汇总报财政部门（一级预算单位直接报财政部门）。事业单位根据财政部门下达的预算控制数编制预算，由主管部门审核汇总报财政部门，经法定程序审核批复后执行。

4. 预算执行与调整

事业单位应当严格执行批准的预算。预算执行中，国家对财政补助收入和财政专户管理资金的预算一般不予调整。上级下达的事业计划有较大调整，或者根据国家有关政策增加或者减少支出，对预算执行影响较大时，事业单位应当报主管部门审核后报财政部门调整预算；财政补助收入和财政专户管理资金以外部分的预算需要调增或者调减的，由单位自行调整并报主管部门和财政部门备案。

收入预算调整后，相应调增或者调减支出预算。

5. 决算的编制、审核和分析

事业单位决算是指事业单位根据预算执行结果编制的年度报告。

事业单位应当按照规定编制年度决算，由主管部门审核汇总后报财政部门审批。

事业单位应当加强决算审核和分析，保证决算数据的真实、准确，规范决算管理工作。

（三）行政单位预算管理

行政单位预算由收入预算和支出预算组成。各级预算单位应当按照预算管理级次申报预算，并按照批准的预算组织实施，定期将预算执行情况向上一级预算单位或者同级财政部门报告。

1. 预算管理办法

财政部门对行政单位实行收支统一管理，定额、定项拨款，超支不补，结转和结余按规定使用的预算管理办法。

2. 预算编制的依据

行政单位编制预算，应当综合考虑以下因素：年度工作计划和相应支出需求；以前年度预算执行情况；以前年度结转和结余情况；资产占有和使用情况；其他因素。

3. 预算编审的程序

行政单位预算依照下列程序编报和审批：

（1）行政单位测算、提出预算建议数，逐级汇总后报送同级财政部门；

（2）财政部门审核行政单位提出的预算建议数，下达预算控制数；

（3）行政单位根据预算控制数正式编制年度预算，逐级汇总后报送同级财政部门；

（4）经法定程序批准后，财政部门批复行政单位预算。

4. 预算执行与调整

行政单位应当严格执行预算，按照收支平衡的原则，合理安排各项资金，不得超预算安排支出。

预算在执行中原则上不予调整。因特殊情况确需调整预算的，行政单位应当按照规定程序报送审批。

5. 决算的编制、审核和分析

行政单位应当按照规定编制决算，逐级审核汇总后报同级财政部门审批。

行政单位应当加强决算审核和分析，规范决算管理工作，保证决算数据的完整、真实、准确。

2 第二部分
事业单位会计操作实务

项目一　事业单位资产的核算

▶目 理论知识　事业单位资产基础

资产是指事业单位占有或者使用的能以货币计量的经济资源，包括各种财产、债权和其他权利。

一、资产确认的条件

符合资产定义的资源，在同时满足以下条件时，确认为资产：

（一）与该资源有关的经济利益或服务潜力能够流入单位；

（二）该资源的成本或者价值能够可靠地计量。

二、资产的分类

事业单位的资产按照流动性，分为流动资产和非流动资产。

（一）流动资产是指预计在1年内（含1年）变现或者耗用的资产。事业单位的流动资产包括货币资金、短期投资、应收及预付款项、存货等。

（二）非流动资产是指流动资产以外的资产。事业单位的非流动资产包括长期投资、在建工程、固定资产、无形资产等。

三、资产的计量

事业单位的资产应当按照取得时的实际成本进行计量。除国家另有规定外，事业单位不得自行调整其账面价值。

（一）应收及预付款项应当按照实际发生额计量。

（二）以支付对价方式取得的资产，应当按照取得资产时支付的现金或者现金等价物的金额，或者按照取得资产时所付出的非货币性资产的评估价值等金额计量。

（三）取得资产时没有支付对价的，其计量金额应当按照有关凭据注明的金额加上相关税费、运输费等确定；没有相关凭据的，其计量金额比照同类或类似资产的市场价格加上相关税费、运输费等确定；没有相关凭据、同类或类似资产的市场价格也无法可靠取得的，所取得的资产应当按照名义金额入账。

（四）事业单位对固定资产计提折旧、对无形资产进行摊销的，由财政部在相关财务会计制度中规定。

学习任务一　货币资金的核算

📖 知识目标

- 熟悉事业单位现金的含义及管理要求；
- 了解事业单位现金收付业务办理的流程；
- 熟悉事业单位银行结算账户的含义及种类；
- 了解事业单位银行结算账户开立的基本程序；
- 熟悉事业单位零余额账户的含义及种类；
- 了解事业单位零余额账户开立的基本要求。

✖ 能力目标

- 学会事业单位库存现金盘点及银行对账的方法；
- 学会事业单位"库存现金"科目的使用方法；
- 学会事业单位"银行存款"科目的使用方法；
- 学会事业单位"零余额账户用款额度"科目的使用方法。

🔖 知识精讲

事业单位的货币资金包括库存现金、银行存款和零余额账户用款额度。事业单位应加强货币资金的管理，保证货币资金的安全完整。

一、库存现金的含义与管理

库存现金是指事业单位存放在财会部门并由出纳员保管的纸币和铸币。库存现金是事业单位流动性最强的流动资产，它不受任何契约的限制，使用方便，但不能随保留时间的推移而增值。因此，事业单位的库存现金应以满足日常零星开支为限，并应切实加强管理。

（一）设置专人经管库存现金的出纳工作。单位会计机构内部应当建立稽核制度，出纳人员不得兼任稽核、会计档案保管和收入、支出、费用、债权债务账目的登记工作。单位的现金收付业务，应由专职或兼职的出纳员办理，出纳、会计分开，钱账分管，责任分明。

（二）严格遵守库存现金限额。库存现金限额的核定一般以单位 3~5 天的日常零星开支所需的现金量为依据，边远地区和交通不便地区的单位核定时可以多于 5 天，但不得超过 15 天。超过库存现金限额的现金应于当日业务终了前送存开户银行。如果需要增加或者减少库存现金限额，应当向开户银行提出申请，由开户银行核定。

（三）严格遵守库存现金使用范围。单位库存现金的使用范围有：职工工资、津贴；个人劳务报酬；根据国家规定颁发给个人的科学技术、文化艺术、体育等各种奖金；各种劳保、福利费用以及国家规定的对个人的其他支出；向个人收购农副产品和其他物资的价款；出差人员必须随身携带的差旅费；结算起点以下的零星支出；中国人民银行确定需要支付现金的其他支出。凡不属于上述范围的款项支付，一律通过银行办理转账结算。

（四）严格库存现金收付手续。出纳人员应严格以经过审核无误的合法凭证为依据，办理现金收付款业务。支付现金后，应在原始凭证上加盖"现金付讫"戳记，以防止凭证重复报销。不能以借据抵顶现金。凡属现金收入业务，应给对方开出正式合法的收据，严密手续，防止漏洞。

（五）不准坐支现金。单位支付现金，应从单位库存现金限额内支付或者从开户银行提取，不得从现金收入中直接支付，即坐支。因特殊情况需坐支的，应当事先报经开户银行审查批准，由开户银行核定坐支范围和限额，单位若经批准坐支现金时，应当定期向开户银行报送坐支的金额和使用情况。

（六）做到日清月结，保证账款相符。现金收付要及时入账，每日清点库款；主管会计人员应定期或不定期地对库存实际结存，以及对有关部门的备用金进行核对与检查，做到日清月结，账款相符。任何有现金收支的部门都不得以借据或白条抵顶现金。

为了加强对现金出纳工作的监督，防止盗窃和营私舞弊，保护现金安全完整，必须建立现金清查盘点制度。库存现金的清查盘点包括出纳人员每日的清查盘点和清查小组定期或不定期的清查盘点，清查的主要手段是实地盘点。每日账款核对中发现现金溢余或短缺的，应当及时进行处理。清查小组清查盘点现金时，出纳人员必须在场，盘点后将实存数与账存数核对，并编制"库存现金盘点报告表"，列明实存、账存和溢余或短缺金额。如有溢余或短缺，应查明原因，并及时请领导审批。

二、银行结算账户的含义与管理

银行结算账户，即人民币银行结算账户，是指银行为存款人开立的办理资金收付结算的人民币活期存款账户。存款人以单位名称开立的银行结算账户为单位银行结算账户。单位银行结算账户按用途一般分为基本存款账户、一般存款账户、专用存款账户、临时存款账户。银行结算账户的开立与管理规定如下。

（一）存款人申请开立单位银行结算账户时，可由法定代表人或单位负责人直接办理，也可授权他人办理。由法定代表人或单位负责人直接办理的，除出具相应的证明文件外，还应出具法定代表人或单位负责人的身份证件；授权他人办理的，除出具相应的证明文件外，还应出具其法定代表人或单位负责人的授权书及其身份证件，以及被授权人的身份证件。

（二）存款人申请开立银行结算账户时，应填制开户申请书。开户申请书按照中国人民银行的规定记载有关事项。

（三）银行应对存款人的开户申请书填写的事项和证明文件的真实性、完整性、合规性进行认真审查。开户申请书填写的事项齐全，符合开立基本存款账户、临时存款账户和预算单位专用存款账户条件的，银行应将存款人的开户申请书、相关的证明文件和银行审核意见等开户资料报送中国人民银行当地分支行，经其核准后办理开户手续；符合开立一般存款账户、其他专用存款账户和个人银行结算账户条件的，银行应办理开户手续，并于开户之日起 5 个工作日内向中国人民银行当地分支行备案。

（四）中国人民银行应于 2 个工作日内对银行报送的基本存款账户、临时存款账户和预算单位专用存款账户的开户资料的合规性予以审核，符合开户条件的，予以核准；不符合开户条件的，应在开户申请书上签署意见，连同有关证明文件一并退回报送银行。

（五）银行为存款人开立银行结算账户，应与存款人签订银行结算账户管理协议，明确双方的权利与义务。除中国人民银行另有规定的以外，应建立存款人预留签章卡片，并将签章式样和有关证明文件的原件或复印件留存归档。

（六）开户登记证是记载单位银行结算账户信息的有效证明，存款人应按规定使用，并妥善保管。

（七）银行在为存款人开立一般存款账户、专用存款账户和临时存款账户时，应在其基本存款账户开户登记证上登记账户名称、账号、账户性质、开户银行、开户日期，并签章。临时机构和注册验资需要开立的临时存款账户除外。

存款人更改名称，但不改变开户银行及账号的，应于5个工作日内向开户银行提出银行结算账户的变更申请，并出具有关部门的证明文件；单位的法定代表人或主要负责人、住址以及其他开户资料发生变更时，应于5个工作日内书面通知开户银行并提供有关证明。

事业单位应当严格按照国家有关支付结算办法的规定办理银行存款收支业务，并按照会计制度规定核算银行存款的各项收支业务。

事业单位的银行存款在收付过程中可能会发生差错，为了检查银行存款账目的正确性，查明银行存款的实际余额，"银行存款日记账"应定期与"银行对账单"核对，至少每月核对一次。月度终了，事业单位账面余额与银行对账单余额之间如有差额，必须逐笔查明原因并进行处理，按月编制"银行存款余额调节表"，调节相符。

"银行存款余额调节表"编制的基本方法是将单位的"银行存款日记账"余额和"银行对账单"的余额，各自加上对方已收而自己未收、减去对方已付而自己未付的未达账项，来检查双方余额是否相等。调节后的余额只能说明单位将可动用的银行存款数额，单位不能据此调整银行存款账面数。只有等到未达账项变成"已达账项"时，才能根据银行转来的有关凭证进行账务处理。

三、零余额账户的含义与管理

零余额账户是指财政部门或预算单位经财政部门批准，在国库集中支付代理银行和非税收入收缴代理银行开立的，用于办理国库集中收付业务的银行结算账户。零余额账户主要包括财政部门零余额账户、预算单位零余额账户、财政汇缴零余额账户（即财政汇缴专户）。其中：财政部门零余额账户和财政汇缴零余额账户的性质为专用存款账户；预算单位零余额账户的性质为基本存款账户或专用存款账户。零余额账户需由同级财政部门批准开立，并出具证明文件，由开户银行报经中国人民银行核准后核发开户许可证。

（一）财政部门和预算单位应当按照《关于零余额账户管理有关事项的通知》（财库〔2009〕47号）规定，规范和明确账户性质。零余额账户的变更、合并与撤销须经同级财政部门批准，并按照财政国库管理制度规定的程序和要求执行。

（二）财政部门原则上只能为预算单位开立一个预算单位零余额账户，为执收单位开立一个财政汇缴零余额账户。确因特殊管理需要（如存在异址办公并独立核算的非法人机构等情形），需要开立一个以上账户的，应当通过主管部门向同级财政部门提出申请，经同级财政部门批准后开立。财政部门在同一家代理银行原则上只能开立一个财政部门零余额账户。

（三）财政部门零余额账户和预算单位零余额账户的用款额度具有与人民币存款相同的支付结算功能。财政部门零余额账户可以办理转账等支付结算业务，但不得提取现金。预算单位零余额账户可办理转账、汇兑、委托收款和提取现金等支付结算业务。

（四）代理银行应当严格按照财政部门下达的用款额度办理支付结算业务，在有相应科目用款额度的情况下，不得违反规定拒绝办理规定的各类支付结算业务。代理银行应当将零余额账户的开立、变更、撤销等基本情况报同级人民银行国库部门备案。

零余额账户用款额度是指实行国库集中支付的事业单位根据财政部门批复的用款计划收到和支用的用款额度。

科目设置

事业单位会计货币资金核算的会计科目包括"库存现金""银行存款"和"零余额账户用款额度"科目。

"库存现金"科目

事业单位为核算其库存现应设置"库存现金"（资产类）科目，借方登记库存现金的增加数，贷方登记库存现金的减少数，期末借方余额反映事业单位实际持有的库存现金。

事业单位应当设置"现金日记账"[①]，由出纳人员根据稽核过的收付款凭证，按照业务发生顺序逐笔登记；每日业务终了，应计算出当日现金收入合计数、现金付出合计数和结余数，并将结余与实际库存数核对相符后，编制"库存现金日报表"；最后，由记账人员根据出纳人员传递的"库存现金日报表"连同会计凭证登记总账。事业单位现金业务办理的基本流程如图2-1-1所示。

另外，现金收入业务较多、单独设有收款部门的单位，收款部门的收款员应当将每天所收现金连同收款凭据等一并交财务部门核收记账；或者将每天所收现金直接送存开户银行后，将收款凭据及向银行送存现金的凭证等一并交财务部门核收记账。单位现金收入业务较多、单独设有收款部门的现金收付业务办理流程如图2-1-2所示。

库存现金清查盘点过程中，如发现现金溢余，属于应支付给有关人员或单位的部分，应暂时登记在"其他应付款（出纳）"科目，待后支付；属于无法查明原因的部分，应列入"其他收入（现金盘盈收入）"科目。如发现现金短缺，属于应由责任人赔偿的部分，应暂时登记在"其他应收款（出纳）"科目，待后追缴；属于无法查明原因的部分，报经批准后应列入"其他支出（现金盘亏损失）"科目。

"银行存款"科目

事业单位为了核算存入银行或其他金融机构的各种存款应设置"银行存款"（资产类）科目，借方登记款项的存入及转入等，贷方登记款项的支出、提取、转出及汇出等，期末借方余额反映事业单位实际存放在银行或其他金融机构的款项。

事业单位应当按开户银行或其他金融机构、存款种类及币种等，分别设置"银行存款日记账"，由出纳人员根据收付款凭证，按照业务的发生顺序逐笔登记，每日终了应结出余额。

事业单位发生外币业务的，应当按照业务发生当日（或当期期初，下同）的即期汇率，将外币金额折算为人民币记账，并登记外币金额和汇率；期末，各种外币账户的外币余额应当按照期末的即期汇率折算为人民币，作为外币账户期末人民币余额。调整后的各种外币账户人民币余额与原账面人民币余额的差额，作为汇兑损益计入相关支出。

"零余额账户用款额度"科目

事业单位为了核算其在财政授权支付方式下收到的用款额度的增减及结存情况，应设置"零余

---

① 有外币现金的单位，应当分别按照人民币、各种外币设置"现金日记账"进行明细核算。

额账户用款额度"（资产类）科目，借方登记收到的用款额度数，贷方登记在用款额度内的支用数及注销数，期末借方余额反映事业单位尚未支用的零余额用款账户额度，年末应无余额。

零余额账户用款额度三个时点（期）上的核算如图 2-1-3 所示。

图形示意

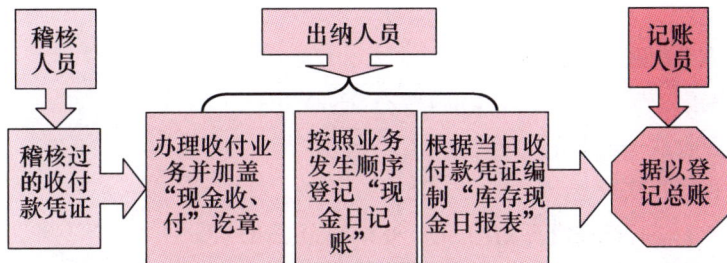

图 2-1-1 现金收付业务办理的基本流程

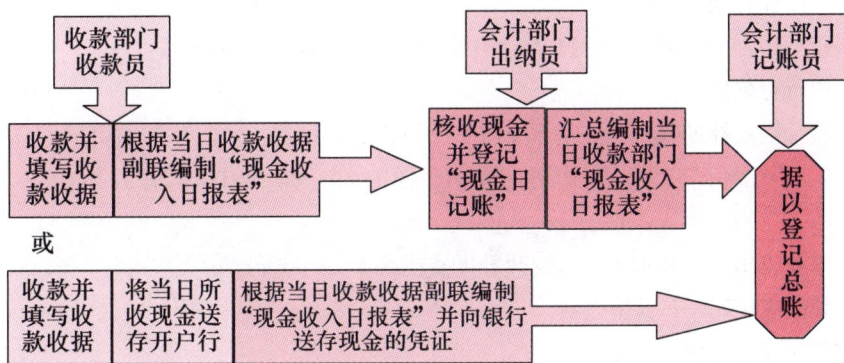

图 2-1-2 现金收入业务较多、单独设有收款部门的收款业务流程

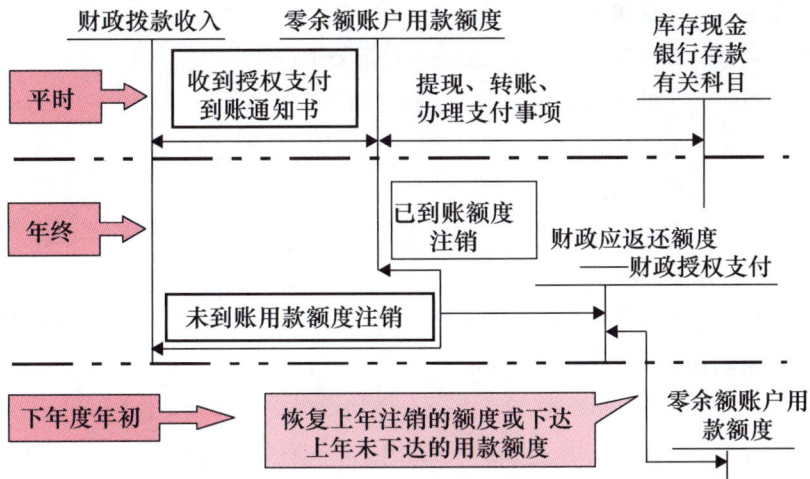

图 2-1-3 零余额账户用款额度三个时点（期）上的核算

🏃 能力训练

　　某事业单位 2015 年发生下列有关货币资金的业务与事项（假定该单位银行结算户与零余额账户暂时同时存在），请根据有关凭证编制会计分录。

1. 从零余额账户提现 4 200 元备用。

　　借：库存现金 　　　　　　　　　　　　　　　　　　　　　　 4 200
　　　　贷：零余额账户用款额度 　　　　　　　　　　　　　　　　　　　 4 200

2. 从开户银行转账支付李亮预借差费 5 000 元。

　　借：其他应收款——李亮 　　　　　　　　　　　　　　　　　　 5 000
　　　　贷：银行存款 　　　　　　　　　　　　　　　　　　　　　　　　 5 000

3. 承上李亮报销差旅费 5 200 元，补给现金 200 元。

　　借：事业支出——基本支出（财政补助支出等）——差旅费 　　　 5 200
　　　　贷：其他应收款——李亮 　　　　　　　　　　　　　　　　　　　 5 000
　　　　　　库存现金 　　　　　　　　　　　　　　　　　　　　　　　　　 200

4. 收到开户银行通知某月日常公用经费拨款 57 000 元到账。

　　借：银行存款 　　　　　　　　　　　　　　　　　　　　　　 57 000
　　　　贷：财政补助收入——基本支出——日常公用经费 　　　　　　　 57 000

5. 从开户银行转账支付某月电费 85 000 元，其中 61 000 元应由单位负担，24 000 元应向职工个人扣收。

　　借：事业支出——基本支出（财政补助支出等）——电费 　　　 61 000
　　　　其他应收款——代垫电费 　　　　　　　　　　　　　　　　 24 000
　　　　贷：银行存款 　　　　　　　　　　　　　　　　　　　　　　　 85 000

6. 收到《授权支付到账通知书》列明某月零余额账户用款额度 56 000 元到账（日常公用经费）。

　　借：零余额账户用款额度 　　　　　　　　　　　　　　　　　 56 000
　　　　贷：财政补助收入——基本支出——日常公用经费 　　　　　　　 56 000

7. 从零余额账户划拨单位工会账户工会经费 30 000 元。

　　借：银行存款（工会户） 　　　　　　　　　　　　　　　　　 30 000
　　　　贷：零余额账户用款额 　　　　　　　　　　　　　　　　　　　 30 000

8. 年终，实行直接支付项目支出预算指标为 960 000 元，全年实际支出数为 930 000 元。差额 30 000 元。

　　借：财政应返还额度——财政直接支付 　　　　　　　　　　　 30 000
　　　　贷：财政补助收入——项目支出 　　　　　　　　　　　　　　　 30 000

9. 若下年初，使用上年直接支付指标安排某项目支出 30 000 元。

　　借：事业支出——基本支出（财政补助支出）——有关明细科目 　 30 000
　　　　贷：财政应返还额度——财政直接支付 　　　　　　　　　　　　 30 000

10. 年终，零余额账户对账单列明 12 月用款额度下达数为 12 000 元（全年累计下达 640 000 元），12 月用款额度实际支出数为 10 000 元（全年累计支出 638 000 元）。

借：财政应返还额度——财政授权支付　　　　　　　　　　　　2 000

　　贷：零余额账户用款额　　　　　　　　　　　　　　　　　　2 000

11. 承上，年终全年实行授权支付的基本支出预算指标为 660 000 元，全年累计下达 640 000 元。

借：财政应返还额度——财政授权支付　　　　　　　　　　　20 000

　　贷：财政补助收入——基本支出　　　　　　　　　　　　　20 000

12. 承上，下年初用款额度恢复到账通知书，恢复上年度用款额度 2 000 元。

借：零余额账户用款额度　　　　　　　　　　　　　　　　　　2 000

　　贷：财政应返还额度——财政授权支付　　　　　　　　　　　2 000

13. 承上，下年初收到上年未下达的用款额度 20 000 元。

借：零余额账户用款额度　　　　　　　　　　　　　　　　　20 000

　　贷：财政应返还额度——财政授权支付　　　　　　　　　　20 000

14. 元月底，单位银行存款账面余额 37 600 元，银行对账单余额为 36 800 元，经过逐笔核对，发现有下列未达账项：

（1）单位委托银行收款 800 元，银行已办理收入入账手续，单位尚未收到收款单据。

（2）银行代单位支付邮电费 1 400 元，单位尚未收到电费结算凭证，因而尚未记账。

（3）单位向银行送存转账支票一张计 3 200 元，单位已入账，银行尚未入账。

（4）单位签发支票一张 3 000 元，付款入账，持票人尚未到银行办理转账手续。

请根据以上资料编制"银行存款余额调节表"。

"银行存款余额调节表"如表 2-1-1 所示。

表2-1-1　　　　　　　　　　**银行存款余额调节表**

2015 年 1 月 31 日　　　　　　　　　　　　　　　　单位：元

项目	余额	项目	余额
1. 单位"银行存款"余额	37 600	1. 银行对账单月末余额	36 800
2. 加：单位未收银行已收	800	2. 加：银行未收单位已收	3 200
3. 减：单位未付银行已付	1 400	3. 减：银行未付单位已付	3 000
调节后余额	37 000	调节后余额	37 000

知识归纳

事业单位的货币资金包括库存现金、银行存款和零余额账户用款额度。事业单位应加强货币资金的管理，保证货币资金的安全完整。事业单位会计货币资金核算的会计科目包括库存现金、银行存款和零余额账户用款额度。

库存现金是指事业单位存放在财会部门并由出纳员保管的纸币和铸币。事业单位应设置专人经管库存现金的出纳工作；严格遵守库存现金限额；严格遵守库存现金使用范围；严格库存现金收付手续；不准坐支现金；做到日清月结，保证账款相符。

银行结算账户，即人民币银行结算账户，是指银行为存款人开立的办理资金收付结算的人民币活期存款账户。银行结算账户按用途分为基本存款账户、一般存款账户、专用存款账户、临时存款账户。

零余额账户是指财政部门或预算单位经财政部门批准，在国库集中支付代理银行和非税收入收缴代理银行开立的，用于办理国库集中收付业务的银行结算账户。零余额账户需由同级财政部门批准开立，并出具证明文件，由开户银行报经中国人民银行核准后核发开户许可证。

复习思考

- 现金管理有哪些具体要求？
- 简述现金业务办理的基本流程。
- 现金盘点过程中对出现的溢余或短缺应如何处理？
- 银行结算户都有哪些？
- 什么是零余额账户？零余额账户包括哪些账户？

学习任务二 应收及预付款项的核算

知识目标

- 熟悉事业单位财政应返还额度的含义；
- 了解事业单位年度用款额度注销与返还的规定；
- 熟悉事业单位应收票据、应收账款、预付账款和其他应收款的含义；
- 掌握事业单位其他应收款管理的要求。

能力目标

- 学会事业单位"财政应返还额度"科目的使用方法；
- 学会事业单位"应收票据"科目的使用方法；
- 学会事业单位"应收账款"科目的使用方法；
- 学会事业单位"预付账款"科目的使用方法；
- 学会事业单位"其他应收款"科目的使用方法。

知识精讲

事业单位的应收及预付款项包括财政应返还额度、应收票据、应收账款、预付账款和其他应收款。

事业单位应加强应收及预付款项的管理，保证应收尽收，防止、减少坏账的出现。

一、财政应返还额度的含义与注销返还的规定

财政应返还额度 ①，亦称年终预算结余资金（简称结余资金），是指纳入国库集中支付的预算单位在预算年度内，按照本级财政部门批复的部门预算，当年尚未支用并按规定应留归预算单位继续使用的资金。即：实行国库集中支付制度后事业单位年度实际支出数小于年度预算额度的部分，具体表现为已经申请的到年底还没有使用的额度和到年底还没有申请的用款额度，具体包括：事业单位经费结余；政府采购资金结余；留归预算单位使用的项目经费结余；基本建设项目竣工结余和投资包干结余；财政财务规章制度规定的其他结余资金。

（一）年终结余用款计划额度注销的规定。年度终了，财政部门将单位年终结余用款计划额度注销，同时代理银行向基层预算单位提供对账单后，将各基层预算单位零余额账户额度余额注销。

（二）年终结余用款计划额度使用的规定。下一年度上半年财政部门原则上将未下达的结余用款计划额度重新下达各部门，并同时向代理银行下达财政授权支付额度。各预算单位在下达的用款计划及授权支付额度内使用资金。

（三）年终结余资金申报的规定 ②。一级预算单位按照有关规定，在规定时间内报送《年终预算结余资金申报核定表》，财政部门根据部门预算和相关财政财务管理规定，在规定时间内将上年度结余资金以正式文件通知预算单位。财政部门核定的结余资金数额如小于已恢复的上年度财政授权支付额度与未支用财政直接支付用款计划数额之和，预算单位应当报送负数用款计划冲抵差额；不足以冲抵的，抵减当年预算。

财政应返还额度按支付方式不同分为财政直接支付和财政授权支付。

二、其他各应收及预付款项的含义

（一）应收票据事业单位因开展经营活动销售产品、提供有偿服务等而收到的商业汇票，包括银行承兑汇票和商业承兑汇票。

（二）应收账款是指事业单位因开展经营活动销售产品、提供有偿服务等而应收取的款项。

（三）预付账款是指事业单位按照购货、劳务合同规定预付给供应单位的款项。

（四）其他应收款是指事业单位除财政应返还额度、应收票据、应收账款、预付账款等以外的其他各项应收及暂付款项，如职工预借的差旅费、拨付给内部有关部门的备用金、应向职工收取的各种垫付款项等。

三、其他应收款的管理

事业单位对各种其他应收款应履行规定的手续，及时催收催报，积极组织核算，以防发生损失。具体要求如下：

（一）严格控制。就是要按照少量、短期、必需、安全的原则，对各种其他应收款项，认真审查，防止造成呆账。

---

① 摘自《地方财政实施财政国库管理制度改革年终预算结余资金会计处理的暂行规定》（财库〔2003〕126 号）。
② 摘自《财政部关于财政国库管理制度改革单位年终结余资金额度处理有关问题的通知》（财库〔2004〕191 号）。

（二）健全手续。就是要建立其他应收款的责任制，制订相应的审批制度，完善审批手续；建立健全单位内部备用金领用和报销管理制度，反映和监督各种垫付款及其他支付的合法性。

（三）及时清理。就是要经常检查回收情况，督促经办人员及时结算清理，不得长期挂账；对发生的损失要分清经济责任，应由责任人承担责任的必须由责任人赔偿，应向保险公司或其他单位索赔的要及时索赔。

逾期三年或以上、有确凿证据表明确实无法收回的其他应收款，按规定报经批准后予以核销。核销的其他应收款应在备查簿中保留登记。

另外，单位为了使频繁的日常小额零星支出摆脱常规的逐级审批及逐项签发支票的繁琐手续，可根据内部有关部门零星开支、零星采购及小额差旅费用的现金需求，给其核定一定额度的定额备用金。定额备用金由单位财务部门根据内部有关业务部门业务需求情况核定，在规定期间内预借一定数额的现金，并限定使用范围，指定专人经管。定额备用金经管人员，应妥善保存预借备用金的收据、使用备用金发票以及各种报销凭证，并设置备用金登记簿，记录各项零星支出，并按规定的间隔日期或在备用金不够周转时凭有关凭证报销，财务部门补足规定的备用金额度。

🔢 科目设置

事业单位应收及预付款项核算的会计科目包括"财政应返还额度""应收票据""应收账款""预付账款"和"其他应收款"科目。

"财政应返还额度"科目

事业单位为了核算其实行国库集中支付后应收财政返还的资金额度，应设置"财政应返还额度"（资产类）科目。财政直接支付方式下，年终结余资金账务处理时，借方登记单位本年度财政直接支付预算指标数与财政直接支付实际支出数的差额，贷方登记下年度在恢复的财政直接支付额度内的实际支出数；财政授权支付方式下，年终结余资金账务处理时，借方登记单位零余额账户注销的申请已到账的和因未申请未到账的额度数，贷方登记下年度代理银行通知的恢复额度数和财政部门批复的上年末未下达零余额账户用款额度数。期末借方余额，反映事业单位应收财政返还的资金额度。本科目按不同支付方式设置"财政直接支付""财政授权支付"两个明细科目。

两种支付方式下年终额度注销与下年返还的核算如图 2-1-4 所示。

"应收票据"科目

事业单位为了核算其应收票据（只包括银行承兑汇票和商业承兑汇票，不包括支票、银行汇票和银行本票）的增减变动情况，应设置"应收票据"（资产类）科目，借方登记收到的应收票据，贷方登记到期收回、贴现、转让及转出的应收票据，期末借方余额反映事业单位持有的商业汇票票面金额。"应收票据"科目应当按照开出、承兑商业汇票的单位设置明细科目 [①]。

"应收账款"科目

事业单位为了核算其应收账款的增减变动情况，应设置"应收账款"（资产类）科目，借方登记单位发生的应收账款，贷方登记单位应收账款的收回数及核销数，期末借方余额反映事业单位尚未

---

① 事业单位应当设置"应收票据备查簿"，逐笔登记每一应收票据的种类、号数、出票日期、到期日、票面金额、交易合同号和付款人、承兑人、背书人姓名或单位名称、背书转让日、贴现日期、贴现率和贴现净额、收款日期、收回金额和退票情况等资料。应收票据到期结清票款或退票后，应当在备查簿内逐笔注销。

收回的应收账款。"应收账款"科目应当按照购货、接受劳务单位（或个人）设置明细账。

"预付账款"科目

事业单位为了核算其预付账款的增减变动情况，应设置"预付账款"（资产类）科目，借方登记单位发生的预付款项数，贷方登记预付账款冲减数，期末借方余额反映事业单位实际预付但尚未结算的款项。"预付账款"科目应当按照供应单位（或个人）设置明细科目[①]。

"其他应收款"科目

事业单位为了核算其他应收款项的增减变化情况和结算情况，应设置"其他应收款"（资产类）科目，借方登记单位发生各种其他应收款数，贷方登记单位收回或核销的各种其他应收款数，期末借方余额反映事业单位尚未收回的其他应收款。"其他应收款"科目应当按照其他应收款的类别以及债务单位（或个人）设置明细科目。

图形示意

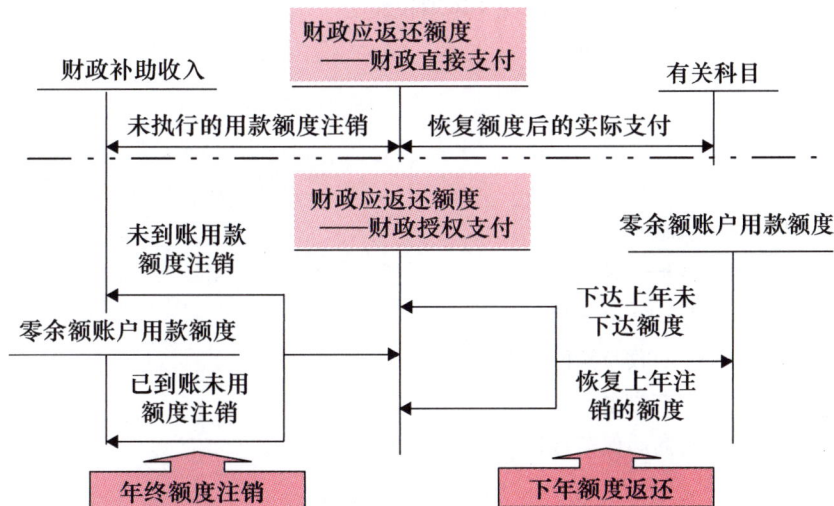

图 2-1-4 两种支付方式下年终额度注销与下年返还的核算

能力训练

某事业单位 2015 年发生下列有关应收及预付款项的业务与事项，请根据有关凭证编制会计分录。

1. 将非独立核算经营单位（假定为一般纳税人）生产的产品一批销售给某公司，价款 30 000 元，税款 5 100 元。产品已发出，收到某公司承兑的面值为 35 100 元的商业承兑票据。

借：应收票据——某公司   35 100
　　贷：经营收入   30 000
　　　　应缴税费——应缴增值税（销项税额）   5 100

---

① 事业单位应当通过明细核算或辅助登记方式，登记预付账款的资金性质（区分财政补助支出、非财政专项资金和其他资金）。

2. 承上，上述某公司承兑的票据到期，单位如数收回票款。

借：银行存款   35 100
   贷：应收票据——某公司   35 100

3. 承上，若上述某公司承兑的票据到期时对方无力向银行支付票款，银行将票据退回并从单位账户将票据款划出。

借：应收账款——某公司   35 100
   贷：银行存款   35 100

4. 将非独立核算经营单位（假定为一般纳税人）生产的产品一批销售给某公司，价款 10 000 元，税款 1 700 元。产品已发出，款项暂未收到。

借：应收账款——某公司   11 700
   贷：经营收入   10 000
     应缴税费——应缴增值税（销项税额）   1 700

5. 承上，收到某公司通过银行转来的上述产品销售款 11 700 元。

借：银行存款   11 700
   贷：应收账款——某公司   11 700

6. 某公司前欠货款 23 400 元已逾期三年，按规定程序报经批准拟予核销。

借：待处置资产损溢   23 400
   贷：应收账款——某公司   23 400

7. 承上，将上述某公司所欠货款核销。

借：其他支出——应收及预付款项核销   23 400
   贷：待处置资产损溢   23 400

注：同时应在备查簿中保留登记。

8. 承上，若上述已核销某公司所欠货款以后又全额收回。

借：银行存款   23 400
   贷：其他收入——收回已核销应收及预付款项   23 400

9. 通过银行转账预付某供货单位材料款 40 000 元（材料为单位非独立核算经营单位生产用，假定非独立核算经营单位等级为一般纳税人）。

借：预付账款——某单位（财政补助支出等）   40 000
   贷：银行存款   40 000

10. 承上，收到某供货单位发来的材料，价款 50 000 元，税款 10 500 元，材料已验收入库，通过银行转账补付货款。

借：存货——某材料（财政补助支出等）   60 500
   贷：预付账款——某单位   40 000
     银行存款   20 500

11. 以前预付某公司材料款 54 000 元已逾期三年，按规定程序报经批准拟予核销。

借：待处置资产损溢　　　　　　　　　　　　　　　　　　　　54 000
　　贷：预付账款——某公司　　　　　　　　　　　　　　　　　　54 000

12. 承上，将预付上述某公司材料款予以核销。

借：其他支出——应收及预付款项核销　　　　　　　　　　　　54 000
　　贷：待处置资产损溢　　　　　　　　　　　　　　　　　　　54 000

注：同时应在备查簿中保留登记。

13. 承上，若上述已核销的预付某公司材料款又全额收回。

借：银行存款　　　　　　　　　　　　　　　　　　　　　　　54 000
　　贷：其他收入——收回已核销应收及预付款项　　　　　　　　54 000

14. 按单位财务管理办法规定，核拨后勤部定额备用金 3 000 元。

借：其他应收款——某业务经办人员　　　　　　　　　　　　　3 000
　　贷：库存现金　　　　　　　　　　　　　　　　　　　　　　3 000

15. 承上，后勤部业务经办人员报销零星办公用品款 3 100 元，款项以现金支付。

借：事业支出——基本支出（财政补助支出等）——办公费　　　3 100
　　贷：库存现金　　　　　　　　　　　　　　　　　　　　　　3 100

16. 承上，年终后勤部业务经办人员报销零星办公用品款 3 500 元，收回定额备用金，余款以现金支付。

借：事业支出——基本支出（财政补助支出等）——办公费　　　3 500
　　贷：其他应收款——某业务经办人员　　　　　　　　　　　　3 000
　　　　库存现金　　　　　　　　　　　　　　　　　　　　　　　500

👤 知识归纳

　　事业单位应收及预付款项核算的会计科目包括"财政应返还额度""应收票据""应收账款""预付账款"和"其他应收款"科目。

　　财政应返还额度，亦称年终预算结余资金（简称结余资金），是指纳入国库管理制度改革试点的预算单位在预算年度内，按照本级财政部门批复的部门预算，当年尚未支用并按规定应留归预算单位继续使用的资金。年度终了，财政部门将单位年终结余用款计划额度注销，同时代理银行向基层预算单位提供对账单后，将各基层预算单位零余额账户额度余额注销。

　　应收票据事业单位因开展经营活动销售产品、提供有偿服务等而收到的商业汇票，包括银行承兑汇票和商业承兑汇票；应收账款是指事业单位因开展经营活动销售产品、提供有偿服务等而应收取的款项；预付账款是指事业单位按照购货、劳务合同规定预付给供应单位的款项；其他应收款是指事业单位除财政应返还额度、应收票据、应收账款、预付账款等以外的其他各项应收及暂付款项，如职工预借的差旅费、拨付给内部有关部门的备用金、应向职工收取的各种垫付款项等。事业单位对各种其他应收款应履行规定的手续，及时催收催报，积极组织核算，以防发生损失。

复习思考

- 现什么是财政应返还额度？"财政应返还额度"在什么时间使用？
- 两种支付方式下的财政应返还额度的账务处理有什么不同？
- 应收票据、应收账款和预付账款一般用于哪些业务？
- 其他应收款的管理有哪些要求？单位应如何规范定额备用金的管理？

学习任务三　存货的核算

知识目标

- 了解事业单位存货的定义和核算范围；
- 熟悉事业单位存货计价的规定；
- 熟悉事业单位存货管理的基本要求。

能力目标

- 学会事业单位"存货"科目的使用方法。

知识精讲

一、存货的定义及核算范围

存货是指事业单位在开展业务活动及其他活动中为耗用而储存的资产，包括各种材料、燃料、包装物、低值易耗品以及达不到固定资产标准的用具、装具、动植物等。事业单位的存货一般分为以下几类：

（一）原材料，指使用以后即消耗或改变原有形态的各种物料，如各种材料、燃料、实验材料、改装使用的元件、零配件、包装物等。

（二）低值易耗品，指因价值低、易损耗及达不到固定资产标准等原因而不作固定资产管理的各种器具，如仪器、仪表、工具、量具、器皿、一般用品、劳动保护用品、装具、动植物等。

（三）办公用品类，指办公活动中使用的各种物料，如纸张、笔墨等。

二、存货计价的规定

（一）存货在取得时，应当按照其实际成本入账。

1. 购入的存货，其成本包括购买价款、相关税费、运输费、装卸费、保险费以及其他使得存货达到目前场所和状态所发生的其他支出。

事业单位按照税法规定属于增值税一般纳税人的，其购进非自用（如用于生产对外销售的产品）材料所支付的增值税款不计入材料成本。

2. 自行加工的存货，其成本包括耗用的直接材料费用、发生的直接人工费用和按照一定方法分配的与存货加工有关的间接费用。

3. 接受捐赠、无偿调入的存货，其成本按照有关凭据注明的金额加上相关税费、运输费等确定；没有相关凭据的，其成本比照同类或类似存货的市场价格加上相关税费、运输费等确定；没有相关凭据、同类或类似存货的市场价格也无法可靠取得的，该存货按照名义金额（即人民币 1 元，下同）入账。相关财务制度仅要求进行实物管理的除外。

（二）存货在发出时，应当根据实际情况采用先进先出法、加权平均法或者个别计价法确定发出存货的实际成本。存货发出的计价方法一经确定，不得随意变更。

1. 开展业务活动等领用、发出存货，按领用、发出存货的实际成本确认发出成本。

2. 对外捐赠、无偿调出存货，转入待处置资产时，按照存货的账面余额确认发出成本。

属于增值税一般纳税人的事业单位对外捐赠、无偿调出购进的非自用材料，转入待处置资产时，其进项税额应同时列进项税额转出。

3. 低值易耗品的成本于领用时一次摊销。

（三）盘盈的存货，按照同类或类似存货的实际成本或市场价格确定入账价值；同类或类似存货的实际成本、市场价格均无法可靠取得的，按照名义金额入账。

（四）盘亏或者毁损、报废的存货，按照待处置存货的账面余额转入待处置资产予以核销。属于增值税一般纳税人的事业单位购进的非自用材料发生盘亏或者毁损、报废的，转入待处置资产时，其进项税额应同时转出。

另外，处置毁损、报废存货过程中收到残值变价收入、保险理赔和过失人赔偿等，处置毁损、报废存货过程中发生相关费用，分别列待处置资产损溢（处置净收入）。处置完毕，按照处置收入扣除相关处置费用后的净收入，上缴国库。

三、存货管理的要求

事业单位的物资使用部门应根据当年工作任务和核定的消耗定额编制部门存货年度计划；资产管理部门应当根据汇总的年度采购计划按各种存货的消耗及库存状况及时采购库存的各种物品，以保证及时供应，同时应做好各种物资的验收入库、日常保管、领用出库等工作，保证各种物资安全完整、手续齐全；财务部门应及时结算货款，进行存货核算，保证账实相符。

（一）分类管理。事业单位的业务规模和性质不同，对存货管理的方式和要求应有所不同。若存货品种多、数量大、价值较高，应对存货进行详细划分，明细核算；若存货品种少、数量小、价值较低，可实行综合核算。

（二）确定定额。事业单位应合理确定各种存货的储备定额和消耗定额，尽可能降低存货的库存量和损耗，提高存货的使用效益。存货的储存，应当本着既能保证工作需要，又要节约资金的原则核定存货的储备定额；存货的消耗，应根据各部门各种物资的消耗状况核定存货的消耗定额。

存货储备定额，就是根据各单位工作中使用存货的一般规律，确定一个标准的储备量。存货的储备定额一般采用综合储备定额，其计算公式如下：

存货储备综合定额 ＝（全年存货消耗总金额 ÷360）× 储备日期

（三）计划采购。事业单位各种存货的采购，必须严格按照批准的计划执行。事业单位编制存货采购计划时，应事先由使用部门根据实际需要及确定的消耗定额提出使用计划，送交资产管理部门，资产管理部门根据使用计划结合确定的储备定额，汇总编制采购计划。采购计划提交单位负责人审批后交物资采购部门执行。

（四）规范出入。事业单位应建立、健全存货的验收入库、日常保管、领用出库、盘点等制度，明确责任，严格管理，保证存货的安全和完整。

（五）定期盘点。事业单位的存货应当定期进行清查盘点，每年至少盘点一次。对于发生的存货盘盈、盘亏或者报废、毁损，应当及时查明原因，按规定报经批准后进行账务处理。

科目设置

事业单位为了核算其在开展业务活动及其他活动中为耗用而储存的各种材料、燃料、包装物、低值易耗品及达不到固定资产标准的用具、装具、动植物等的实际成本，应设置"存货"（资产类）科目，借方登记各种存货的入库成本，贷方登记各种存货的出库成本，期末借方余额反映事业单位存货的实际成本。

"存货"科目应当按照存货的种类、规格、保管地点等设置明细科目。

同时，事业单位应当通过明细核算或辅助登记方式，登记取得存货成本的资金来源（区分财政补助支出、非财政专项资金和其他资金）。

发生自行加工存货业务的事业单位，应当在"存货"科目下设置"生产成本"明细科目，归集核算自行加工存货所发生的实际成本（包括耗用的直接材料费用、发生的直接人工费用和分配的间接费用）。

特别提示：事业单位随买随用的零星办公用品，可以在购进时直接列作支出，不列存货核算。

事业单位存货等其他流动资产的处置，都应按规定程序报经批准后先记入"待处置资产损溢"借方，待核销后再记入"待处置资产损溢"贷方。存货等其他流动资产处置过程中发生的相关费用及取得的变价收入通过"处置净收入"核算，"处置净收入"应上缴国库。事业单位存货等其他流动资产处置的核算如图 2-1-5 所示。

图形示意

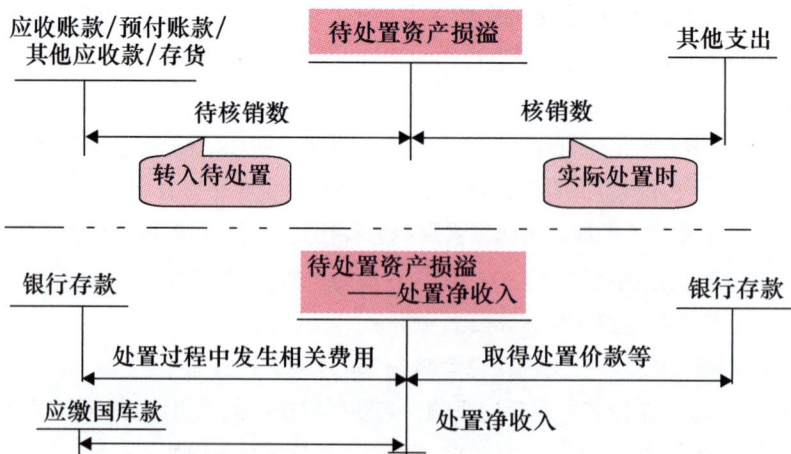

图 2-1-5　事业单位流动资产处置的核算（应收及预付款项和存货）

🏃 能力训练

某事业单位 2015 年发生下列有关存货业务与事项，请根据有关凭证编制会计分录。

1. 通过零余额账户转账支付购进计算机耗材价款 2 340 元，耗材已验收入库。

借：存货——计算机耗材　　　　　　　　　　　　　　　　2 340

　　贷：零余额账户用款额度　　　　　　　　　　　　　　　　　2 340

2. 为开展非独立核算经营活动（若事业单位属于增值税一般纳税人）购进甲种材料，价款 30 000 元，税款 5 100 元，款项通过开户银行转账支付，材料已验收入库。

借：存货——甲种材料　　　　　　　　　　　　　　　　　30 000

　　应缴税费——应缴增值税（进项税额）　　　　　　　　　5 100

　　贷：银行存款　　　　　　　　　　　　　　　　　　　　　35 100

3. 月末"发出材料汇总表"，列明本月相关业务部门领用计算机耗材 1 850 元，非独立核算经营活动领用甲种材料 23 400 元。

借：事业支出——基本支出（财政补助支出等）——专用材料购置费　1 850

　　经营支出——有关明细　　　　　　　　　　　　　　　　23 400

　　贷：存货——计算机耗材　　　　　　　　　　　　　　　　1 850

　　　　　　——甲种材料　　　　　　　　　　　　　　　　　23 400

4. 月末"材料盘盈盘亏报告单"列明甲种材料盘亏 200 元，乙种材料盘盈 100 元。

借：存货——乙种材料　　　　　　　　　　　　　　　　　100

　　贷：其他收入——存货盘盈收入　　　　　　　　　　　　　100

借：待处置资产损溢　　　　　　　　　　　　　　　　　　200

　　贷：存货——甲种材料　　　　　　　　　　　　　　　　　200

5. 承上，上述盘亏甲材料按规定程序报经批准后予以处置。

借：其他支出——资产处置损失　　　　　　　　　　　　　　200

　　贷：待处置资产损溢　　　　　　　　　　　　　　　　　　200

🏃 知识归纳

存货是指事业单位在开展业务活动及其他活动中为耗用而储存的资产，包括各种材料、燃料、包装物、低值易耗品以及达不到固定资产标准的用具、装具、动植物等。

存货在取得时，应当按照其实际成本入账。存货在发出时，应当根据实际情况采用先进先出法、加权平均法或者个别计价法确定发出存货的实际成本。

事业单位应针对不同形态和种类的存货分类管理，合理确定存货的储备定额和采购定额，严格按照采购计划和规定程序采购，规范存货的出入库管理，建立存货的定期清查盘点制度。

复习思考

- 事业单位的存货包括哪些内容？存货的核算范围如何确定？
- 事业单位的存货的购进、发出及盘盈盘亏如何计价？
- 事业单位应怎样建立存货的管理制度？

学习任务四 固定资产的核算

知识目标

- 熟悉事业单位固定资产的定义及核算范围；
- 了解事业单位固定资产的种类；
- 掌握事业单位固定资产管理"三账一卡"模式的基本构成；
- 了解事业单位固定资产增减的政策规定；
- 熟悉事业单位固定资产增减的计价规定；
- 了解事业单位计提折旧的范围；
- 熟悉事业单位计提折旧的方法。

能力目标

- 学会事业单位"固定资产"科目的使用方法；
- 学会事业单位"在建工程"科目的使用方法；
- 初步学会事业单位"非流动资产基金"科目的使用方法；
- 学会事业单位"累计折旧"科目的使用方法；
- 初步学会事业单位"待处置资产损溢"科目的使用方法。

知识精讲

一、固定资产的定义与核算范围

固定资产是指事业单位拥有的预计使用年限在 1 年以上（不含 1 年）、单位价值在规定标准以上，并在使用过程中基本保持原有物质形态的有形资产。纳入固定资产核算范围的基本条件和有关说明如下。

（一）单位价值的规定标准一般在 1 000 元以上（其中：专用设备单位价值在 1 500 元以上）。

（二）单位价值虽未达到规定标准，但预计使用年限在 1 年以上（不含 1 年）的大批同类物资，作为固定资产核算和管理。

（三）对于应用软件，如果其构成相关硬件不可缺少的组成部分的，应当将该软件价值包括在所属硬件价值中，一并作为固定资产进行核算；若不构成相关硬件不可缺少的组成部分的，应当将该软件作为无形资产核算。

（四）以经营租赁租入的固定资产，不作为固定资产核算，应当另设备查簿进行登记；融资租赁租入的固定资产，比照自有固定资产核算和管理，并在会计报表附注中说明。

（五）购入需要安装的固定资产，应当先通过"在建工程"科目核算，安装完毕交付使用时再转入本科目核算。

事业单位固定资产的核算范围如图 2-1-6 所示。

二、固定资产的类别

事业单位固定资产一般分为以下六类。

（一）房屋和建筑物，是指事业单位拥有占有权和使用权的房屋、建筑物及其附属设施。其中，房屋包括职工生活用房、办公用房、仓库等；建筑物包括围墙、道路等；附属设置包括房屋、建筑物内的电梯、通信线路、水气管道等。

（二）专用设备，是指事业单位根据业务工作的实际需要购置的各种具有专门性能和专门用途的设备。如科研单位的科研仪器、学校的教学仪器、医院的医疗器械等。

（三）通用设备，是指事业单位用于业务工作的通用性设备，如办公用的家具、交通工具等。

（四）文物和陈列品，是指博物馆、展览馆和文化事业单位的各种文物和陈列品，如古物、字画、纪念物品等。

（五）图书、档案，是指专业图书馆、文化馆贮藏的书籍，以及事业单位贮藏的统一管理使用的业务用书，如单位图书馆（室）、阅览室的图书等。

（六）家具、用具、装具及动植物。

事业单位应当根据固定资产定义，结合本单位的具体情况，制定适合于本单位的固定资产目录、分类方法，作为进行固定资产核算的依据。行业事业单位的固定资产明细目录由国务院主管部门制定，报国务院财政部门备案。

三、固定资产管理的"三账一卡"模式

事业单位的固定资产的管理一般涉及单位的三个部门，即财务部门、财物管理部门和使用部门。事业单位的固定资产在管理过程中应由固定资产管理涉及的三个部门协调好固定资产的增加、使用与维护及处置三个环节的关系。

（一）财务部门在固定资产管理中的基本职责一般是通过建立总账及一级明细账进行固定资产的金额控制，要能随时掌握单位固定资产的总金额及各大类固定资产的金额。

（二）财物管理部门在固定资产管理中的基本职责是通过设置"固定资产登记簿"和"固定资产卡片"，按照固定资产类别、项目和使用部门设置明细科目，建立固定资产的明细账，进行固定资产的金额和数量控制，要能随时掌握单位各类固定资产的数量、金额及目前分布和使用状况；应对出租、出借的固定资产设置备查簿进行登记。

（三）使用部门在固定资产管理中的基本职责是进行实物控制，要能够始终保证固定资产的安全、完整、正常使用。

事业单位应当对固定资产进行定期或者不定期的清查盘点。年度终了前应当进行一次全面清查盘点，保证账实相符。

总体上讲，事业单位固定资产的管理涉及内部三类部门、负责三项控制、实现"三账一卡"相符，简称固定资产的"三账一卡"管理模式。

事业单位固定资产管理的"三账一卡"模式如图2-1-7所示。

四、固定资产增减的政策规定

（一）固定资产增加的政策规定。

事业单位增加固定资产的方式，主要有基建完工移交的房屋、建筑物，购入、调入、自制、接受捐赠固定资产等。

1. 事业单位编制年度预算时必须按规定编制固定资产采购预算。编制固定资产采购预算时，必须切实根据事业发展计划和任务的需要，充分利用原有设备，防止盲目采购，造成积压和浪费；编制固定资产采购预算时，应当充分考虑固定资产使用效率，按照国家有关规定实行固定资产共享、共用；编制固定资产采购预算时，按规定应当纳入政府采购的项目必须同时编制政府采购计划，遵守政府采购的相关规定；事业单位建造和购置固定资产，必须按照批准的预算办理。

2. 事业单位在建造和取得固定资产时，必须办理审批、验收、交接等手续，取得合理合法的原始凭证。原始凭证一般有"固定资产交接单""发货票""固定资产调拨单"及"固定资产盘盈、盘亏报告单"等。

3. 事业单位固定资产建造属于基本建设投资范围的项目，在按照事业单位财务规则和会计核算的要求进行管理和核算的同时，还应按照国家基本建设投资财务管理制度的有关规定管理和核算。不属于基本建设投资范围的在建工程和设备购置，应在批准的预算范围内办理。

（二）固定资产减少的政策规定。

事业单位固定资产的减少属于事业单位国有资产处置的重要内容。关于事业单位固定资产减少的政策规定按照《事业单位国有资产管理暂行办法》中关于"事业单位国有资产处置"的有关规定执行。

五、固定资产增减的计价规定

（一）固定资产在取得时，应当按照成本进行初始计量。

1. 购入的固定资产，其成本包括实际支付的购买价款、相关税费以及固定资产交付使用前所发生的可归属于该项资产的运输费、装卸费、安装调试费和专业人员服务费等。

以一笔款项购入多项没有单独标价的固定资产，按照各项固定资产同类或类似资产价格的比例对总成本进行分配，分别确定各项固定资产的入账成本。

2. 自行建造的固定资产，其成本包括建造该项资产至交付使用前所发生的全部必要支出。已交付使用但尚未办理竣工决算手续的固定资产，按照估计价值入账，待确定实际成本后再进行调整。

3. 在原有固定资产基础上进行改建、扩建、修缮后的固定资产，其成本按照原固定资产账面价值（"固定资产"科目账面余额减去"累计折旧"科目账面余额后的净值）[①]加上改建、扩建、修缮发

---

① 《事业单位会计制度》所称账面价值，是指某会计科目的账面余额减去相关备抵科目（如"累计折旧""累计摊销"科目）账面余额后的净值。《事业单位会计制度》所称账面余额，是指某会计科目的账面实际余额。

生的支出，再扣除固定资产拆除部分的账面价值后的金额确定。

4. 以融资租赁租入的固定资产，其成本按照租赁协议或者合同确定的租赁价款、相关税费以及固定资产交付使用前所发生的可归属于该项资产的运输费、途中保险费、安装调试费等确定。

5. 接受捐赠、无偿调入的固定资产，其成本按照有关凭据注明的金额加上相关税费、运输费等确定；没有相关凭据的，其成本比照同类或类似固定资产的市场价格加上相关税费、运输费等确定；没有相关凭据、同类或类似固定资产的市场价格也无法可靠取得的，该固定资产按照名义金额入账。

6. 盘盈的固定资产，按照同类或类似固定资产的市场价格确定入账价值；同类或类似固定资产的市场价格无法可靠取得的，按照名义金额入账。

7. 与固定资产有关的后续支出，分别以下情况处理。

（1）为增加固定资产使用效能或延长其使用寿命而发生的改建、扩建或大型修缮等后续支出应当计入固定资产成本。

（2）为维护固定资产的正常使用而发生的日常修理等后续支出，应当计入当期支出但不计入固定资产成本。

（二）报经批准出售、无偿调出、对外捐赠固定资产或以固定资产对外投资，应当分别以下情况计价。

1. 出售、无偿调出、对外捐赠固定资产

（1）转入待处置资产时，按待处置固定资产的账面余额冲销固定资产。

（2）实际出售、调出、捐出时，按照处置固定资产对应的非流动资产基金冲销对应的非流动资产基金。

（3）出售固定资产过程中取得价款、发生相关税费，以及出售价款扣除相关税费后的净收入，按照"待处置资产损溢"科目的规定处理。

2. 以固定资产对外投资

以固定资产对外投资，按照评估价值加上相关税费作为投资成本。同时，按照投出固定资产的账面余额冲减对应的非流动资产基金。

3. 盘亏或者毁损、报废的固定资产

（1）转入待处置资产时，按照待处置固定资产的账面余额冲销固定资产。

（2）报经批准予以处置时，按照处置固定资产非流动资产基金冲销对应的非流动资产基金。

（3）处置毁损、报废固定资产过程中所取得的收入、发生的相关费用，以及处置收入扣除相关费用后的净收入，按照"待处置资产损溢"科目的规定处理。

六、折旧及计提折旧的规定

折旧，是指在固定资产使用寿命内，按照确定的方法对应折旧金额进行系统分摊。事业单位应当对除四类资产以外（文物和陈列品；动植物；图书、档案；以名义金额计量的固定资产）的其他固定资产计提折旧。计提折旧的政策如下。

（一）计提折旧的年限规定

事业单位应当根据固定资产的性质和实际使用情况，合理确定其折旧年限。省级以上财政部门、主管部门对事业单位固定资产折旧年限做出规定的，从其规定。

（二）计提折旧的方法规定

事业单位一般应当采用年限平均法 ① 或工作量法计提固定资产折旧。

事业单位固定资产的应折旧金额为其成本，计提固定资产折旧不考虑预计净残值。

（三）计提折旧的时期规定

事业单位一般应当按月计提固定资产折旧。具体规定如下。

1. 当月增加的固定资产，当月不提折旧，从下月起计提折旧；

2. 当月减少的固定资产，当月照提折旧，从下月起不提折旧；

3. 固定资产提足折旧后，无论能否继续使用，均不再提取折旧；

4. 提前报废的固定资产，也不再补提折旧。

已提足折旧的固定资产，可以继续使用的，应当继续使用，规范管理。

（四）计提折旧的特殊事项规定

1. 计提融资租入固定资产折旧时，应当采用与自有应折旧固定资产相一致的折旧政策。

（1）能够合理确定租赁期届满时将会取得租入固定资产所有权的，应当在租入固定资产尚可使用年限内计提折旧；

（2）无法合理确定租赁期届满时能够取得租入固定资产所有权的，应当在租赁期与租入固定资产尚可使用年限两者中较短的期间内计提折旧。

2. 固定资产因改建、扩建或修缮等原因而延长其使用年限的，应当按照重新确定的固定资产的成本以及重新确定的折旧年限，重新计算折旧额。

¹²³ 科目设置

事业单位固定资产核算的会计科目包括"固定资产""在建工程""累计折旧""非流动资产基金"及"待处置资产损溢"科目。

"固定资产"科目

事业单位为了核算固定资产的原价，应设置"固定资产"（资产类）科目，借方登记取得的固定资产的成本，贷方登记固定资产账面价值的减少数。期末借方余额，反映事业单位期末固定资产的原价。

事业单位应当设置"固定资产登记簿"和"固定资产卡片"，按照固定资产类别、项目和使用部门设置明细科目。出租、出借的固定资产，应当设置备查簿进行登记。

事业单位购入不需安装等形式直接增加的固定资产的核算如图 2-1-8 所示。

---

① 年限平均法又称直线法，是将固定资产的应计折旧额均衡地分摊到固定资产预计使用寿命内的一种方法。采用这种方法计算的每期折旧额均是等额的。

"在建工程"科目

事业单位为了核算其已经发生必要支出，但尚未完工交付使用的各种建筑（包括新建、改建、扩建、修缮等）和设备安装工程的实际成本，应设置"在建工程"（资产类）科目，借方登记为建造或安装的固定资产所归集的成本，贷方登记建造或安装完工转入固定资产成本。期末借方余额，反映事业单位尚未完工的在建工程发生的实际成本。

"在建工程"科目应当按照工程性质和具体工程项目等设置明细科目。

事业单位购入需要安装等形式间接增加的固定资产[在建工程（非基本建设项目）]的核算如图2-1-9所示。

基本建设投资应当按照国家有关规定单独建账、单独核算，同时按照《事业单位会计制度》的规定至少按月并入"在建工程"科目及其他相关科目反映。

如果事业单位当期有基本建设投资项目，应当在"在建工程"科目下设置"基建工程"明细科目，核算由基建账套并入的在建工程成本。

事业单位固定资产减少（处置）的核算如图2-1-10所示。

"非流动资产基金"科目

事业单位为了核算其长期投资、固定资产、在建工程、无形资产等非流动资产占用的金额，应设置"非流动资产基金"（净资产类）科目，贷方登记取得长期投资、固定资产、在建工程、无形资产等非流动资产或发生相关支出时予以确认的价值，借方登记处置长期投资、固定资产、无形资产，以及以固定资产、无形资产对外投资时，应当冲销该资产对应的非流动资产基金，以及计提固定资产折旧、无形资产摊销时，应当冲减非流动资产基金。期末贷方余额，反映事业单位非流动资产占用的金额。

"非流动资产基金"科目应当设置"长期投资""固定资产""在建工程""无形资产"等明细科目。

"非流动资产基金"科目的"长期投资""固定资产""在建工程""无形资产"明细科目和"长期投资""固定资产""在建工程""无形资产"总账科目是对应的科目。当事业单位不对固定资产计提折旧、不对无形资产进行摊销时，其资产性质的总账科目与其相对应的净资产性质的明细科目之间的对应关系一般是："方向相反，金额相等、同增同减"。当发生融资租赁租入固定资产、跨年度分期付款购入固定资产时，在租金及后期款项还没有支付完之前，"固定资产""在建工程"与"非流动资产基金"科目的"固定资产""在建工程"明细科目的余额暂不相等，其差额就是"长期应付款"科目登记的应付未付的租金及款项。

当事业单位对固定资产计提折旧、对无形资产进行摊销时，分别设置与"固定资产"科目备抵的"累计折旧"科目，与"无形资产"科目备抵的"累计摊销"科目，"固定资产"科目账面余额与"累计折旧"科目账面余额备抵后的净值等于"非流动资产基金——固定资产"科目的账面余额，"无形资产"科目账面余额与"累计摊销"科目账面余额备抵后的净值等于"非流动资产基金——无形资产"科目的账面余额。

"累计折旧"科目

事业单位为了核算固定资产计提的累计折旧，应设置"累计折旧"（资产类）科目，贷方登记按月提取的固定资产折旧等，借方登记因处置或盘亏固定资产等而冲减的已提折旧，期末贷方余额反映事业单位提取的固定资产折旧累计数。

"累计折旧"科目应当按照所对应固定资产的类别、项目等设置明细科目。

事业单位固定资产的核算如图 2-1-11 所示。

图形示意

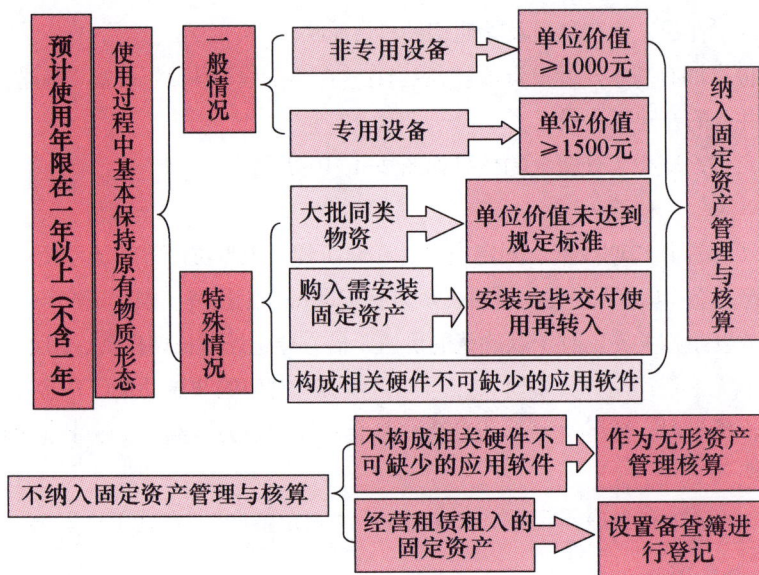

图 2-1-6　事业单位固定资产的核算范围

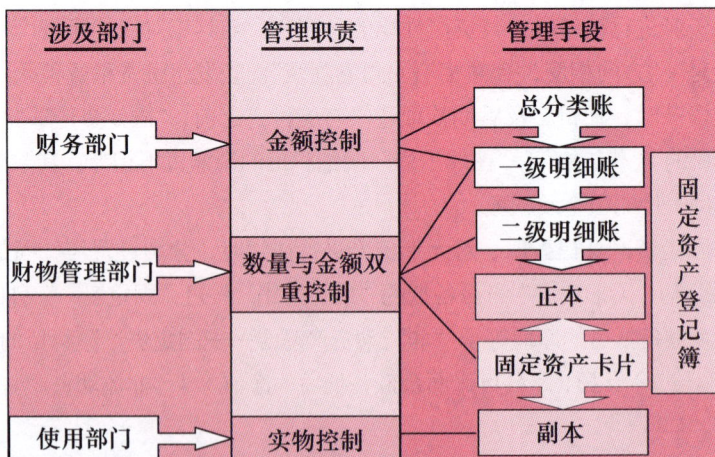

图 2-1-7　事业单位固定资产管理的"三账一卡"模式

图 2-1-8 事业单位购入不需安装等形式直接增加的固定资产的核算

图 2-1-9 购入需要安装等形式间接增加的固定资产在建工程（非基本建设项目）的核算

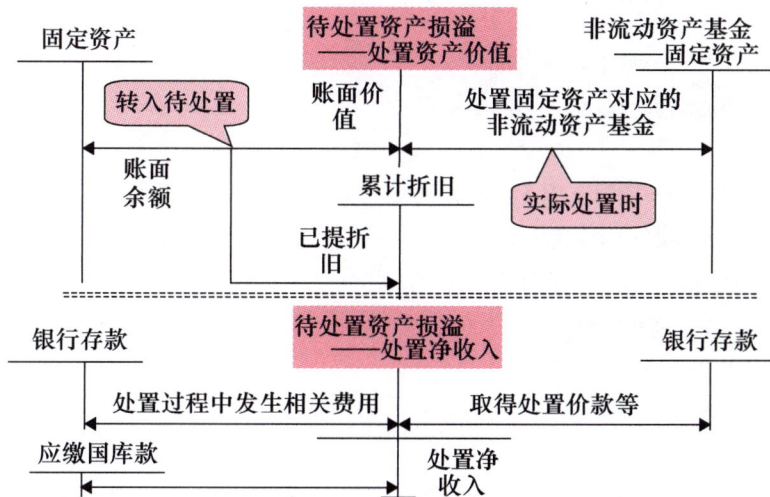

图 2-1-10 事业单位固定资产减少（处置）的核算（出售、无偿、捐赠、盘亏、毁损、报废）

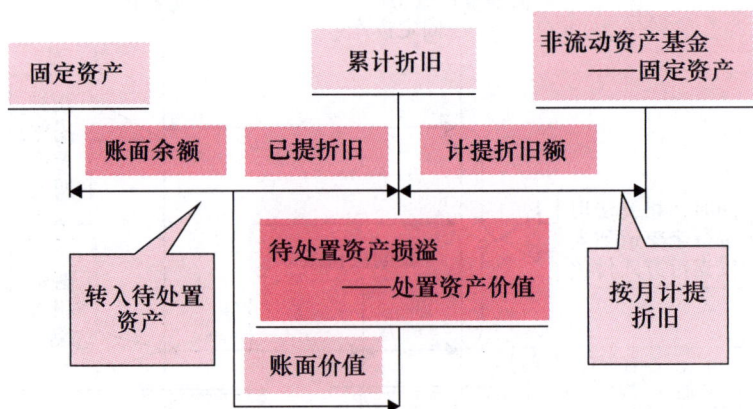

图 2-1-11　事业单位固定资产折旧的核算

能力训练

某事业单位 2015 年发生下列有关固定资产的业务与事项，请根据有关凭证编制会计分录。

1. 政府采购部门按照当年财政项目支出预算，为单位购进打印机一台，价税合计 45 300 元，调试完毕交付使用。

借：固定资产——专用设备 45 300
　　贷：非流动资产基金——固定资产 45 300

同时：

借：事业支出——项目支出（财政补助支出）——专用设备购置费 45 300
　　贷：财政补助收入——项目支出 45 300

2. 自行购置的电磁干扰设备价税合计 28 500 元（供货单位开具全额发票），扣留维修保证金 2 850 元，其余款项通过零余额账户转账支付。

借：固定资产——专用设备 28 500
　　贷：非流动资产基金——固定资产 28 500

同时：

借：事业支出——项目支出（财政补助支出）——专用设备购置费 28 500
　　贷：零余额账户用款额度 25 650
　　　　其他应付款——质保金 2 850

3. 承上，若上述供货单位开具的发票金额不包括扣留的维修保证金。

借：固定资产——专用设备 28 500
　　贷：非流动资产基金——固定资产 28 500

同时：

借：事业支出——项目支出（财政补助支出）——专用设备购置费 25 650
　　贷：零余额账户用款额度 25 650

4. 承上，若上述购进的电磁干扰设备保修期满，通过零余额账户转账支付扣留的维修保证金 2 850 元（供货单位当时开具全额发票）。

借：其他应付款——质保金 2 850
    贷：零余额账户用款额度 2 850

5. 承上，若上述购进的电磁干扰设备保修期满，通过零余额账户转账支付扣留的维修保证金 2 850 元（供货单位当时开具的发票金额不包括扣留的维修保证金）。

借：事业支出——项目支出（财政补助支出）——专用设备购置费 2 850
    贷：零余额账户用款额度 2 850

6. 以融资租赁形式购进非独立核算经营活动用卡车一辆，租赁价款共计 250 000 元，期限 5 年，每年支付租金 50 000 元。卡车已交付使用，通过零余额账户转账支付当年租金。

借：固定资产——通用设备 250 000
    贷：长期应付款——货车租金 200 000
        非流动资产基金——固定资产 50 000

同时：

借：经营支出——租金 50 000
    贷：零余额账户用款额度 50 000

7. 承上，若以后年度每年通过零余额账户转账支付租金时。

借：经营支出——租金 50 000
    贷：零余额账户用款额度 50 000

同时：

借：长期应付款——货车租金 50 000
    贷：非流动资产基金——固定资产 50 000

8. 盘盈小型打印机一台，目前市场价 1 500 元。

借：固定资产——通用设备 1 500
    贷：非流动资产基金——固定资产 1 500

9. 按规定程序报经批准，用财政项目资金将原两间旧办公室重新改造装修成一间多功能会议室，改造装修过程中通过零余额账户转账支付下列款项。

（1）购入电脑两台，单价 6 500 元，共计 13 000 元。

借：在建工程——多功能会议室 13 000
    贷：非流动资产基金——在建工程 13 000

同时：

借：事业支出——项目支出（财政补助支出）——专用设备购置 13 000
    贷：零余额账户用款额度 13 000

（2）购入投影仪一套，共计 17 000 元。

借：在建工程——多功能会议室 17 000
　　贷：非流动资产基金——在建工程 17 000
同时：
借：事业支出——项目支出（财政补助支出）——专用设备购置 17 000
　　贷：零余额账户用款额度 17 000
（3）劳务费及零星材料费共 12 000 元。
借：在建工程——多功能会议室 12 000
　　贷：非流动资产基金——在建工程 12 000
同时：
借：事业支出——项目支出（财政补助支出）——专用设备购置 12 000
　　贷：零余额账户用款额度 12 000
（4）多功能会议室完工交付使用。
借：固定资产——多功能会议室 42 000
　　贷：非流动资产基金——固定资产 42 000
同时：
借：非流动资产基金——在建工程 42 000
　　贷：在建工程——多功能会议室 42 000

10. 按规定程序报经批准拟将一批旧办公家具出售，其账面余额 73 000 元，累计已提折旧 61 000 元。
借：待处置资产损溢——处置资产价值 12 000
　　累计折旧 61 000
　　贷：固定资产——家具、用具、装具及动植物 73 000

11. 承上，将上述旧办公家具实际出售。
借：非流动资产基金——固定资产 12 000
　　贷：待处置资产损溢——处置资产价值 12 000

12. 承上，出售旧办公家具时通过零余额账户转账支付搬运费 1 500 元。
借：待处置资产损溢——处置净收入 1 500
　　贷：库存现金 1 500

13. 承上，通过银行转账收到上述旧办公家具销售款 5 000 元。
借：银行存款 5 000
　　贷：待处置资产损溢——处置净收入 5 000

14. 承上，上述旧办公家具销售款扣除搬运费后的净收入 3 500 元应上缴国库。
借：待处置资产损溢——处置净收入 3 500
　　贷：应缴国库款 3 500

15. 按规定本期应计提固定资产折旧共计 26 712 元。

借：非流动资产基金——固定资产　　　　　　　　　　　　　　　26 712

　　贷：累计折旧　　　　　　　　　　　　　　　　　　　　　　　　26 712

知识归纳

事业单位固定资产核算的会计科目包括"固定资产""在建工程""累计折旧""非流动资产基金"及"待处置资产损溢"科目。

固定资产是指事业单位拥有的预计使用年限在 1 年以上（不含 1 年）、单位价值在规定标准以上，并在使用过程中基本保持原有物质形态的有形资产。固定资产一般包括：房屋及构建物；专用设备；通用设备；文物和陈列品；图书、档案；家具、用具、装具及动植物。事业单位固定资产的管理涉及内部三类部门、负责三项控制、实现三账一卡相符，简称固定资产的"三账一卡"管理模式。折旧，是指在固定资产使用寿命内，按照确定的方法对应折旧金额进行系统分摊。事业单位一般应当采用年限平均法计提固定资产折旧。

事业单位的基本建设投资应当按照国家有关规定单独建账、单独核算，同时按照国家有关规定至少按月并入本科目及其他相关科目反映。事业单位应当在"在建工程"科目下设置"基建工程"明细科目，核算由基建账套并入的在建工程成本。

净资产类科目"非流动资产基金"设置长期投资占用、固定资产占用、在建工程占用、无形资产占用四个明细科目分别与资产类科目"长期投资""固定资产""在建工程""无形资产"对应。

复习思考

- 事业单位固定资产的核算范围是如何规定的？
- 事业单位固定资产是如何分类的？
- 事业单位固定资产管理涉及的各个不同部门的职责是什么？
- 事业单位固定资产增加的途径有哪些？
- 事业单位各种途径增加的固定资产在计价上有什么规定？
- 事业单位固定资产增减的核算设置的基本会计科目有哪些？
- 什么是折旧？事业单位计提折旧的范围是如何规定的？
- 事业单位采用年限平均法计提固定资产折旧有什么特殊规定？
- 事业单位计提折旧的政策与企业有什么差异？

学习任务五　对外投资的核算

知识目标

- 熟悉事业单位对外投资的含义与种类；

　　·了解事业单位对外投资管理与控制的要求；

　　·熟悉事业单位对外投资计价的规定。

✕ 能力目标

　　·学会事业单位"短期投资"科目的使用方法；

　　·学会事业单位"长期投资"科目的使用方法。

？ 知识精讲

一、对外投资的含义与种类

　　对外投资是指事业单位依法利用货币资金、实物、无形资产等方式向其他单位的投资。事业单位的对外投资按其期限长短分为短期投资和长期投资。短期投资是指事业单位依法取得的，持有时间不超过 1 年（含 1 年）的投资；长期投资是指事业单位依法取得的，持有时间超过 1 年（不含 1 年）的各种股权和债权性质的投资。长期投资与短期投资相比，具有以下不同之处。

　　（一）投资回收期不同。长期投资的回收期在 1 年以上；短期投资的回收期在 1 年以内。

　　（二）投资的变现能力不同。长期投资不能随时变现或不准备随时变现；短期投资能随时变现或准备随时变现。

　　（三）投资的目的不同。长期投资除获取一定的经济利益外，重要的是在于参与、控制被投资单位的正常业务及经营决策，以配合自身业务的需要；短期投资一般是利用闲置资金获取一定的经济利益而进行的投资。

　　（四）投资的方式不同。在一般情况下，受资产本身价值、特点等因素的影响，固定资产、无形资产很少作为短期投资的出资方式，而是作为长期投资的主要出资方式；短期投资的出资方式主要是货币资金和库存物资，购买债券一般作为短期投资的对象。

二、对外投资管理与控制的要求

　　事业单位应当严格遵守国家法律、行政法规以及财政部门、主管部门关于对外投资的有关规定，加强对对外投资的管理，严格控制对外投资。

　　（一）合理设置岗位，明确相关岗位的职责权限，确保对外投资的可行性研究与评估、对外投资决策与执行、对外投资处置的审批与执行等不相容岗位相互分离。

　　（二）单位对外投资，应当由单位领导班子集体研究决定。

　　（三）加强对投资项目的追踪管理，及时、全面、准确地记录对外投资的价值变动和投资收益情况。

　　（四）建立责任追究制度。对在对外投资中出现重大决策失误、未履行集体决策程序和不按规定执行对外投资业务的部门及人员，应当追究相应的责任。

　　事业单位在保证单位正常运转和事业发展的前提下，按照国家有关规定可以对外投资的，应当履行相关审批程序。不得使用财政拨款及其结余进行对外投资，不得从事股票、期货、基金、企业债券等投资，国家另有规定的除外；若发生以非货币性资产对外投资的，应当按照国家有关规定进行资产评估，合理确定资产价值。

三、对外投资的计价

短期投资在取得及到期回收时均应当按其实际成本计价，长期投资分长期股权投资和长期债权投资，其计价规定如下。

（一）长期股权投资的计价规定

1.长期股权投资在取得时，应当按照其实际成本作为投资成本。

（1）以货币资金取得的长期股权投资，按照实际支付的全部价款（包括购买价款以及税金、手续费等相关税费）作为投资成本。

（2）以固定资产取得的长期股权投资，按照评估价值加上相关税费作为投资成本。

（3）以无形资产取得的长期股权投资，按照评估价值加上相关税费作为投资成本。

2.长期股权投资持有期间，收到利润等投资收益时，按照实际收到的金额列"其他收入（投资收益）"。

3.转让长期股权投资，转入待处置资产时，按照待转让长期股权投资的账面余额冲销长期投资。

4.因被投资单位破产清算等原因，有确凿证据表明长期股权投资发生损失，按规定报经批准后按照长期股权投资账面余额予以核销。

（二）长期债券投资的计价规定

1.长期债券投资在取得时，应当按照其实际成本作为投资成本。以货币资金购入的长期债券投资，按照实际支付的全部价款（包括购买价款以及税金、手续费等相关税费）作为投资成本。

2.长期债券投资持有期间收到利息时，按照实际收到的金额列"其他收入（投资收益）"。

3.对外转让或到期收回长期债券投资本息，按照收回长期投资的成本冲销长期投资。

科目设置

事业单位对外投资核算的会计科目包括"短期投资"和"长期投资"两个科目。

"短期投资"科目

事业单位为了核算其依法取得的，持有时间不超过1年（含1年）的投资（主要是国债投资）应设置"短期投资"（资产类）科目，借方登记取得短期投资时的实际成本（包括购买价款以及税金、手续费等相关税费），贷方登记出售或收回短期国债的成本，期末借方余额，反映事业单位持有的短期投资成本。

"短期投资"科目应当按照国债投资的种类等设置明细科目。

"长期投资"科目

事业单位为了核算其依法取得的，持有时间超过1年（不含1年）的股权和债权性质的投资应设置"长期投资"（资产类）科目，借方登记事业单位以各种形式取得的股权和债权投资的实际成本，贷方登记收回的股权和债权投资的实际成本，期末借方余额反映事业单位持有的长期投资成本。

"长期投资"科目应当按照长期投资的种类和被投资单位等设置明细科目。

事业单位长期投资增减的核算分别如图2-1-12和图2-1-13所示。

图形示意

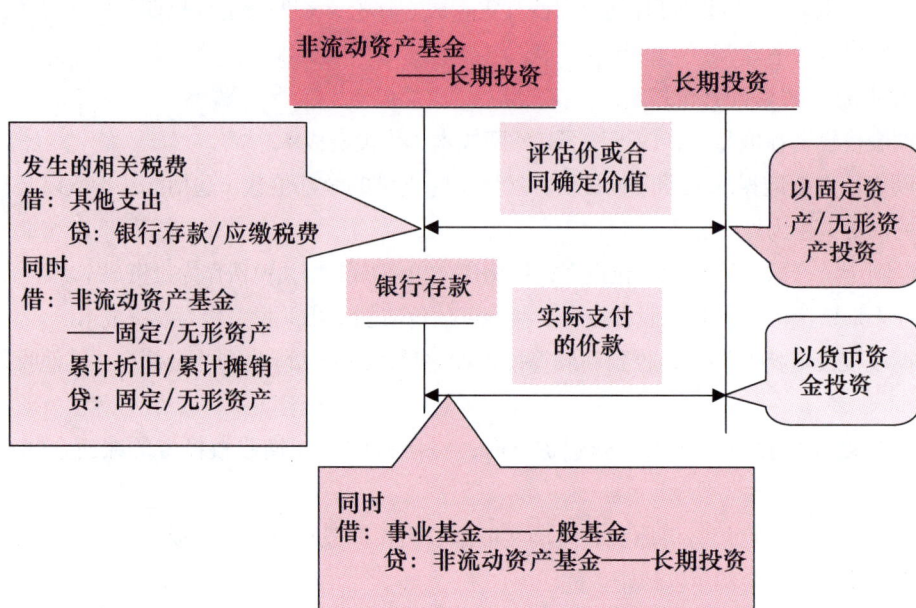

图 2-1-12　事业单位长期投资增加的核算

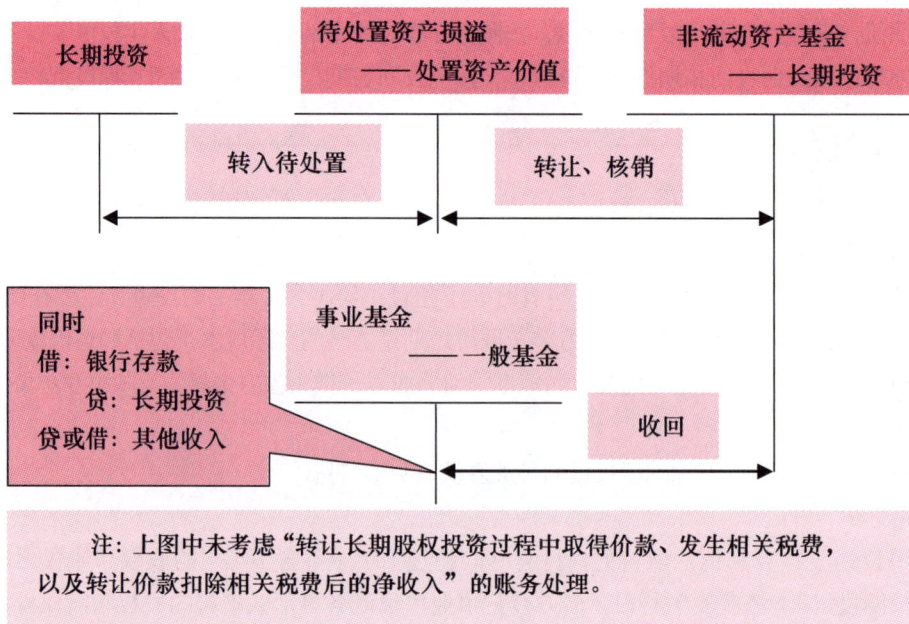

注：上图中未考虑"转让长期股权投资过程中取得价款、发生相关税费，以及转让价款扣除相关税费后的净收入"的账务处理。

图 2-1-13　事业单位长期投资收回、转让、核销的核算

能力训练

某事业单位 2015 年发生下列有关对外投资业务与事项，请根据有关凭证编制会计分录。

1. 通过零余额账户转账支付购买某期国债（期限 3 个月）款 620 000 元，手续费 1 400 元。

借：短期投资　　　　　　　　　　　　　　　　　621 400

　　贷：零余额账户用款额度　　　　　　　　　　　621 400

2. 收到银行通知上月份购买的某期国债（期限 5 个月）利息 8 200 元到账。

借：银行存款　　　　　　　　　　　　　　　　　8 200

　　贷：其他收入——投资收益　　　　　　　　　　8 200

3. 收到银行通知上上月份购买的某期国债（期限 5 个月）本息共 451 300 元（成本 450 000 元）到账。

借：银行存款　　　　　　　　　　　　　　　　　451 300

　　贷：短期投资　　　　　　　　　　　　　　　　450 000

　　　　其他收入——投资收益　　　　　　　　　　1300

4. 通过银行转账支付购买某公司的筹资款 560 000 元（股权投资），手续费 8 200 元。

借：长期投资——长期股权投资　　　　　　　　　568 200

　　贷：银行存款　　　　　　　　　　　　　　　　568 200

同时：

借：事业基金　　　　　　　　　　　　　　　　　568 200

　　贷：非流动资产基金——长期投资　　　　　　　568 200

5. 用某设备作价入股某公司，其账面余额 860 000 元，已提折旧 440 000 元，双方协议投资价为 660 000 元。

借：长期投资——长期股权投资　　　　　　　　　660 000

　　贷：非流动资产基金——长期投资　　　　　　　660 000

同时：

借：非流动资产基金——固定资产　　　　　　　　42 000

　　累计折旧　　　　　　　　　　　　　　　　　440 000

　　贷：固定资产——某设备　　　　　　　　　　　860 000

6. 用某专利技术作价入股某公司，其账面余额 75 000 元，已提摊销 43 000 元，双方协议投资价为 53 000 元。

借：长期投资——长期股权投资　　　　　　　　　53 000

　　贷：非流动资产基金——长期投资　　　　　　　53 000

同时：

借：非流动资产基金——无形资产　　　　　　　　32 000

　　累计摊销　　　　　　　　　　　　　　　　　43 000

　　贷：无形资产——某项专利技术　　　　　　　　75 000

7. 承上，若上述某公司因故破产，按规定程序报经批准后拟将对其投资核销。

借：待处置资产损溢——处置资产价值 53 000
　　贷：长期投资——长期股权投资 53 000

8. 承上，实际核销时。

借：非流动资产基金——长期投资 53 000
　　贷：待处置资产损溢——处置资产价值 53 000

9. 某公司宣告本年分派单位的利润为 149 000 元，款项尚未收到。

借：其他应收款——某公司 149 000
　　贷：其他收入——投资收益 149 000

10. 通过零余额账户转账支付购买某期国债（期限 3 年）款 570 000 元。

借：长期投资——长期债券投资 570 000
　　贷：零余额账户用款额度 570 000

同时：

借：事业基金 570 000
　　贷：非流动资产基金——长期投资 570 000

11. 收到银行通知上年度购买的某期国债（期限 5 年）利息 43 200 元到账。

借：银行存款 43 200
　　贷：其他收入——投资收益 43 200

12. 收到银行通知三年前购买的某期国债（期限 3 年）本息共 962 400 元（成本 960 000 元）到账。

借：银行存款 962 400
　　贷：长期投资——长期债券投资 960 000
　　　　其他收入——投资收益 2 400

同时：

借：非流动资产基金——长期投资 960 000
　　贷：事业基金 960 000

知识归纳

　　事业单位对外投资核算的会计科目包括"短期投资"和"长期投资"两个科目。短期投资是指事业单位依法取得的，持有时间不超过 1 年（含 1 年）的投资；长期投资是指事业单位依法取得的，持有时间超过 1 年（不含 1 年）的各种股权和债权性质的投资。

　　事业单位应当严格遵守国家法律、行政法规以及财政部门、主管部门关于对外投资的有关规定，加强对对外投资的管理，严格控制对外投资。

复习思考

· 事业单位对外投资主要内容是什么？
· 事业单位对外投资的管理有什么要求？
· 事业单位对外投资如何计价？

学习任务六 无形资产的核算

知识目标

· 了解事业单位无形资产的含义及内容；
· 熟悉事业单位无形资产计价的规定；
· 掌握事业单位无形资产摊销的规定。

能力目标

· 学会事业单位"无形资产"科目的使用方法；
· 学会事业单位"累计摊销"科目的使用方法。

知识精讲

一、无形资产的含义及内容

无形资产是指事业单位持有的没有实物形态的可辨认非货币性资产，包括专利权、商标权、著作权、土地使用权、非专利技术等。

（一）专利权是指政府对发明者在某一产品的造型、配方、结构、制造工艺或程序的发明上给予其制造、使用和出售等方面的专门权利。专利权人拥有的专利受《专利法》保护。专利权如果是购买的，其成本除买价外，还应包括有关部门收取的相关费用等；如果是自行开发的，其成本应包括创造该项专利的试验费用、申请专利登记费用以及聘请律师费用等。

（二）商标权是指专门在某类指定的商品或产品上使用特定的名称或图案的权利。商标经过注册登记，就获得了法律上的保护。单位自制的商标，其注册登记费用不高，一般不作为无形资产来核算。受让商标，一次性支出费用较高的，可以将其本金化，作为无形资产入账。其成本包括买价、支付的手续费以及其他受让商标权而发生的费用等。

（三）著作权又称版权，是指文学、艺术和科学作品等的著作人依法对其作品所拥有的专门权利。著作权一般包括发表权、署名权、修改权、保护作品完整权、使用权和获得报酬权。著作权受国家法律保护。

（四）土地使用权是指事业单位依法取得的国有土地在一定期间内享有开发、利用、经营活动的权利。在我国，土地归国家所有，任何人或单位只能拥有土地使用权，没有土地所有权。事业单位拥有的并未入账的土地使用权应予以本金化，将取得时所发生的一切支出作为土地使用权成本，记入无形资产。具体分两种情况：一是事业单位向土地管理部门申请土地使用权时，支付的出让金要作为无形资产入账；二是单位原先通过行政划拨获得土地使用权，没有作为无形资产入账，在将土地使用权有偿、出租、抵押、作价入股和投资时，要按规定补缴土地出让金，补缴的出让金作为无形资产入账。如果土地使用权是连同地上的附着物一并购入，则土地使用权一并作为固定资产入账，不单独确认为无形资产。

（五）非专利技术是指运用先进的、未公开的、未申请专利但可以带来经济效益的技术或资料，又称"专有技术""技术秘密""技术诀窍"。事业单位的非专利技术一般是在组织业务活动过程中取得的有关经营和管理方面未获得专利权的知识、经验和技巧。非专利技术不受《专利权》的保护，但却是一种事实上的专利权，可以进行转让和投资。

二、无形资产的计价

（一）无形资产在取得时，应当按照其实际成本入账，应分别以下情况处理。

1. 外购的无形资产，其成本包括购买价款、相关税费以及可归属于该项资产达到预定用途所发生的其他支出。

2. 委托软件公司开发软件视同外购无形资产进行处理。

3. 自行开发并按法律程序申请取得的无形资产，按照依法取得时发生的注册费、聘请律师费等费用确定成本。

依法取得前所发生的研究开发支出，应于发生时直接计入当期支出，不构成无形资产成本。

4. 接受捐赠、无偿调入的无形资产，其成本按照有关凭据注明的金额加上相关税费等确定；没有相关凭据的，其成本比照同类或类似无形资产的市场价格加上相关税费等确定；没有相关凭据、同类或类似无形资产的市场价格也无法可靠取得的，该资产按照名义金额入账。

（二）与无形资产有关的后续支出，应分别以下情况处理。

1. 为增加无形资产的使用效能而发生的后续支出，如对软件进行升级改造或扩展其功能等所发生的支出，应当计入无形资产的成本。

2. 为维护无形资产的正常使用而发生的后续支出，如对软件进行漏洞修补、技术维护等所发生的支出，应当计入当期支出但不计入无形资产成本。

（三）报经批准转让、无偿调出、对外捐赠无形资产或以无形资产对外投资时，按照其取得的账面余额冲销无形资产。

事业单位转让无形资产，应当按照有关规定进行资产评估。转让无形资产过程中取得价款、发生相关税费，以及出售价款扣除相关税费后的净收入应当上缴国库。

（四）无形资产预期不能为事业单位带来服务潜力或经济利益的，应当按规定报经批准后将该无形资产的账面价值予以核销。

三、无形资产的摊销

摊销，是指在无形资产使用寿命内，按照确定的方法对应摊销金额进行系统分摊。事业单位应当对无形资产进行摊销，以名义金额计量的无形资产除外。事业单位计提无形资产摊销有关规定具体如下。

（一）事业单位无形资产摊销年限确定应遵循的原则是：法律规定了有效年限的，按照法律规定的有效年限作为摊销年限；法律没有规定有效年限的，按照相关合同或单位申请书中的受益年限作为摊销年限；法律没有规定有效年限、相关合同或单位申请书也没有规定受益年限的，按照不少于10 年的期限摊销。

（二）事业单位无形资产摊销的方法应当采用年限平均法。

（三）事业单位无形资产摊销的金额应为其成本。

（四）事业单位无形资产摊销的时间应当自无形资产取得当月起，按月计提。

（五）事业单位因发生后续支出而增加无形资产成本的，应当按照重新确定的无形资产成本，重新计算摊销额。

科目设置

事业单位无形资产核算的会计科目包括"无形资产"和"累计摊销"两个科目。

"无形资产"科目

事业单位为了核算其无形资产的原价，应设置"无形资产"（资产类）总账科目，借方登记无形资产的增加数，贷方登记无形资产的处置数，期末借方余额反映事业单位无形资产的原价。"无形资产"科目应当按照无形资产的类别、项目等设置明细科目。

事业单位无形资产增加、减少（处置）的核算分别如图 2-1-14 和图 2-1-15 所示。

特别提示：事业单位购入的不构成相关硬件不可缺少组成部分的应用软件，也应作为无形资产管理与核算。

"累计摊销"科目

事业单位为了核算其无形资产计提的累计摊销，应设置"累计摊销"（资产类）总账科目，贷方登记无形资产计提的累计摊销数，借方登记冲减数，期末贷方余额反映事业单位计提的无形资产摊销累计数。"累计摊销"科目应当按照对应无形资产的类别、项目等设置明细科目。

事业单位无形资产摊销的核算如图 2-1-16 所示。

图形示意

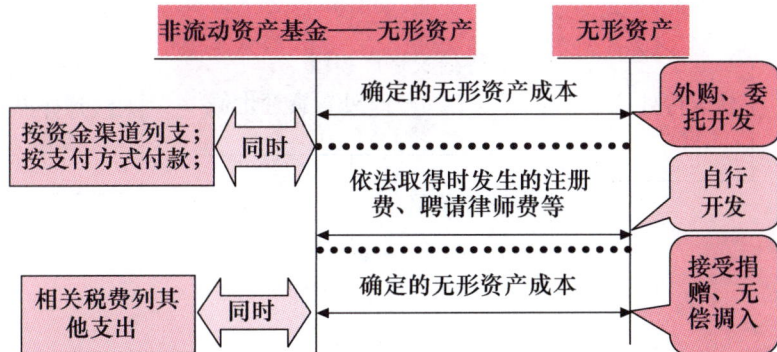

图 2-1-14　事业单位无形资产增加的核算

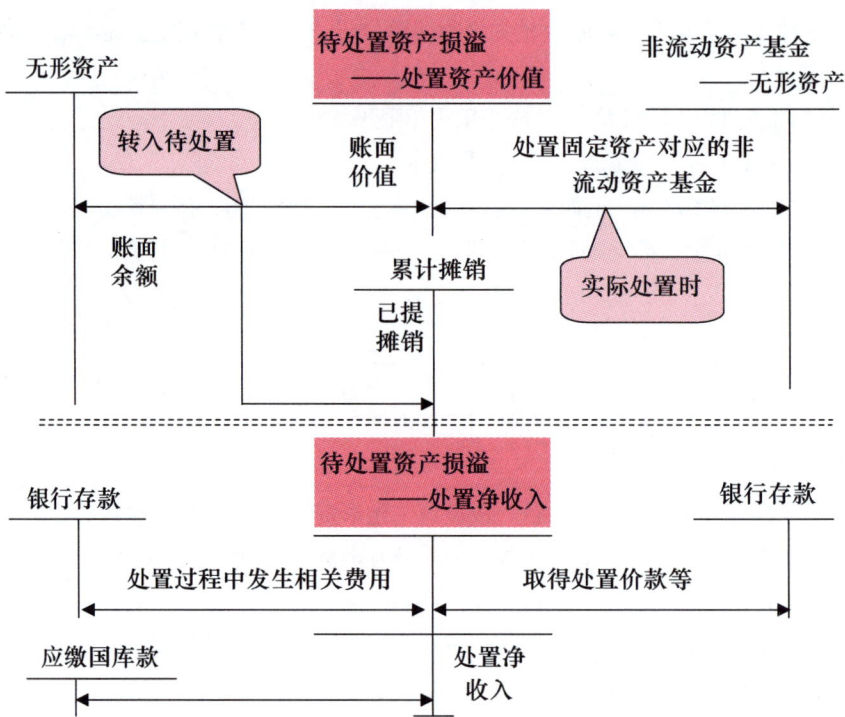

图 2-1-15　事业单位无形资产减少（处置）的核算（转让、无偿调出、对外捐赠）

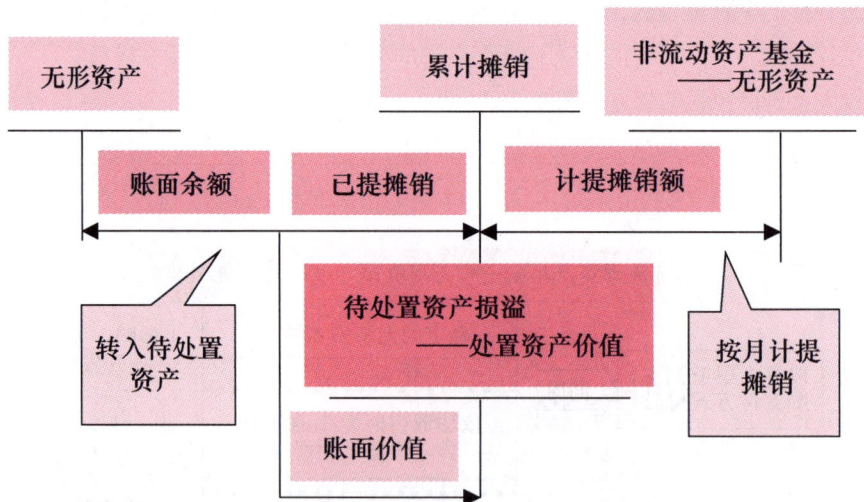

图 2-1-16　事业单位无形资产摊销的核算

能力训练

某事业单位 2015 年发生下列有关无形资产的业务与事项，请根据有关凭证编制会计分录。

1. 按照当年纳入政府采购项目资金预算安排，政府采购部门为单位某管理软件及相关配套设备，总价款 186 740 元（软件及相关配套设备没有分别标价，假定软件公允价值与相关配套设备公允价值的相对比例为 3 : 1）①。

借：无形资产——专利权　　　　　　　　　　　　　　　　140 055
　　固定资产——某设备　　　　　　　　　　　　　　　　　46 685
　　贷：非流动资产基金——无形资产　　　　　　　　　　　140 055
　　　　　　　　　　　　——固定资产　　　　　　　　　　　46 685

同时：

借：事业支出——财政补助支出——项目支出　　　　　　　186 740
　　贷：财政补助收入——项目支出　　　　　　　　　　　　186 740

2. 自行开发某管理软件，研究开发过程通过零余额账户转账支付购置耗材款 28 000 元（财政拨入的项目经费）。

借：事业支出——财政补助支出——项目支出　　　　　　　　28 000
　　贷：零余额账户用款额度　　　　　　　　　　　　　　　28 000

3. 承上，上述自行开发的某管理软件按法律程序申请取得的专利权，通过零余额账户转账支付注册费、律师费等费用 46 000 元（财政拨入的项目经费）。

借：无形资产——某管理软件　　　　　　　　　　　　　　　46 000
　　贷：非流动资产基金——无形资产　　　　　　　　　　　　46 000

同时：

借：事业支出——财政补助支出——项目支出　　　　　　　　46 000
　　贷：零余额账户用款额度　　　　　　　　　　　　　　　46 000

4. 通过零余额账户转账支付新建办公楼征用土地款 980 000 元（财政拨入的项目经费）。

借：无形资产——土地使用权　　　　　　　　　　　　　　980 000
　　贷：非流动资产基金——无形资产　　　　　　　　　　　980 000

同时：

借：事业支出——财政补助支出——项目支出　　　　　　　980 000
　　贷：银行存款　　　　　　　　　　　　　　　　　　　980 000

5. 按规定计算出本期无形资产摊销额为 67 000 元。

借：非流动资产基金——无形资产　　　　　　　　　　　　　67 000
　　贷：累计摊销　　　　　　　　　　　　　　　　　　　　67 000

---

① 采用公允价值相对比例确定与其他资产一同购入的无形资产的成本，其前提为该项无形资产的相对价值是否较大。如果相对价值较小，则无需作为无形资产核算，而计入其他资产的成本中；如果相对价值较大，则必须作为无形资产核算。

🏃 知识归纳

无形资产是指事业单位持有的没有实物形态的可辨认非货币性资产，包括专利权、商标权、著作权、土地使用权、非专利技术等。事业单位无形资产核算的会计科目包括"无形资产"和"累计摊销"两个科目。事业单位应当对无形资产进行摊销，以名义金额计量的无形资产除外。

💡 复习思考

· 事业单位无形资产一般包括哪些内容？
· 事业单位无形资产的计价有什么规定？
· 事业单位无形资产的摊销有什么规定？

学习任务七　待处置资产损溢的核算

📋 知识目标

· 掌握事业单位国有资产处置的含义及内容；
· 熟悉事业单位国有资产处置的原则；
· 了解事业单位国有资产处置的审批权限。

🔧 能力目标

· 学会事业单位"待处置资产损溢"科目的使用方法。

👤 知识精讲

一、国有资产处置的含义及内容

事业单位国有资产处置，是指事业单位对其占有、使用的国有资产进行产权转让或者注销产权的行为。处置方式包括出售、出让、转让、对外捐赠、报废、报损以及货币性资产损失核销等。

将货币性资产损失核销也列为资产处置的一种形式。这主要是因为事业单位国有资产处置应包括事业单位的全部财产，即不仅包含实物资产，而且包含无形资产，以及应收账款、对外投资形成的股权等货币性资产。因此，对事业单位国有资产处置的管理范围也应延伸到事业单位全部财产。

二、国有资产处置的原则

事业单位资产处置应当遵循公开、公平、公正和竞争、择优的原则，严格履行相关审批程序。事业单位出售、出让、转让、变卖资产数量较多或者价值较高的，应当通过拍卖等市场竞价方式公开处置。

（一）处置资产的公开主要是指国有资产出售要信息公开透明，避免"暗箱操作"。

（二）处置资产的公正是指国有资产处置严格遵守国有资产管理的有关规定，履行规定的程序。

（三）处置资产的公平是指要对每一个购买者给予相同的待遇，不能有歧视和特殊的优惠。

（四）处置资产的竞争、择优是指事业单位国有资产的出售、出让、转让、变卖等要逐步市场化。应通过竞价、多方案比较，选择、确定受让者，以实现转让资产价值的最大化。对于处置资产数量较多或者价值较高的，必须通过拍卖、产权交易市场以公开竞价方式出售或转让。

三、国有资产处置的审批权限

事业单位国有资产处置的审批权限按以下规定执行。

（一）房屋建筑物、土地、车辆的处置和货币性资产损失核销的审批权限

对事业单位占有、使用的房屋建筑物、土地、车辆和货币性资产等单位的主要资产的处置，直接影响到单位工作的正常开展，并且处置过程易受人为主观因素的影响，造成国有资产的流失，所以上述资产无论其金额大小，一律报经主管部门审核同意后报财政部门审批。

1. 房屋建筑物

对房屋建筑物处置要区分具体情况进行审批。对于已达到使用年限的房屋建筑物报废，事业单位要按照财务制度有关规定，并附有关材料后报主管部门批复，主管部门将审批结果报财政部门备案即可。对未达到使用年限，但事业单位根据事业发展需要，需提前报废的房屋建筑物，在专业技术鉴定机构科学鉴定后，经主管部门审核后报财政部门审批。根据市政建设规划要求需拆迁的，主管部门审核后报财政部门进行合规性批复，如市政规划建设需要处置的、基建立项需原地拆除重建等。对于房屋建筑物的转让，应委托中介机构进行评估后，按照规定履行报批手续。

为充分体现主管部门资产管理的责任，提高资产管理工作效率，对按照上述思路需报财政部门审批的房屋建筑物处置事项，财政部门也可根据工作需要，授予主管部门一定的审批权限，即限额以下的处置事项由主管部门审批，报财政部门备案。主管部门在审批后应当加强收益的监缴，保证资产处置收益上缴财政专户。

2. 土地

土地资产的配置和处置由国土资源等部门管理，其处置较为复杂，也较特殊，国家相关的法律、行政法规均有规定，具体处置要按照现行的有关规定执行。但土地作为事业单位的重要资产，在办理土地处置手续前，主管部门和财政部门应进行前置性审批（审核），即事业单位应在主管部门和财政部门同意处置此类资产事项后，事业单位才能办理土地处置手续。没有财政部门和主管部门审核意见，事业单位不得擅自申请办理土地处置事项。财政部门和主管部门对这类资产的审批（审核）只是代表资产所有者对该资产是否应该处置所做出的一种判断和决定，并不代替国家相关法律、行政法规的程序性和实体性决定。

3. 车辆

车辆处置事项比较普遍，相对土地和房屋建筑物来讲较容易操作，具体也可以分两种情况审批。一是对达到法定报废年限或强制报废标准的车辆，各车辆占有、使用单位按国家有关强制规定处置后，凭相关部门的处置文件报财政部门和主管部门备案；二是对未达到报废年限的车辆处置，各车辆占有、使用单位应按规定报批（附有关材料）。其中规定限额以下的授权主管部门审批，规定限额以上的由财政部门审批。资产处置收益要上缴财政专户。

4. 货币性资产损失

在前面已予以表述，货币性资产损失无论金额大小，都要按照财务制度和《事业单位国有资产管理暂行办法》的规定，经主管部门审核并报财政部门审批后，方可核销。

（二）非特定资产的处置审批

对于房屋建筑物、土地、车辆的处置和货币性资产以外的非特定资产，《事业单位国有资产管理暂行办法》按拟处置资产金额的不同，明确了财政部门和主管部门不同的审批权限，即资产单位价值或者批量价值在规定限额以上资产的处置，经主管部门审核后报同级财政部门审批；规定限额以下资产的处置报主管部门审批，主管部门将审批结果定期报同级财政部门备案。价值指的是事业单位资产的账面原值。

从事业单位来讲，非特定资产是指除房屋建筑物、土地、车辆、货币性资产以外的资产。如：事业单位占有使用的广播电视发射机、采编设备，计算机、体育器材、检查设备等专用设备、专用仪器等。特别要强调的是，事业单位要加强对本单位专利权、商标权、著作权、土地使用权、非专利技术、商誉等无形资产的出售、转让行为的管理，防止无形资产流失。

同样，国家相关的法律、行政法规对部分类别的资产有规定使用年限和强制性报废规定的，《事业单位国有资产管理暂行办法》中规定，"法律、行政法规另有规定的，依照其规定"。即对于达到使用年限的专用设备，或达到国家强制性规定报废的资产处置事项，财政部门和主管部门不设置前置审批程序，各占有使用单位按国家有关强制规定处置后，凭相关部门的处置文件报财政部门和主管部门备案。但非正常报废的资产，须报主管部门或同级财政部门审批。

财政部门或者主管部门对事业单位固定资产处置事项的批复是财政部门重新安排事业单位有关资产配置预算项目的参考依据，是事业单位调整相关会计账目的凭证。

四、国有资产处置收入的管理

事业单位国有资产处置收入属于国家所有，应当按照政府非税收入管理的规定，实行"收支两条线"管理，即事业单位资产处置收入要及时、足额上缴同级财政专户或者国库，实行"收支两条线"管理。因为事业单位的国有资产属于国家所有，其国有资产处置收入理应由国家根据发展和改革需要来做出相应规定。

（一）建立公共财政体制的需要。资产管理是财政管理的重要内容，是建立健全公共财政体制的要求，随着财政改革的不断深入，资产管理与预算管理的结合将越来越紧密，改革要求对资产处置收入实行"收支两条线"管理。

（二）加强非税收入管理的要求。非税收入是政府财政收入的重要组成部分，而国有资产收益又是非税收入的重要组成部分，按照要求应加强管理。从当前看，国有资产收益包括国有资产有偿使用收入和国有资产处置收入，应根据管理的需要，相应分别实行纳入单位预算统一管理和实行"收支两条线"管理。

（三）改革收入分配制度和规范资产处置的要求。资产管理薄弱是津贴补贴发放混乱的根源之一，规范收入分配秩序和津补贴发放客观上要求规范和加强事业单位资产处置收益的管理。由于资产管理的有关制度滞后，近几年来事业单位的资产处置及其收入的管理不太规范，如将处置收入违反规定用于职工补贴等，这些问题都应加以规范。

科目设置

事业单位为了核算其待处置资产的价值及处置损溢，应设置"待处置资产损溢"（资产类）总账科目，借方登记转入的准备予以核销的资产数及处置过程中发生的相关费用，贷方登记按规定报经批准予以核销的资产数及处置过程中收到的残值变价收入等。期末如为借方余额，反映尚未处置完毕的各种资产价值及净损失；期末如为贷方余额，反映尚未处置完毕的各种资产净溢余。年度终了报经批准处理后，一般应无余额。

"待处置资产损溢"科目应当按照待处置资产项目设置明细科目；对于在处置过程中取得相关收入、发生相关费用的处置项目，还应设置"处置资产价值"和"处置净收入"明细科目。

事业单位处置资产一般应当先记入"待处置资产损溢"科目，按规定报经批准后及时进行账务处理。年度终了结账前一般应处理完毕。

事业单位"待处置资产损溢"科目的基本结构如图 2-1-17 所示。

能力训练

参见有关资产科目的能力训练。

图形示意

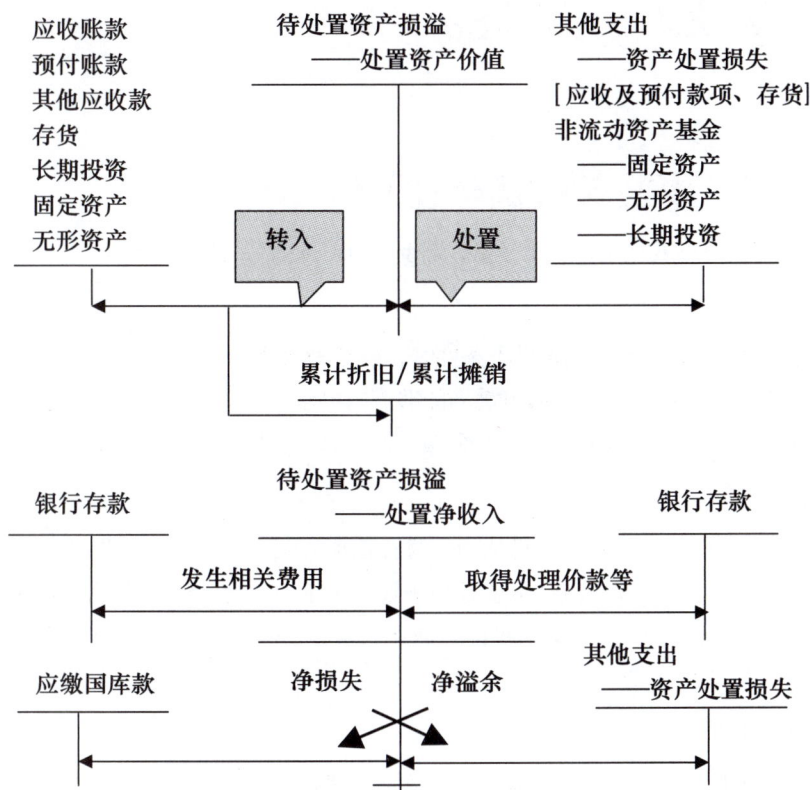

图 2-1-17 事业单位"待处置资产损溢"科目的基本结构

知识归纳

事业单位国有资产处置，是指事业单位对其占有、使用的国有资产进行产权转让或者注销产权的行为。处置方式包括出售、出让、转让、对外捐赠、报废、报损以及货币性资产损失核销等。事业单位资产处置应当遵循公开、公平、公正和竞争、择优的原则，严格履行相关审批程序。

事业单位占有、使用的房屋建筑物、土地和车辆的处置、单位价值或者批量价值在规定限额以上的固定资产的处置，经主管部门审核后报同级财政部门审批；规定限额以下的固定资产的处置报主管部门审批，主管部门将审批结果定期报同级财政部门备案。

复习思考

· 什么是国有资产处置？国有资产处置包括哪些内容？

· 事业单位处置国有资产应遵循哪些原则？

· 事业单位国有资产处置的审批权限是如何规定的？

项目二　事业单位负债的核算

理论知识　事业单位负债基础

负债是指事业单位所承担的能以货币计量，需要以资产或者劳务偿还的债务。

一、负债的确认

符合负债定义的义务，在同时满足以下条件时，确认为负债。

（一）与该义务有关的经济利益或服务潜力能够流出单位；

（二）未来流出的经济利益或服务潜力的金额能够可靠地计量。

二、负债的内容

事业单位的负债包括借入款项、应付款项、暂存款项、应缴款项等。事业单位的负债按照流动性，分为流动负债和非流动负债。流动负债是指预计在1年内（含1年）偿还的负债，流动负债包括短期借款、应付及预收款项、应付职工薪酬、应缴款项等；非流动负债是指流动负债以外的负债，非流动负债包括长期借款、长期应付款等。

三、负债的管理

事业单位应当对不同性质的负债分类管理，及时清理并按照规定办理结算，保证各项负债在规定期限内归还。

事业单位应当建立健全财务风险控制机制，规范和加强借入款项管理，严格执行审批程序，不得违反规定举借债务和提供担保。

根据国家规定可以举借债务的单位应当建立健全债务内部管理制度，明确债务管理岗位的职责权限，不得由一人办理债务业务的全过程。大额债务的举借和偿还属于重大经济事项，应当进行充分论证，并由单位领导班子集体研究决定。

单位应当做好债务的会计核算和档案保管工作。加强债务的对账和检查控制，定期与债权人核对债务余额，进行债务清理，防范和控制财务风险。

学习任务一　借入款项的核算

📋 知识目标

· 了解事业单位借入款项的内容与分类；
· 熟悉短期借款和长期借款利息账务处理的规定。

✖ 能力目标

· 学会事业单位"短期借款"科目的使用方法；
· 学会事业单位"长期借款"科目的使用方法。

🔍 知识精讲

事业单位的借入款项按照期限长短可分为短期借款和长期借款。

短期借款是指事业单位借入的期限在 1 年内（含 1 年）的各种借款。短期借款的利息列入当期支出。

长期借款是指事业单位借入的偿还期限超过 1 年（不含 1 年）的各项借款。为购建固定资产支付的专门借款利息，属于工程项目建设期间支付的，计入工程成本；属于工程项目完工交付使用后支付的，计入当期支出但不计入工程成本；其他长期借款利息列入当期支出。

📊 科目设置

事业单位借入款项核算的会计科目包括"短期借款"和"长期借款"两个科目。

"短期借款"科目

事业单位为核算其借入的期限在 1 年内（含 1 年）的各种借款，应设置"短期借款"（负债类）总账科目，贷方登记借入的短期借款本金及转入数，借方登记归还的短期借款本金数，期末贷方余额反映事业单位尚未偿还的短期借款本金。

"短期借款"科目应当按照贷款单位和贷款种类设置明细科目。

"长期借款"科目

事业单位为核算其借入的期限超过 1 年（不含 1 年）的各项借款，应设置"长期借款"（负债类）总账科目，贷方登记借入的长期借款本金，借方登记归还的长期借款本金数，期末贷方余额反映事业单位尚未偿还的长期借款本金。

"长期借款"科目应当按照贷款单位和贷款种类设置明细科目。对于基建项目借款，还应按具体项目设置明细科目。

能力训练

某事业单位 2015 年发生下列有关借入款项业务与事项，请根据有关凭证编制会计分录。

1. 从某金融机构借入期限 3 个月、利率 3.5% 的借款 456 000 元，借款通过银行转账收讫。

借：银行存款 456 000
　　贷：短期借款——某金融机构 456 000

2. 承上，若通过银行转账支付本月利息 1 330 元 [456 000×（3.5%÷12）]。

借：其他支出——利息支出 1 330
　　贷：银行存款 1 330

3. 承上，若上述借款到期通过银行转账偿还本金 456 000 元。

借：短期借款——某金融机构 456 000
　　贷：银行存款 456 000

4. 以前月份承兑的票面金额为 42 000 元的银行承兑汇票到期，若单位无力支付票款。

借：应付票据 42 000
　　贷：短期借款——某金融机构 42 000

5. 为改造实训楼，1 月 1 日从某金融机构借入期限 3 年、利率 5%、单利计息的借款 500 000 元。

借：银行存款 500 000
　　贷：长期借款——某金融机构 500 000

6. 承上，若借款合同规定每年年末支付当年利息，年终通过银行转账支付当年利息 25 000 元（500 000×5%）。

借：在建工程——实训楼改造 25 000
　　贷：非流动资产基金——在建工程 25 000

同时：

借：其他支出——利息支出 25 000
　　贷：银行存款 25 000

7. 承上，若该工程已于当年年底完工交付使用，次年年末通过银行转账支付利息。

借：其他支出——利息支出 25 000
　　贷：银行存款 25 000

8. 承上，若上述借款第三年到期，通过银行转账还本付息。

借：长期借款——某银行 500 000
　　其他支出——利息支出 25 000
　　贷：银行存款 525 000

知识归纳

　　事业单位借入款项核算的会计科目包括"短期借款"和"长期借款"两个科目。"短期借款"科目核算事业单位借入的期限在 1 年内（含 1 年）的各种借款；"长期借款"科目核算事业单位借入的期限超过 1 年（不含 1 年）的各种借款。

复习思考

- "短期借款"和"长期借款"科目核算的内容有什么不同？
- "短期借款"和"长期借款"的利息在账务处理上有什么区别？
- 如果涉及基建借款，"长期借款"的明细科目如何设置？

学习任务二　应付及预收款项的核算

知识目标

- 熟悉事业单位应付职工薪酬的含义及内容；
- 熟悉事业单位应付票据的含义及内容；
- 熟悉事业单位应付账款的含义及内容；
- 熟悉事业单位预收账款的含义及内容；
- 熟悉事业单位其他应付款的含义及内容；
- 熟悉事业单位长期应付款的含义及内容。

能力目标

- 学会事业单位"应付职工薪酬"科目的使用方法；
- 学会事业单位"应付票据"科目的使用方法；
- 学会事业单位"应付账款"科目的使用方法；
- 学会事业单位"预收账款"科目的使用方法；
- 学会事业单位"其他应付款"科目的使用方法；
- 学会事业单位"长期应付款"科目的使用方法。

知识精讲

　　事业单位的应付、预收及暂存包括应付职工薪酬、应付票据、应付账款、预收账款、其他应付款、长期应付款。

一、应付职工薪酬

　　应付职工薪酬是指事业单位按有关规定应付给职工及为职工支付的各种薪酬。包括基本工资、绩效工资、国家统一规定的津贴补贴、社会保险费、住房公积金等。各项目的含义及具体内容如下。

（一）工资（离退休费）

　　工资是指行政单位按国家统一规定发放给在职人员的职务工资、级别工资、年终一次性奖金，事业单位按国家统一规定发放给在职人员的岗位工资、薪级工资、绩效工资，以及经国务院或人事部、财政部批准设立的津贴补贴。离退休费是指按国家统一规定发放给离退休人员的离休、退休费及经国务院或人事部、财政部批准设立的津贴补贴。

（二）地方（部门）津贴补贴

地方（部门）津贴补贴是指各地区各部门各单位出台的津贴补贴。

（三）其他个人收入

其他个人收入是指按国家规定发给个人除上述以外的其他收入，包括误餐费、夜餐费，出差人员伙食补助费、市内交通费，出国人员伙食费、公杂费、个人国外零用费，发放给个人的一次性奖励等。

使用工会经费发放给职工的相关收入应当由单位工会单独记账，另行反映；单位向职工发放工资（离退休费）和地方（部门）津贴补贴应以银行卡的形式发放，中央和省级单位一律以银行卡的形式发放，不得发放现金；单位应当按照规定将发放工资（离退休费）、地方（部门）津贴补贴和其他个人收入情况在部门决算中单独反映。

（四）社会保险费

社会保险费是指依照法律、行政法规及国家有关规定，以职工工资为基数，按一定比例提取的社会保险费，包括基本养老保险费、基本医疗保险费、失业保险费，不包各种商业保险费支出。

（五）住房公积金

住房公积金是单位及其在职职工缴存的长期住房储金，是住房分配货币化、社会化和法制化的主要形式。住房公积金制度是国家法律规定的重要的住房社会保障制度，具有强制性、互助性、保障性。单位和职工个人必须依法履行缴存住房公积金的义务。职工个人缴存的住房公积金以及单位为其缴存的住房公积金，实行专户存储，归职工个人所有。单位包括国家机关、国有企业、城镇集体企业、外商投资企业、城镇私营企业及其他城镇企业、事业单位、民办非企业单位、社会团体。

二、应付票据

应付票据是指事业单位因购买材料、物资等而开出、承兑的商业汇票，包括银行承兑汇票和商业承兑汇票。

三、应付账款

应付账款是指事业单位因购买材料、物资等而应付的款项。

四、预收账款

预收账款是指事业单位按合同规定预收的款项。

五、其他应付款

其他应付款是指事业单位除应缴税费、应缴国库款、应缴财政专户款、应付职工薪酬、应付票据、应付账款、预收账款之外的其他各项偿还期限在1年内（含1年）的应付及暂收款项，如存入保证金等。

六、长期应付款

长期应付款是指事业单位发生的偿还期限超过1年（不含1年）的应付款项，如以融资租赁租入固定资产的租赁费、跨年度分期付款购入固定资产的价款等。

科目设置

事业单位为核算其发生的各种应付及预收款项设置"应付职工薪酬""应付票据""应付账款""预收账款""其他应付款""长期应付款"科目。

"应付职工薪酬"科目

事业单位为了核算其按有关规定应付给职工及为职工支付的各种薪酬，应设置"应付职工薪酬"（负债类）总账科目，贷方登记按有关规定计提的应付给职工及应为职工支付的各种薪酬，借方登记实际支付数，期末贷方余额反映事业单位应付未付的职工薪酬。

"应付职工薪酬"科目应当根据国家有关规定按照"工资（离退休费）""地方（部门）津贴补贴""其他个人收入"以及"社会保险费""住房公积金"等设置明细科目。

"应付票据"科目

事业单位为了核算其因购买材料、物资等而开出、承兑的商业汇票，应设置"应付票据"（负债类）科目，贷方登记开出、承兑的商业汇票，借方登记商业汇票到期到期收回数，期末贷方余额反映事业单位开出、承兑的尚未到期的商业汇票票面金额。

"应付票据"科目应当按照债权单位设置明细科目。

事业单位应当设置"应付票据备查簿"，详细登记每一应付票据的种类、号数、出票日期、到期日、票面金额、交易合同号、收款人姓名或单位名称，以及付款日期和金额等资料。应付票据到期结清票款后，应当在备查簿内逐笔注销。

"应付账款"科目

事业单位为了核算其因购买材料、物资等而应付的款项，应设置"应付账款"（负债类）科目，贷方登记发生的应付未付数，借方登记归还数，期末贷方余额反映事业单位尚未支付的应付账款。

"应付账款"科目应当按照债权单位（或个人）设置明细科目。

"预收账款"科目

事业单位为了核算其按合同规定预收的款项，应设置"预收账款"（负债类）科目，贷方登记按合同预收的款项，借方登记应确认的收入及无法偿付或债权人豁免偿还额，期末贷方余额反映事业单位按合同规定预收但尚未实际结算的款项。

"预收账款"科目应当按照债权单位（或个人）设置明细科目。

"其他应付款"科目

事业单位为了核算其除应缴税费、应缴国库款、应缴财政专户款、应付职工薪酬、应付票据、应付账款、预收账款之外的其他各项偿还期限在 1 年内（含 1 年）的应付及暂收款项，如存入保证金等，应设置"其他应付款"（负债类）科目，贷方登记发生的其他各项应付及暂收款项数，借方登记结算数，期末贷方余额反映事业单位尚未支付的其他应付款。

"其他应付款"科目应当按照其他应付款的类别以及债权单位（或个人）设置明细科目。

"长期应付款"科目

事业单位为了核算其发生的偿还期限超过 1 年（不含 1 年）的应付款项，如以融资租赁租入固定资产的租赁费、跨年度分期付款购入固定资产的价款等，应设置"长期应付款"（负债类）科目，贷方登记发生的长期应付款数，借方登记结算的长期应付款，期末贷方余额反映尚未支付的各种长期应付款。

"长期应付款"科目应当按照长期应付款的类别以及债权单位（或个人）设置明细科目。

能力训练

某事业单位 2015 年发生下列应付及预收款项的业务与事项，请根据有关凭证编制会计分录。

1. 按照人事部门提供的相关资料计提本月在编人员薪酬，基本工资 336 000 元，地方（部门）各种津贴补贴共计 196 000 元，其他个人收入共计 24 000 元。单位应负担的各项社会保险费共计 117 600 元，单位应负担的住房公积金 53 200 元。

借：事业支出——财政补助支出（基本支出）——有关明细		726 800
贷：应付职工薪酬——工资（离退休费）		336 000
——地方（部门）津贴补贴		196 000
——其他个人收入		24 000
——社会保险费（单位负担部分）		117 600
——住房公积金（单位负担部分）		53 200

2. 承上，计算个人应负担的各项社会保险费共计 23 200 元，个人应负担的住房公积金 53 200 元，应代扣个人所得税 43 000 元。将扣除个人负担的社会保险费、住房公积金和个人所得税后的应付职工薪酬通过零余额账户打入个人工资卡。

借：应付职工薪酬——工资（离退休费）		336 000
——地方（部门）津贴补贴		196 000
——其他个人收入		24 000
贷：零余额账户用款额度		436 600
应付职工薪酬——社会保险费（个人负担部分）		23 200
——住房公积金（个人负担部分）		53 200
应缴税费——应缴个人所得税		43 000

3. 承上，将本月社会保险费、住房公积金及应缴个人所得税通过零余额账户分别转给相关部门。

借：应付职工薪酬——社会保险费		140 800
——住房公积金		106 400
应缴税费——应缴个人所得税		43 000
贷：零余额账户用款额度		290 200

4. 为开展非独立核算经营活动（单位登记为增值税一般纳税人）从某供货单位购进某材料，价款 30 000 元，税款 5 100 元，开出面值为 35 100 元的商业承兑汇票交付某供货单位。

借：存货——材料——某种材料		30 000
应缴税费——应交增值税（进项税额）		5 100
贷：应付票据——某供货单位		35 100

5. 承上，若单位登记为增值税小规模纳税人。

借：存货——材料——某种材料　　　　　　　　　　　　　　35 100
　　贷：应付票据——某供货单位　　　　　　　　　　　　　　35 100

6. 承上，若上述汇票到期，通过零余额账户转账支付票款 35 100 元。

借：应付票据——某供货单位　　　　　　　　　　　　　　　35 100
　　贷：零余额账户用款额度　　　　　　　　　　　　　　　　35 100

7. 为开展非独立核算经营活动（单位登记为增值税一般纳税人）从某供货单位购进某材料，价款 40 000 元，税款 6 800 元，材料已验收入库，货款尚未支付。

借：存货——材料——某种材料　　　　　　　　　　　　　　40 000
　　应缴税费——应交增值税（进项税额）　　　　　　　　　　6 800
　　贷：应付账款——某供货单位　　　　　　　　　　　　　　46 800

8. 承上，若单位登记为增值税小规模纳税人。

借：存货——材料——某种材料　　　　　　　　　　　　　　46 800
　　贷：应付账款——某供货单位　　　　　　　　　　　　　　46 800

9. 承上，通过零余额账户转账支付上述货款。

借：应付账款——某供货单位　　　　　　　　　　　　　　　46 800
　　贷：零余额账户用款额度　　　　　　　　　　　　　　　　46 800

10. 承上，若上述货款因故无法偿付，按规定程序报经批准后转列收入。

借：应付账款——某供货单位　　　　　　　　　　　　　　　46 800
　　贷：其他收入——无法偿付的应付及预收款项　　　　　　　46 800

11. 承上，若开出面值为 46 800 的商业承兑汇票抵付上述货款。

借：应付账款——某供货单位　　　　　　　　　　　　　　　46 800
　　贷：应付票据　　　　　　　　　　　　　　　　　　　　　46 800

12. 收到开户银行通知，某公司购买某种产品预付款 50 000 元到账（单位非独立核算经营活动生产的，单位登记为增值税小规模纳税人，下同）。

借：银行存款　　　　　　　　　　　　　　　　　　　　　　50 000
　　贷：预收账款——某公司　　　　　　　　　　　　　　　　50 000

13. 承上，按合同规定给上述某公司发出某种产品，价值 75 000 元。

借：预收账款——某公司　　　　　　　　　　　　　　　　　75 000
　　贷：经营收入——产品销售收入　　　　　　　　　　　　　75 000

14. 承上，收到开户银行通知，某公司转来购买某产品的余款 25 000 元到账。

借：银行存款　　　　　　　　　　　　　　　　　　　　　　25 000
　　贷：预收账款——某公司　　　　　　　　　　　　　　　　25 000

15. 承上，若预收上述某公司预付货款 50 000 元后，因故未发出产品也无归还预付款，按规定程序报经批准后转列收入。

借：预收账款——某公司　　　　　　　　　　　　　　　　　50 000
　　贷：其他收入——无法偿付的应付及预收款项　　　　　　　50 000

16. 计提非独立核算经营活动以经营租赁方式租入某公司某种设备应付租金4 600元。

借：经营支出——租金支出　　　　　　　　　　　　　　　　4 600
　　贷：其他应付款——某公司　　　　　　　　　　　　　　　　　4 600

17. 承上，通过零余额账户转账支付上述应付租金4 600元。

借：其他应付款——某公司　　　　　　　　　　　　　　　　4 600
　　贷：零余额账户用款额度　　　　　　　　　　　　　　　　　　4 600

18. 为开展非独立核算经营活动以融资租赁方式购入某种设备，总租金90 000元，期限3年。设备验收合格交付使用，通过零余额账户转账支付当年租金30 000元。

借：固定资产——通用设备　　　　　　　　　　　　　　　　90 000
　　贷：长期应付款——设备租金　　　　　　　　　　　　　　　 60 000
　　　　非流动资产基金——固定资产　　　　　　　　　　　　　 30 000

同时：

借：经营支出——租金　　　　　　　　　　　　　　　　　　30 000
　　贷：零余额账户用款额度　　　　　　　　　　　　　　　　　 30 000

19. 承上，若以后年度通过零余额账户转账支付租金。

借：长期应付款——设备租金　　　　　　　　　　　　　　　30 000
　　贷：非流动资产基金——固定资产　　　　　　　　　　　　　 30 000

同时：

借：经营支出——租金　　　　　　　　　　　　　　　　　　30 000
　　贷：零余额账户用款额度　　　　　　　　　　　　　　　　　 30 000

知识归纳

　　事业单位为核算其发生的各种应付及预收款项设置"应付职工薪酬""应付票据""应付账款""预收账款""其他应付款""长期应付款"科目。"应付职工薪酬"科目核算事业单位按有关规定应付给职工及为职工支付的各种薪酬。包括基本工资、绩效工资、国家统一规定的津贴补贴、社会保险费、住房公积金等；"应付票据"科目核算事业单位因购买材料、物资等而开出、承兑的商业汇票，包括银行承兑汇票和商业承兑汇票；"应付账款"科目核算事业单位因购买材料、物资等而应付的款项；"预收账款"科目核算事业单位按合同规定预收的款项；"其他应付款"科目核算事业单位除应缴税费、应缴国库款、应缴财政专户款、应付职工薪酬、应付票据、应付账款、预收账款之外的其他各项偿还期限在1年内（含1年）的应付及暂收款项，如存入保证金等；"长期应付款"科目核算事业单位发生的偿还期限超过1年（不含1年）的应付款项，如以融资租赁租入固定资产的租赁费、跨年度分期付款购入固定资产的价款等。

复习思考

· 事业单位应付职工薪酬包含的内容有哪些？

- 应付票据、应付账款、预收账款三个科目一般在什么情况下设置和使用？
- "其他应付款"和"长期应付款"在核算内容上有什么区别？

学习任务三 应缴款项的核算

知识目标

- 熟悉事业单位应缴税费的含义与内容；
- 熟悉事业单位应缴国库款的含义与内容；
- 熟悉事业单位应缴财政专户款的含义与内容。

能力目标

- 学会事业单位"应缴税费"科目的使用方法；
- 学会事业单位"应缴国库款"科目的使用方法；
- 学会事业单位"应缴财政专户款"科目的使用方法。

知识精讲

应缴款项包括事业单位应缴未缴的各种款项，包括应当上缴国库或者财政专户的款项、应缴税费，以及其他按照国家有关规定应当上缴的款项。

一、应缴税费

应缴税费是指事业单位按照税法等规定计算应缴纳的各种税费，包括营业税、城市维护建设税、教育费附加、车船税、房产税、城镇土地使用税、企业所得税等。

二、应缴国库款

应缴国库款是指事业单位按规定应缴入国库的款项（应缴税费除外）。

三、应缴财政专户款

应缴财政专户款是指事业单位按规定应缴入财政专户的款项。

事业单位的负债应当按照合同金额或实际发生额进行计量。

科目设置

事业单位应缴款项核算的会计科目包括"应缴税费""应缴国库款"和"应缴财政专户款"三个科目。

"应缴税费"科目

事业单位为了核算其按照税法等规定计算应缴纳的各种税费，应设置"应缴税费"（负债类）科目，贷方登记按税法规定计算出应缴的各种税费、应代扣代缴的个人所得税及作为一般纳税人购进非自用材料的进项税额，借方登记实际缴纳的各种税费及作为一般纳税人销售产品的销项税额、已交税金、进项税额转出等，期末借方余额，反映事业单位多缴纳的税费金额，期末贷方余额，反映事业单位应缴未缴的税费金额。

"应缴税费"科目应当按照应缴纳的税费种类设置明细科目。属于增值税一般纳税人的事业单位，其应缴增值税明细账中应设置"进项税额""已交税金""销项税额""进项税额转出"等专栏。

事业单位代扣代缴的个人所得税，通过应缴税费科目核算。

事业单位应缴纳的印花税不需要预提应缴税费，实际购买时直接通过"其他支出（税费支出）"科目核算，不在应缴税费科目核算。

"应缴国库款"科目

事业单位为了核算其按规定应缴入国库的款项（应缴税费除外），应设置"应缴国库款"（负债类）科目，贷方登记取得的应缴国库款项数，借方登记上缴数，期末贷方余额反映事业单位应缴入国库但尚未缴纳的款项。

"应缴国库款"科目应当按照应缴国库的各款项类别设置明细账。[1]

"应缴财政专户款"科目

事业单位为了核算其按规定应缴入财政专户的款项，应设置"应缴财政专户款"（负债类）科目，贷方登记取得的应缴财政专户款项数，借方登记上缴数，期末贷方余额反映事业单位应缴入财政专户但尚未缴纳的款项。

"应缴财政专户款"科目应当按照应缴财政专户的各款项类别设置明细账。[2]

能力训练

某事业单位 2015 年发生下列应缴款项业务，请根据有关凭证编制会计分录。

1. 计算出本期非独立核算经营活动应缴营业税 24 100 元，城市维护建设税 1 687 元，教育费附加 723 元。

借：其他支出——税费支出	26 510
贷：应缴税费——应缴营业税	24 100
——应缴城市维护建设税	1 687
——应缴教育费附加	723

2. 计算出本期非独立核算经营活动应缴房产税 5 640 元，城镇土地使用税 2 750 元，车船税 1 200 元。

借：其他支出——税费支出	9 590
贷：应缴税费——应缴房产税	5 640
——应缴城镇土地使用税	2 750
——应缴车船税	1 200

[1] 应缴国库款的缴库采用缴款单位就地缴库或主管部门集中缴库两种形式。单位就地缴库是由单位填开"一般缴款书"将应缴款项缴入国库经收处。集中缴库的方式是由基层单位逐级上缴，主管会计单位将下级会计单位缴来的款项加上本单位的应缴款项，集中起来，按月填制"一般缴款书"，汇总缴入国库经收处。

[2] 财政专户是财政部门在国有商业银行开设的专门用于本级财政预算外资金收纳的专门账户。目前，各级财政部门规定将暂时没有纳入国库管理的政府非税收入纳入财政专户管理。

3. 计算出本期非独立核算经营活动应缴企业所得税 14 300 元。

借：非财政补助结余分配——计提所得税　　　　　14 300
　　贷：应缴税费——应缴企业所得税　　　　　　　　　　14 300

4. 计算出本期应代扣代缴个人所得税 28 800 元。

借：应付职工薪酬——工资（离退休费）　　　　　28 800
　　贷：应缴税费——应缴个人所得税　　　　　　　　　　28 800

5. 通过零余额账户上缴本期代扣代缴的个人所得税 28 800 元。

借：应缴税费——应缴个人所得税　　　　　　　　28 800
　　贷：零余额账户用款额度　　　　　　　　　　　　　　28 800

6. 收到开户银行通知，专项检查活动追缴的赃款 86 000 元到账。

借：银行存款　　　　　　　　　　　　　　　　　86 000
　　贷：应缴国库款——赃款赃物　　　　　　　　　　　　86 000

7. 承上，通过银行转账上缴上述赃款 86 000 元。

借：应缴国库款——赃款赃物　　　　　　　　　　86 000
　　贷：银行存款　　　　　　　　　　　　　　　　　　　86 000

8. 收到开户银行通知，某单位转来的纳入财政专户管理的某项收费 58 000 元到账。

借：银行存款　　　　　　　　　　　　　　　　　58 000
　　贷：应缴财政专户款　　　　　　　　　　　　　　　　58 000

9. 承上，通过银行转账上缴专户上述某项收费 58 000 元。

借：应缴财政专户款　　　　　　　　　　　　　　58 000
　　贷：银行存款　　　　　　　　　　　　　　　　　　　58 000

10. 收到开户银行通知，财政专户返还款项 50 000 元到账。

借：银行存款　　　　　　　　　　　　　　　　　50 000
　　贷：事业收入——财政专户返还　　　　　　　　　　　50 000

知识归纳

　　事业单位应缴款项核算的会计科目包括"应缴税费""应缴国库款"和"应缴财政专户款"三个科目。"应缴税费"科目核算事业单位按照税法等规定计算应缴纳的各种税费；"应缴国库款"科目核算事业单位按规定应缴入国库的款项（应缴税费除外）；"应缴财政专户款"科目核算事业单位按规定应缴入财政专户的款项。

复习思考

· 事业单位业务或事项的应税义务在核算时有什么不同？
· 应缴国库款和缴财政专户款核算的范围和内容有什么区别？

项目三　事业单位收入的核算

理论知识　事业单位收入基础

收入是指事业单位开展业务及其他活动依法取得的非偿还性资金。

一、收入的内容

事业单位的收入包括财政补助收入、事业收入、上级补助收入、附属单位上缴收入、经营收入和其他收入等。

二、收入的确认

事业单位的收入一般应当在收到款项时予以确认，并按照实际收到的金额进行计量。

采用权责发生制确认的收入，应当在提供服务或者发出存货，同时收讫价款或者取得索取价款的凭据时予以确认，并按照实际收到的金额或者有关凭据注明的金额进行计量。

三、收入的管理

事业单位应当将各项收入全部纳入单位预算，统一核算，统一管理。

事业单位对按照规定上缴国库或者财政专户的资金，应当按照国库集中收缴的有关规定及时足额上缴，不得隐瞒、滞留、截留、挪用和坐支。

学习任务一　财政补助收入的核算

知识目标

- 了解财政补助收入的含义与分类；
- 掌握财政补助收入明细科目的设置方法。

能力目标

- 学会事业单位"财政补助收入"科目的使用方法。

知识精讲

财政补助收入，是指事业单位从同级财政部门取得的各类财政拨款，包括基本支出补助和项目支出补助。

基本支出补助是指事业单位为了保障其正常运转、完成日常工作任务从同级财政部门取得的各类财政拨款，包括人员经费补助和日常公用经费补助。

项目支出补助是指事业单位为了完成特定工作任务和事业发展目标，在基本支出补助之外从同级财政部门取得的各类财政拨款。

财政部门对预算单位的各类财政拨款按照《政府收支分类科目》中"支出功能分类"的相关科目进行分类。预算单位的用款计划、用款申请书及财政补助收入的会计核算一般应具体到《政府收支分类科目》中"支出功能分类"的"项"级科目。

科目设置

事业单位为了核算从同级财政部门取得的各类财政拨款，应设置"财政补助收入"（收入类）科目，贷方登记收到或确认的各类财政拨款数，借方登记各类财政拨款的退回数，期末将贷方发生额转入财政补助结转，期末结账后应无余额。

"财政补助收入"明细科目的设置如图 2-3-1 所示。

三种补助方式下财政补助收入的核算如图 2-3-2 所示。

图形示意

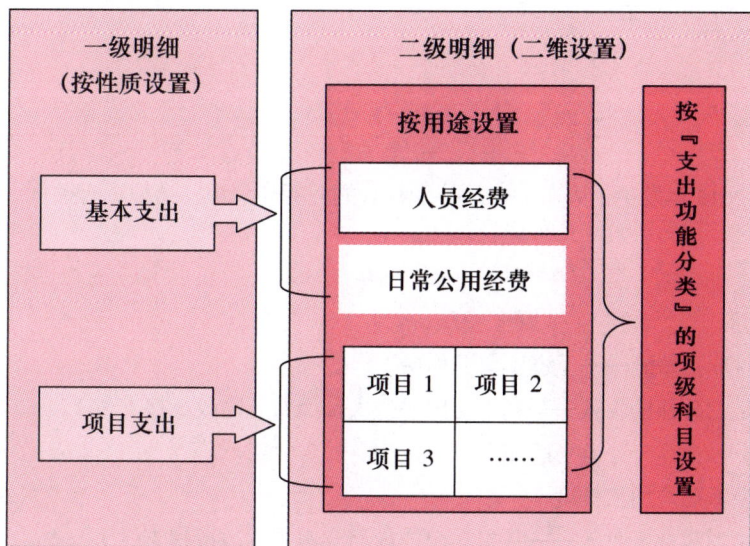

图 2-3-1 "财政补助收入"明细科目的设置

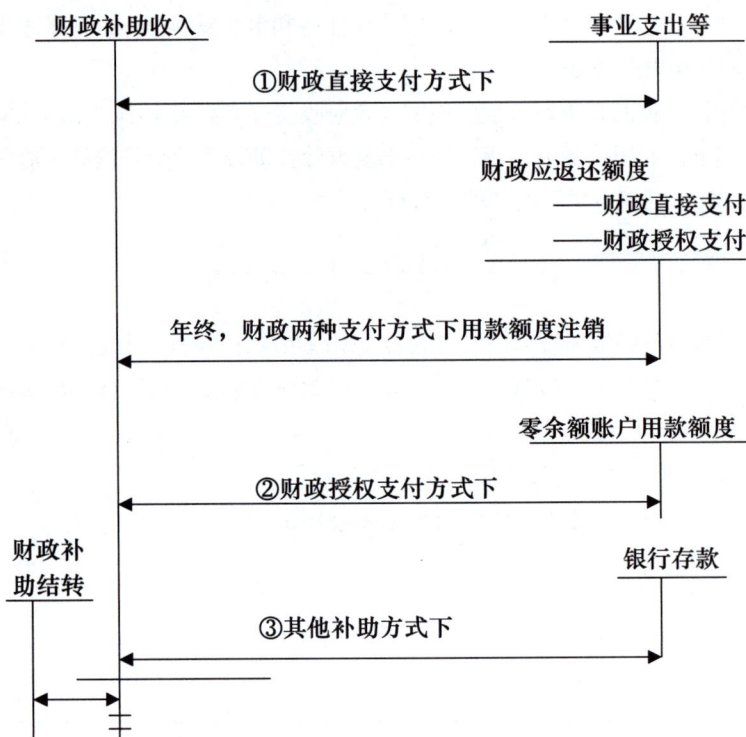

图 2-3-2　三种补助方式下财政补助收入的核算

能力训练

某事业单位 2015 年发生下列有关财政补助收入的业务与事项，请根据有关凭证编制会计分录。

1. 收到工资发放银行转来的《财政直接支付入账通知书》及盖章转回的工资发放明细表，当月工资（离退休费）为 257 451 元已上卡。

借：应付职工薪酬——工资（离退休费）　　　　　　　　257 451

　　贷：财政补助收入——基本支出——人员经费（财政直接支付）　257 451

2. 收到《授权支付到账通知书》，当月授权支付用款额度为 124 000 元。

借：零余额账户用款额度　　　　　　　　　　　　　　　124 000

　　贷：财政补助收入——基本支出或项目支出（财政授权支付）　124 000

3. 收到开户银行财政拨款到账通知，本月财政拨入基本支出经费 85 000 元。

借：银行存款　　　　　　　　　　　　　　　　　　　　85 000

　　贷：财政补助收入——基本支出　　　　　　　　　　　85 000

知识归纳

财政补助收入，是指事业单位从同级财政部门取得的各类财政拨款，包括基本支出补助和项目支出补助。

　　财政部门对预算单位的各类财政拨款按照《政府收支分类科目》中"支出功能分类"的相关科目进行分类。预算单位的用款计划、用款申请书及财政补助收入的会计核算一般应具体到《政府收支分类科目》中"支出功能分类"的"项"级科目。

　　"财政补助收入"科目核算事业单位从同级财政部门取得的各类财政拨款，包括基本支出补助和项目支出补助。"财政补助收入"科目应当设置"基本支出"和"项目支出"两个明细科目；两个明细科目下按照《政府收支分类科目》中"支出功能分类"的相关科目设置明细科目；同时在"基本支出"明细科目下按照"人员经费"和"日常公用经费"设置明细科目，在"项目支出"明细科目下按照具体项目设置明细科目。

复习思考

- 什么是财政补助收入？财政补助收入是如何分类的？
- 财政补助收入的明细科目如何设置？
- "基本支出"和"项目支出"有什么区别？
- 《政府收支分类科目》中的"支出功能分类"和"支出经济分类"科目在事业单位会计科目设置中分别起什么作用？

学习任务二　事业收入的核算

知识目标

- 了解事业收入的含义；
- 熟悉事业收入管理的要求；
- 掌握事业收入明细科目的设置方法。

能力目标

- 学会事业单位"事业收入"科目的使用方法。

知识精讲

　　事业收入，是指事业单位开展专业业务活动及其辅助活动取得的收入。其中：按照国家有关规定应当上缴国库或者财政专户的资金，不计入事业收入；从财政专户核拨给事业单位的资金和经核准不上缴国库或者财政专户的资金，计入事业收入。

　　事业收入是政府非税收入[①]的重要组成部分。事业收入要按照政府非税收入的有关规定实行"收支两条线"管理[②]。

---

① 政府非税收入（以下简称非税收入）是由各级人民政府及其所属部门和单位依法利用行政权力、政府信誉、国家资源、国有资产或提供特定公共服务征收、收取、提取、募集的除税收和政府债务收入以外的财政收入，包括行政事业性收费、政府性基金、国有资源有偿使用收入、国有资产有偿使用收入、国有资本经营收入、彩票公益金、罚没收入、以政府名义接受的捐赠收入、主管部门集中收入、政府财政资金产生的利息收入共十类。

② 按照《事业单位财务规则》的规定，事业单位应当将各项收入全部纳入单位预算，统一核算，统一管理。事业单位对按照规定上缴国库或者财政专户的资金，应当按照国库集中收缴的有关规定及时足额上缴，不得隐瞒、滞留、截留、挪用和坐支。

所谓"收支两条线"，是指国家机关、事业单位、社会团体以及政府授权的其他经济组织，按照国家有关规定依法取得的政府非税收入，收入全额缴入国库或者财政专户，支出通过编制预算由财政部门统筹安排，并通过国库或者财政专户拨付资金。

所谓"收支两条线"管理，是指具有执收执罚职能的单位，根据国家法律、法规和规章收取的行政事业性收费（含政府性基金）和罚没收入，实行收入与支出两条线管理。"收支两条线"管理的基本要求有：

1. 收费主体是履行或代行政府职能的国家机关、事业单位和社会团体。罚没主体是指国家行政机关、司法机关和法律、法规授权的机构。

2. 各种收费、罚没项目的设立都必须有法律、法规依据。

3. 收费、罚没收入必须全部上缴财政，作为国家财政收入，纳入财政预算管理。

4. 收费实行收缴分离，罚没实行罚缴分离，即实行执收执罚单位开票、银行缴款、财政统管的模式。

5. 执收、执罚单位的开支，由财政部门按批准的预算拨付。

科目设置

事业单位为了核算其开展专业业务活动及其辅助活动取得的收入，应设置"事业收入"（收入类）科目，贷方登记收到财政专户返还数或实际收到数，借方登记退回数，期末将本期贷方发生额中的专项资金收入结转入"非财政补助结转"、非专项资金收入结转入事业结余，期末结账后应无余额。

"事业收入"科目应当按照事业收入类别、项目、《政府收支分类科目》中"支出功能分类"相关科目等设置明细科目。事业收入中如有专项资金收入，还应按具体项目设置明细科目。

事业单位事业收入两种返还方式下的核算如图2-3-3所示。

图形示意

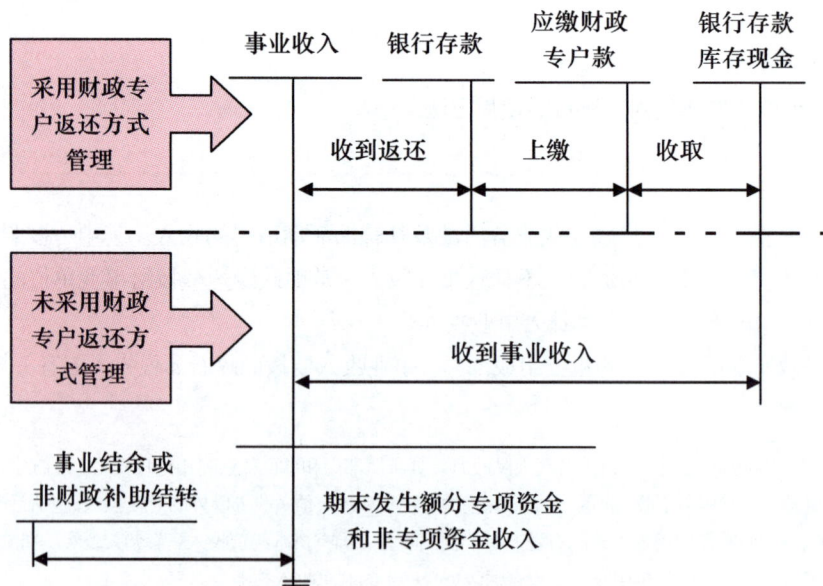

图 2-3-3　事业单位事业收入两种返还方式下的核算

能力训练

某事业单位 2015 年发生下列有关事业收入的业务与事项，请根据有关凭证编制会计分录。

1. 通过银行转账收到应上缴财政专户的某项收费 14 800 元。

借：银行存款　　　　　　　　　　　　　　　　　　　　　　14 800
　　贷：应缴财政专户款　　　　　　　　　　　　　　　　　　　　　　14 800

2. 通过银行转账将上述某项收费上缴市财政专户。

借：应缴财政专户款　　　　　　　　　　　　　　　　　　　14 800
　　贷：银行存款　　　　　　　　　　　　　　　　　　　　　　　　　14 800

3. 通过银行转账收到市财政专户返还款 14 000 元。

借：银行存款　　　　　　　　　　　　　　　　　　　　　　14 000
　　贷：事业收入——财政专户返还款　　　　　　　　　　　　　　　　14 000

4. 以现金形式收到经市财政批准不上缴财政专户的某项收费 1 200 元。

借：库存现金　　　　　　　　　　　　　　　　　　　　　　 1 200
　　贷：事业收入——某项收费　　　　　　　　　　　　　　　　　　　 1 200

知识归纳

　　事业收入，是指事业单位开展专业业务活动及其辅助活动取得的收入。其中：按照国家有关规定应当上缴国库或者财政专户的资金，不计入事业收入；从财政专户核拨给事业单位的资金和经核准不上缴国库或者财政专户的资金，计入事业收入。

　　事业收入是政府非税收入的重要组成部分。事业收入要按照政府非税收入的有关规定实行"收支两条线"管理。

　　"事业收入"科目核算事业单位开展专业业务活动及其辅助活动取得的收入。"事业收入"科目应当按照事业收入类别、项目、《政府收支分类科目》中"支出功能分类"相关科目等设置明细科目。事业收入中如有专项资金收入，还应按具体项目设置明细科目。

复习思考

· 什么是事业收入？事业收入如何确认？

· 什么叫"收支两条线"？"收支两条线"管理是如何运行的？

· 事业收入和财政补助收入是如何区分的？

学习任务三　上级补助收入等收入的核算

知识目标

· 熟悉事业单位上级补助收入的含义及内容；

- 熟悉事业单位附属单位上缴收入的含义及内容；
- 熟悉事业单位经营收入的含义及内容；
- 熟悉事业单位其他收入的含义及内容。

✗ 能力目标

- 学会事业单位"上级补助收入"科目的使用方法；
- 学会事业单位"附属单位上缴收入"科目的使用方法；
- 学会事业单位"经营收入"科目的使用方法；
- 学会事业单位"其他收入"科目的使用方法。

知识精讲

上级补助收入，是指事业单位从主管部门和上级单位取得的非财政补助收入。

附属单位上缴收入，是指事业单位附属独立核算单位按照有关规定上缴的收入。

经营收入，是指事业单位在专业业务活动及其辅助活动之外开展非独立核算经营活动取得的收入。

其他收入，是指财政补助收入、事业收入、上级补助收入、附属单位上缴收入和经营收入以外的各项收入，包括投资收益、利息收入和捐赠收入等。

科目设置

事业单位上级补助收入等收入核算的会计科目包括"上级补助收入""附属单位上缴收入""经营收入"和"其他收入"科目。

"上级补助收入"科目

事业单位为了核算其从主管部门和上级单位取得的非财政补助收入，应设置"上级补助收入"（收入类）科目，贷方登记实际收到数，借方登记退回数，期末将本期贷方发生额中的专项资金收入结转入"非财政补助结转"、非专项资金收入结转入事业结余，期末结账后应无余额。

"上级补助收入"科目应当按照发放补助单位、补助项目《政府收支分类科目》中"支出功能分类"相关科目等设置明细科目。上级补助收入中如有专项资金收入，还应按具体项目设置明细科目。

"附属单位上缴收入"科目

事业单位为了核算其附属独立核算单位按照有关规定上缴的收入，应设置"附属单位上缴收入"（收入类）科目，贷方登记实际收到数，借方登记退回数，期末将本期贷方发生额中的专项资金收入结转入"非财政补助结转"、非专项资金收入结转入事业结余，期末结账后应无余额。

"附属单位上缴收入"科目应当按照附属单位、缴款项目《政府收支分类科目》中"支出功能分类"相关科目等设置明细科目。附属单位上缴收入中如有专项资金收入，还应按具体项目设置明细科目。

"经营收入"科目

事业单位为了核算其在专业业务活动及其辅助活动之外开展非独立核算经营活动取得的收入，应设置"经营收入"（收入类）总账科目，贷方登记在提供服务或发出存货、同时收讫价款或者取得索取价款的凭据时实际收到或应确认的收入数,借方登记退回数。期末将贷方发生额转入经营结余,期末结账后应无余额。

"经营收入"科目应当按照经营活动类别、项目、《政府收支分类科目》中"支出功能分类"相关科目等设置明细科目。

"其他收入"科目

事业单位为了核算其取得的其他收入,应设置"其他收入"(收入类)科目,贷方登记其他收入确认数或实际收到数,借方登记收入退回数,期末将本期贷方发生额中的专项资金收入结转入"非财政补助结转"、非专项资金收入结转入事业结余,期末结账后应无余额。

"其他收入"科目应当按照其他收入的类别、《政府收支分类科目》中"支出功能分类"相关科目等设置明细科目。对于事业单位对外投资实现的投资净损益,应单设"投资收益"明细科目进行核算;其他收入中如有专项资金收入(如限定用途的捐赠收入),还应按具体项目设置明细科目。

"事业收入"等四个非财政补助明细科目设置如图 2-3-4 所示。

图形示意

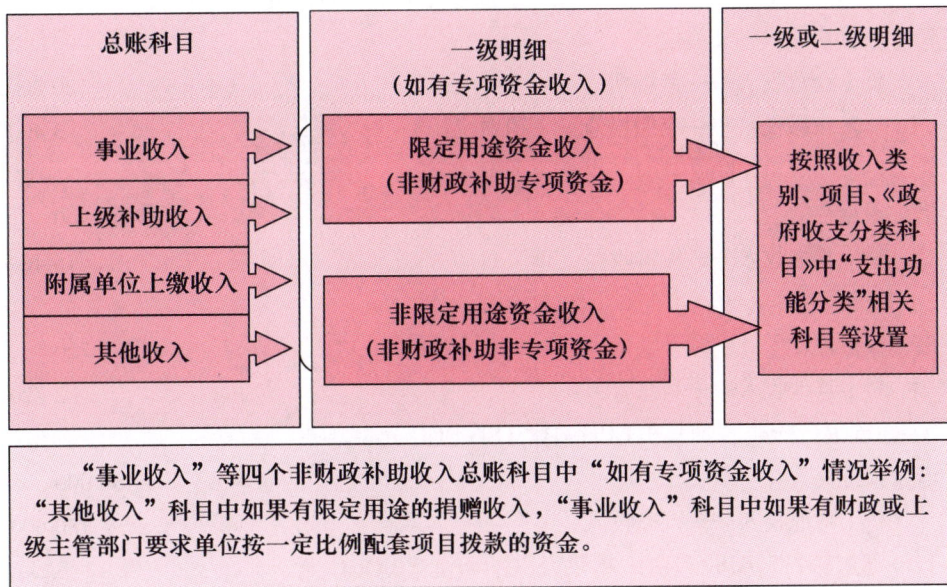

图 2-3-4　"事业收入"等四个非财政补助明细科目设置

能力训练

某事业单位 2015 年发生下列有关非财政补助收入的业务与事项,请根据有关凭证编制会计分录。

1. 通过银行转账收到上级主管部门拨入某项非财政补助款 18 400 元。

借:银行存款　　　　　　　　　　　　　　　18 400

　　贷:上级补助收入　　　　　　　　　　　　　　18 400

2. 通过银行转账收到附属独立核算单位上缴的某业务分成款 26 400 元。

借：银行存款 26 400

贷：附属单位上缴收入 26 400

3. 开展非独立核算经营活动，应收某单位业务咨询费 12 800 元，款项暂未收到。

借：应收款项——某单位 12 800

贷：经营收入——劳务费 12 800

4. 承上，上述某单位通过银行转来上述业务咨询费 12 800 元。

借：银行存款 12 800

贷：应收款项——某单位 12 800

5. 销售非独立核算经营活动（登记为增值税小规模纳税人）生产的甲产品，价款 20 000 元，税款 3 400 元，货已发出，款项暂未收到。

借：应收款项——某单位 23 400

贷：经营收入——劳务费 20 000

应缴税费——应缴增值税 3 400

6. 承上，若该单位非独立核算经营活动登记为增值税一般纳税人发生上述业务。

借：应收款项——某单位 23 400

贷：经营收入——劳务费 20 000

应缴税费——应缴增值税（销项税额） 3 400

7. 通过银行转账收到以前年度购买国债利息 16 400 元。

借：银行存款 16 400

贷：其他收入——投资收益 16 400

8. 通过银行转账收到本月银行存款利息 2 720 元。

借：银行存款 2 720

贷：其他收入——利息收入 2 720

9. 通过银行转账收到某机构捐赠款 180 000 元。

借：银行存款 180 000

贷：其他收入——捐赠收入 180 000

10. 通过银行转账收到房屋承租人交纳租金 14 000 元。

借：银行存款 14 000

贷：其他收入——资产出租收入 14 000

知识归纳

事业单位上级补助收入等收入核算的会计科目包括"上级补助收入""附属单位上缴收入""经营收入"和"其他收入"科目。"上级补助收入"科目核算事业单位从主管部门和上级单位取得的非财政补助收入；"附属单位上缴收入"科目核算事业单位附属独立核算单位按照有关规定上缴的收入；"经营收入"科目核算事业单位在专业业务活动及其辅助活动之外开展非独立核算经营活动取得的收入；"其他收入"科目核算事业单位除财政补助收入、事业收入、上级补助收入、附属单位上缴收入、经营收入以外的各项收入，包括投资收益、银行存款利息收入、租金收入、捐赠收入、现金盘盈收入、存货盘盈收入、收回已核销应收及预付款项、无法偿付的应付及预收款项等。

复习思考

- 如何正确把握上级补助收入的含义与性质？
- 如何正确把握附属单位上缴收入的含义与性质？
- 如何正确把握经营收入的含义与性质？

项目四　事业单位支出的核算

理论知识　事业单位支出基础

支出或者费用是指事业单位开展业务及其他活动发生的资金耗费和损失。

一、支出（费用）的内容

事业单位的支出（费用）包括事业支出、对附属单位补助支出、上缴上级支出、经营支出和其他支出等。

二、支出（费用）的确认

事业单位的支出一般应当在实际支付时予以确认，并按照实际支付金额进行计量。

采用权责发生制确认的支出或者费用，应当在其发生时予以确认，并按照实际发生额进行计量。

三、支出（费用）的管理

事业单位应当按照单位预算管理的要求，将各项支出全部纳入单位预算，建立健全支出管理制度，保障单位各项业务活动正常运转的资金需求。

（一）事业单位的支出应当严格执行国家有关财务规章制度规定的开支范围及开支标准；国家有关财务规章制度没有统一规定的，由事业单位规定，报主管部门和财政部门备案。事业单位的规定违反法律制度和国家政策的，主管部门和财政部门应当责令改正。

（二）事业单位在开展非独立核算经营活动中，应当正确归集实际发生的各项费用数；不能归集的，应当按照规定的比例合理分摊。

经营支出应当与经营收入配比。

（三）事业单位从财政部门和主管部门取得的有指定项目和用途的专项资金，应当专款专用、单独核算，并按照规定向财政部门或者主管部门报送专项资金使用情况；项目完成后，应当报送专项资金支出决算和使用效果的书面报告，接受财政部门或者主管部门的检查、验收。

（四）事业单位应当加强经济核算，可以根据开展业务活动及其他活动的实际需要，实行内部成本核算办法。

（五）事业单位应当严格执行国库集中支付制度和政府采购制度等有关规定。

（六）事业单位应当加强支出的绩效管理，提高资金使用的有效性。

（七）事业单位应当依法加强各类票据管理，确保票据来源合法、内容真实、使用正确，不得使用虚假票据。

学习任务一　事业支出的核算

知识目标

· 了解事业支出的含义与分类；
· 熟悉事业支出的具体内容及明细科目的分级；
· 掌握事业支出明细科目的设置方法。

能力目标

· 学会事业单位"事业支出"科目的使用方法。

知识精讲

事业支出，即事业单位开展专业业务活动及其辅助活动发生的基本支出和项目支出。基本支出是指事业单位为了保障其正常运转、完成日常工作任务而发生的人员支出和公用支出；项目支出是指事业单位为了完成特定工作任务和事业发展目标，在基本支出之外所发生的支出。事业单位开展专业业务活动及其辅助活动发生的支出按照《政府收支分类科目》中"支出经济分类"的相关科目进行分类。事业单位的年度支出预算和会计核算一般应具体到《政府收支分类科目》中"支出经济分类"的"款"级科目。一般事业单位预算编制和会计核算通常只涉及工资福利支出、商品和服务支出、对个人和家庭的补助、基本建设支出、其他资本性支出等"类"级科目。《2015年政府收支分类科目》支出经济分类部分"类"级科目的含义及具体包括的"款"级科目如下。

一、工资福利支出

反映单位开支的在职职工和编制外长期聘用人员的各类劳动报酬，以及为上述人员缴纳的各项社会保险费等。

1. 基本工资。反映按规定发放的基本工资，包括公务员的职务工资、级别工资；机关工人的岗位工资、技术等级工资；事业单位工作人员的岗位工资、薪级工资；各类学校毕业生试用期（见习期）工资、新参加工作工人学徒期、熟练期工资；军队（武警）军官、文职干部的职务（专业技术等级）工资、军衔（级别）工资、基础工资和军龄工资；军队士官的军衔等级工资、基础工资和军龄工资等。

2. 津贴补贴。反映经国家批准建立的机关事业单位艰苦边远地区津贴、机关工作人员地区附加津贴、机关工作人员岗位津贴、事业单位工作人员特殊岗位津贴补贴。

3. 奖金。反映机关工作人员年终一次性奖金。

4. 社会保障缴费。反映单位为职工缴纳的基本养老、基本医疗、失业、工伤、生育等社会保险费，残疾人就业保障金，军队（含武警）为军人缴纳的伤亡、退役医疗等社会保险费。

5. 伙食费。反映军队、武警义务兵、供给制学员伙食费和干部、士官灶差补助等支出。

6. 伙食补助费。反映单位发给职工的伙食补助费，如误餐补助等。

7. 绩效工资。反映事业单位工作人员的绩效工资。

8. 其他工资福利支出。反映上述项目未包括的人员支出，如各种加班工资、病假两个月以上期间的人员工资、编制外长期聘用人员，公务员及参照和依照公务员制度管理的单位工作人员转入企业工作并按规定参加企业职工基本养老保险后给予的一次性补贴等。

二、商品和服务支出

反映单位购买商品和服务的支出，不包括用于购置固定资产的支出、战略性和应急储备支出，但军事方面的耐用消费品和设备的购置费、军事性建设费以及军事建筑物的购置费等在本科目中反映。

1. 办公费。反映单位购买按财务会计制度规定不符合固定资产确认标准的日常办公用品、书报杂志等支出。

2. 印刷费。反映单位的印刷费支出。

3. 咨询费。反映单位咨询方面的支出。

4. 手续费。反映单位支付的各类手续费支出。

5. 水费。反映单位支付的水费、污水处理费等支出。

6. 电费。反映单位的电费支出。

7. 邮电费。反映单位开支的信函、包裹、货物等物品的邮寄费及电话费、电报费、传真费、网络通信费等。

8. 取暖费。反映单位取暖用燃料费、热力费、炉具购置费、锅炉临时工的工资、节煤奖以及由单位支付的在职职工和离退休人员宿舍取暖费等。

9. 物业管理费。反映单位开支的办公用房、职工及离退休人员宿舍等的物业管理费，包括综合治理、绿化、卫生等方面的支出。

10. 差旅费。反映单位工作人员出差的住宿费、旅费、伙食补助费、杂费，干部及大中专学生调遣费，调干家属旅费补助等。

11. 因公出国（境）费用。反映单位工作人员公务出国（境）的住宿费、旅费、伙食补助费、杂费、培训费等支出。

12. 维修（护）费。反映单位日常开支的固定资产（不包括车船等交通工具）修理和维护费用，网络信息系统运行与维护费用，以及按规定提取的修购基金。

13. 租赁费。反映租赁办公用房、宿舍、专用通讯网以及其他设备等方面的费用。

14. 会议费。反映会议中按规定开支的房租费、伙食补助费以及文件资料的印刷费、会议场地租用费等。

15. 培训费。反映各类培训支出。按标准提取的"职工教育经费"也在本科目中反映。

16. 公务接待费。反映单位按规定开支的各类公务接待（含外宾接待）费用。

17. 专用材料费。反映单位购买日常专用材料的支出。具体包括药品及医疗耗材，农用材料，兽医用品，实验室用品，专用服装，消耗性体育用品，专用工具和仪器，艺术部门专用材料和用品，广播电视台发射台发射机的电力、材料等方面的支出。

18. 装备购置费。反映军队（含武警）购置装备的支出。

19. 工程建设费。反映军队（含武警）工程建设方面的支出。

20. 作战费。反映军队（含武警）作战、防卫方面的支出。

21. 军用油料费。反映军队（含武警）军事装备的油料费支出。

22. 军队其他运行维护费。反映军队（含武警）的其他运行维护费。

23. 被装购置费。反映法院、检察院、政府各部门以及军队（含武警）的被装购置支出。

24. 专用燃料费。反映用作业务工作设备的车、船设施等的油料支出。

25. 劳务费。反映支付给单位和个人的劳务费用，如临时聘用人员、钟点工工资，稿费、翻译费，评审费等。

26. 委托业务费。反映因委托外单位办理业务而支付的委托业务费。

27. 工会经费。反映单位按规定提取的工会经费。

28. 福利费。反映单位按规定提取的福利费。

29. 公务用车运行维护费。反映公务用车租用费、燃料费、维修费、过桥过路费、保险费、安全奖励费用等支出。

30. 其他交通费用。反映单位除公务用车运行维护费以外的其他交通费用。如飞机、船舶等的燃料费、维修费、过桥过路费、保险费、出租车费用等。

31. 税金及附加费用。反映单位提供劳务或销售产品应负担的税金及附加费用。包括营业税、消费税、城市维护建设税、资源税和教育费附加等。

32. 其他商品和服务支出。反映上述科目未包括的日常公用支出。如行政赔偿费和诉讼费、国内组织的会员费、来访费、广告宣传、其他劳务费及离休人员特需费、公用经费等。

三、对个人和家庭的补助

反映政府用于对个人和家庭的补助支出。

1. 离休费。反映事业单位和军队移交政府安置的离休人员的离休费、护理费和其他补贴。

2. 退休费。反映事业单位和军队移交政府安置的退休人员的退休费和其他补贴。

3. 退职（役）费。反映事业单位退职人员的生活补贴，一次性支付给职工或军官、军队无军籍退职职工、运动员的退职补助，一次性支付给军官、文职干部、士官、义务兵的退役费，按月支付给自主择业的军队转业干部的退役金。

4. 抚恤金。反映按规定开支的烈士遗属、牺牲病故人员遗属的一次性和定期抚恤金，伤残人员的抚恤金，离退休人员等其他人员的各项抚恤金。

5. 生活补助。反映按规定开支的优抚对象定期定量生活补助费，退役军人生活补助费，事业单位职工和遗属生活补助，因公负伤等住院治疗、住疗养院期间的伙食补助费，长期赡养人员补助费，由于国家实行退耕还林禁牧舍饲政策补偿给农牧民的现金、粮食支出，对农村党员、复员军人以及村干部的补助支出，看守人员和犯人的伙食费、药费等。

6. 救济费。反映按规定开支的城乡贫困人员、灾民、归侨、外侨及其他人员的生活救济费，包括城市居民的最低生活保障费，随同资源枯竭矿山破产但未参加养老保险统筹的矿山所属集体企业退休人员按最低生活保障标准发放的生活费，农村"五保"供养对象、贫困户、麻风病人的生活救济费，精简退职老弱残职工救济费，福利、救助机构发生的收养费以及救助支出等。实物形式的救济也在此科目反映。

7. 医疗费。反映事业单位在职职工、离退休人员的医疗费，军队移交政府安置的离退休人员的医疗费，学生医疗费，优抚对象医疗补助，以及按国家规定资助农民参加新型农村合作医疗和城镇居民参加城镇居民基本医疗保险的支出和对城乡贫困家庭的医疗救助支出。

8. 助学金。反映各类学校学生助学金、奖学金、学生贷款、出国留学（实习）人员生活费，青少年业余体校学员伙食补助费和生活费补贴，按照协议由我方负担或享受我方奖学金的来华留学生、进修生生活费等。

9. 奖励金。反映政府各部门的奖励支出，如对个体私营经济的奖励、计划生育目标责任奖励、独生子女父母奖励等。

10. 生产补贴。反映各种对个人发放的生产补贴支出，如国家对农民发放的农机具购置补贴、良种补贴、粮食直补以及发放给残疾人的各种生产经营补贴等。

11. 住房公积金。反映事业单位按人事部和财政部规定的基本工资和津贴补贴以及规定比例为职工缴纳的住房公积金。

12. 提租补贴。反映按房改政策规定的标准，事业单位向职工（含离退休人员）发放的租金补贴。

13. 购房补贴。反映按房改政策规定，事业单位向符合条件的职工（含离退休人员）、军队（含武警）向转役复员离退休人员发放的用于购买住房的补贴。

14. 其他对个人和家庭的补助支出。反映未包括在上述科目的对个人和家庭的补助支出，如婴幼儿补贴、职工探亲旅费、退职人员及随行家属路费、符合条件的退役回乡义务兵一次性建房补助、符合安置条件的城镇退役士兵自谋职业的一次性经济补助费、对农户的生产经营补贴等。

四、基本建设支出

反映各级发展与改革部门集中安排的一般预算财政拨款（不包括政府性基金、预算外资金以及各类拼盘自筹资金等）用于购置固定资产、战略性和应急性储备、土地和无形资产，以及购建基础设施、大型修缮所发生的支出。

1. 房屋建筑物购建。反映用于购买、自行建造办公用房、仓库、职工生活用房、教学科研用房、学生宿舍、食堂等建筑物（含附属设施，如电梯、通信线路、水气管道等）的支出。

2. 办公设备购置。反映用于购置并按财务会计制度规定纳入固定资产核算范围的办公家具和办公设备的支出。

3. 专用设备购置。反映用于购置具有专门用途、并按财务会计制度规定纳入固定资产核算范围的各类专用设备的支出。如通信设备、发电设备、交通监控设备、卫星转发器、气象设备、进出口监管设备等。

4. 基础设施建设。反映用于农田设施、道路、铁路、桥梁、水坝和机场、车站、码头等公共基础设施建设方面的支出。

5. 大型修缮。反映按财务会计制度规定允许资本化的各类设备、建筑物、公共基础设施等大型修缮的支出。

6. 信息网络及软件购置更新。反映政府用于信息网络方面的支出。如计算机硬件、软件购置、开发、应用支出等，如果购建的计算机硬件、软件等不符合财务会计制度规定的固定资产确认标准的，则不在此科目反映。

7. 物资储备。反映政府、军队为应付战争、自然灾害或意料不到的突发事件而提前购置的具有特殊重要性的军事用品、石油、医药、粮食等战略性和应急性物质储备支出。

8. 公务用车购置。反映公务用车车辆购置支出（含车辆购置税）。

9. 其他交通工具购置。反映单位除公务用车外的其他各类交通工具(如船舶、飞机等)购置支出(含车辆购置税）。

10. 其他基本建设支出。反映著作权、商标权、专利权等无形资产购置支出，以及其他上述科目中未包括的资本性支出。如娱乐、文化和艺术原作的使用权、购买国内外影片播映权、购置图形示意书等。

五、其他资本性支出

反映非各级发展与改革部门集中安排的用于购置固定资产、战略性和应急性储备、土地和无形资产，以及购建基础设施、大型修缮和财政支持企业更新改造所发生的支出。

1. 房屋建筑物购建。反映用于购买、自行建造办公用房、仓库、职工生活用房、教学科研用房、学生宿舍、食堂等建筑物（含附属设施，如电梯、通信线路、水气管道等）的支出。

2. 办公设备购置。反映用于购置并按财务会计制度规定纳入固定资产核算范围的办公家具和办公设备的支出。

3. 专用设备购置。反映用于购置具有专门用途、并按财务会计制度规定纳入固定资产核算范围的各类专用设备的支出。如通信设备、发电设备、交通监控设备、卫星转发器、气象设备、进出口监管设备等。

4. 基础设施建设。反映用于农田设施、道路、铁路、桥梁、水坝和机场、车站、码头等公共基础设施建设方面的支出。

5. 大型修缮。反映按财务会计制度规定允许资本化的各类设备、建筑物、公共基础设施等大型修缮的支出。

6. 信息网络及软件购置更新。反映政府用于信息网络方面的支出。如计算机硬件、软件购置、开发、应用支出等，如果购建的计算机硬件、软件等不符合财务会计制度规定的固定资产确认标准的，则不在此科目反映。

7. 物资储备。反映政府、军队为应付战争、自然灾害或意料不到的突发事件而提前购置的具有特殊重要性的军事用品、石油、医药、粮食等战略性和应急性物质储备支出。

8. 土地补偿。反映地方人民政府在征地和收购土地过程中支付的土地补偿费。

9. 安置补助。反映地方人民政府在征地和收购土地过程中支付的安置补助费。

10. 地上附着物和青苗补偿。反映地方人民政府在征地和收购土地过程中支付的地上附着物和青苗补偿费。

11. 拆迁补偿。反映地方人民政府在征地和收购土地过程中支付的拆迁补偿费。

12. 公务用车购置。反映公务用车车辆购置支出（含车辆购置税）。

13. 其他交通工具购置。反映单位除公务用车外的其他各类交通工具（如船舶、飞机等）购置支出（含车辆购置税）。

14. 其他资本性支出。反映著作权、商标权、专利权等无形资产购置支出，以及其他上述科目中未包括的资本性支出。如娱乐、文化和艺术原作的使用权、购买国内外影片播映权、购置图形示意书等。

科目设置

事业单位为了核算开展专业业务活动及其辅助活动发生的基本支出和项目支出，应设置"事业支出"（支出类）科目，借方登记计提的薪酬、领用存货的成本以及业务活动或事项的实际支出数，贷方登记支出收回数。期末，将本期发生额中的财政补助支出部分结转入"财政补助结转"，将本期发生额中的非财政专项资金支出部分结转入"非财政补助结转"，将本期发生额中其他资金支出部分结转入"事业结余"，期末结账后应无余额。

图形示意

"事业支出"明细科目的设置及说明如图 2-4-1 所示。

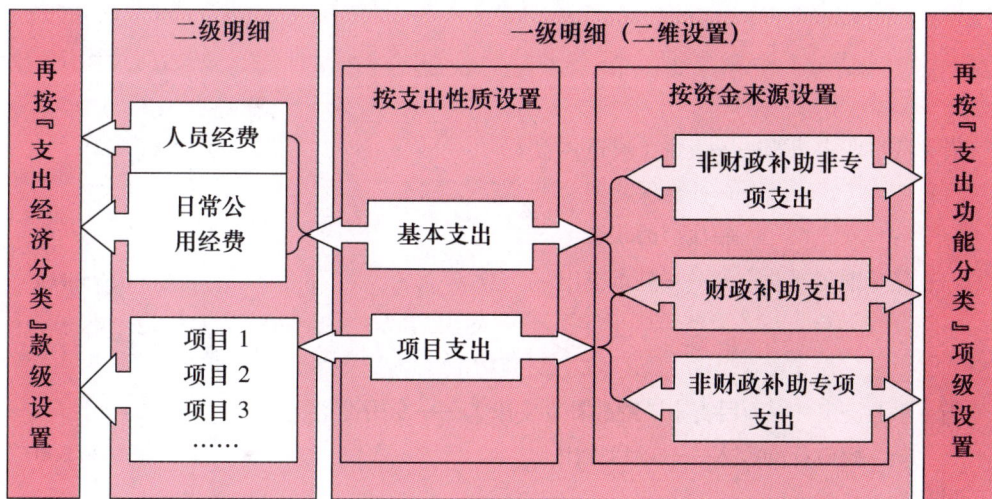

图 2-4-1 "事业支出"明细科目设置

能力训练

某事业单位 2015 年发生下列有关非事业支出的业务与事项，请根据有关凭证编制会计分录。

1. 计算出本月应付在职人员基本工资 482 650 元，地方津贴补贴 254 150 元，绩效工资 273 810 元，退休人员退休费 281 620 元（在职、退休人员均为财政全额供养人员）。

```
借：事业支出——基本支出（财政补助支出）——基本工资         482 650
                              ——津贴补贴             254 150
                              ——绩效工资             273 810
                              ——退休费               281 620
    贷：应付职工薪酬——工资（离退休费）——在职          1 010 610
                              ——退休               281 620
```

2. 承上，计提单位本月应按计费工资缴纳单位负担的医疗保险费 101 061 元，住房公积金 202 122 元。

```
借：事业支出——基本支出（财政补助支出）——社会保险缴费      101 061
    ——基本支出（财政补助支出）——住房公积金           202 122
    贷：应付职工薪酬——社会保险费                  101 061
                  ——住房公积金                  202 122
```

3. 承上，计提在职人员本月应交医疗保险费 60 636 元，应交住房公积金 121 273 元。

```
借：应付职工薪酬——工资（离退休费）——在职            181 909
    贷：应付职工薪酬——社会保险费                   60 636
                  ——住房公积金                  121 273
```

4. 承上，收到工资发放银行转来的"财政直接支付到账通知书"及盖章转回的工资发放明细表，按上述在职人员、退休人员应发应扣数及单位应缴纳的医保费和住房公积金划转资金。

```
借：应付职工薪酬——工资（离退休费）               1 110 321
              ——社会保险费                   161 697
              ——住房公积金                   323 395
    贷：财政补助收入——基本支出                  1 595 413
```

5. 政府采购中心按照当年政府采购计划使用财政项目补助资金为单位采购采购计算机 100 台，每台 6 200 元，已交付单位使用。

```
借：事业支出——项目支出（财政补助支出）——专用设备购置费    620 000
    贷：财政补助收入——项目支出                   620 000
同时：
借：固定资产——专用设备                        620 000
    贷：非流动资产基金——固定资产                  620 000
```

6. 通过零余额账户转账支付购买办公用品款 1 460 元。

```
借：事业支出——基本支出（财政补助支出）——办公费         1 460
    贷：零余额账户用款额度                         1 460
```

7. 本月"存货领用表"列明相关部门领用计算机耗材共 13 200 元。

```
借：事业支出——基本支出（财政补助支出）——专用材料费      13 200
    贷：存货——材料——计算机耗材                   13 200
```

8. **张涛报销过路过桥费及加油费 5 200 元，原预借 5 000 元，补给现金 200 元。**

借：事业支出——基本支出（财政补助支出）——交通费　　　　　5 200

　　贷：其他应收款——张涛　　　　　　　　　　　　　　　　　　5 000

　　　　库存现金　　　　　　　　　　　　　　　　　　　　　　　　200

9. **办公室报销外事接待费 3 600 元，原预借 4 000 元，退回现金 400 元。**

借：事业支出——基本支出（财政补助支出）——招待费　　　　　3 600

　　库存现金　　　　　　　　　　　　　　　　　　　　　　　　　400

　　贷：其他应收款——办公室某同志　　　　　　　　　　　　　4 000

10. **按规定计算出当月应计提职工福利基金 13 800 元。**

借：事业支出——基本支出（财政补助支出）——福利费　　　　13 800

　　贷：专用基金——职工福利基金　　　　　　　　　　　　　13 800

11. **通过银行转账支付办公桌椅维修款 2 400 元。**

借：事业支出——基本支出（财政补助支出）——维修费　　　　　2 400

　　贷：银行存款　　　　　　　　　　　　　　　　　　　　　　2 400

知识归纳

事业支出，即事业单位开展专业业务活动及其辅助活动发生的基本支出和项目支出。

事业单位开展专业业务活动及其辅助活动发生的支出按照《政府收支分类科目》中"支出经济分类"的相关科目进行分类。

事业单位预算编制和会计核算一般只涉及工资福利支出、商品和服务支出、对个人和家庭的补助、基本建设支出、其他资本性支出等"类"级科目。

事业单位应当按照单位预算管理的要求，将各项支出全部纳入单位预算，建立健全支出管理制度，保障单位各项业务活动正常运转的资金需求。

"事业支出"科目核算事业单位开展专业业务活动及其辅助活动发生的基本支出和项目支出。

复习思考

· 什么是事业支出？事业支出的分类标准有哪些？

· 事业支出的明细科目如何设置？

· 如何加强事业支出管理？

学习任务二　上缴上级支出等支出的核算

知识目标

· 熟悉事业单位上缴上级支出的含义及内容；

· 熟悉事业单位对附属单位补助的含义及内容；

- 熟悉事业单位经营支出的含义及内容；
- 熟悉事业单位其他支出的含义及内容。

✖ 能力目标

- 学会事业单位"上缴上级支出"科目的使用方法；
- 学会事业单位"对附属单位补助"科目的使用方法；
- 学会事业单位"经营支出"科目的使用方法；
- 学会事业单位"其他支出"科目的使用方法。

❓ 知识精讲

一、对附属单位补助是指事业单位用财政补助收入之外的收入对附属单位补助发生的支出。

二、上缴上级支出是指事业单位按照财政部门和主管部门的规定上缴上级单位的支出。

三、经营支出是指事业单位在专业业务活动及其辅助活动之外开展非独立核算经营活动发生的支出。

事业单位开展非独立核算经营活动的，应当正确归集开展经营活动发生的各项费用数；无法直接归集的，应当按照规定的标准或比例合理分摊。

事业单位的经营支出与经营收入应当配比。

四、其他支出是指事业支出、对附属单位补助支出、上缴上级支出和经营支出以外的各项支出，包括利息支出、捐赠支出等。

123 科目设置

事业单位上缴上级支出等支出核算的会计科目包括"上缴上级支出""对附属单位补助""经营支出"和"其他支出"科目。

"上缴上级支出"科目

事业单位为了核算其按照财政部门和主管部门的规定上缴上级单位的支出，应设置"上缴上级支出"（支出类）科目，借方登记按规定上缴上级单位数，贷方登记收回数。期末将本期借方发生额转入事业结余，期末结账后应无余额。

"上缴上级支出"科目应当按照收缴款项单位、缴款项目、《政府收支分类科目》中"支出功能分类"相关科目等设置明细科目。

"对附属单位补助"科目

事业单位为了核算其用财政补助收入之外的收入对附属单位补助发生的支出，应设置"对附属单位补助"（支出类）科目，借方登记发生的对附属单位实际补助数，贷方登记收回数。期末将本期借方发生额转入事业结余，期末结账后应无余额。

"对附属单位补助"科目应当按照接受补助单位、补助项目、《政府收支分类科目》中"支出功能分类"相关科目等设置明细科目。

"经营支出"科目

事业单位为了其核算在专业业务活动及其辅助活动之外开展非独立核算经营活动发生的支出，应设置"经营支出"（支出类）科目，借方登记实际支出数及计提的应付数，贷方登记支出收回数，期末将本期借方发生额转入经营结余，期末结账后应无余额。

经营支出科目可以按照经营活动类别或项目等设置明细科目。

"其他支出"科目

事业单位为了核算其其他支出，应设置"其他支出"（支出类）科目，借方登记实际支出数，贷方登记支出收回或冲回数。期末将本期借方发生额中的专项资金支出部分转入非财政补助结转，将本期发生额中的非专项资金支出部分转入事业结余，期末结账后应无余额。

其他支出科目应当按照其他支出的类别或项目等设置明细科目。

能力训练

某事业单位 2015 年发生下列有关上缴上级支出等支出的业务与事项，请根据有关凭证编制会计分录。

1. 通过银行转账上缴上级非财政补助资金 20 000 元。

借：上缴上级支出　　　　　　　　　　　　　　20 000

　　贷：银行存款　　　　　　　　　　　　　　　　20 000

2. 通过银行转账支付对附属单位补助资金 30 000 元（非财政补助资金）。

借：对附属单位补助　　　　　　　　　　　　　30 000

　　贷：银行存款　　　　　　　　　　　　　　　　30 000

3. 计提当月非独立核算经营活动人员基本工资 28 000 元。

借：经营支出——有关明细科目　　　　　　　　28 000

　　贷：应付职工薪酬——工资（离退休费）　　　　28 000

4. 承上，用现金发放上述非独立核算经营活动人员工资 28 000 元。

借：应付职工薪酬——工资（离退休费）　　　　28 000

　　贷：库存现金　　　　　　　　　　　　　　　　28 000

5. 非独立核算经营活动本月共领用甲材料 14 320 元。

借：经营支出——有关明细科目　　　　　　　　14 320

　　贷：存货——材料——甲材料　　　　　　　　　14 320

6. 通过银行转账支付本月银行借款利息 2 240 元。

借：其他支出——利息支出　　　　　　　　　　2 240

　　贷：银行存款　　　　　　　　　　　　　　　　2 240

7. 通过银行转账支付银行承兑汇票的手续费 1 200 元。

借：其他支出——银行手续费支出　　　　　　　1 200

　　贷：银行存款　　　　　　　　　　　　　　　　1 200

8. 计算出本月份应缴房产税等 4 563 元。

借：其他支出——税费支出	4 563
贷：应缴税费	4 563

9. 通过银行转账支付对口扶贫单位 85 000 元。

借：其他支出——捐赠支出	85 000
贷：银行存款	85 000

10. 报经批准核销盘亏的甲种材料 2 800 元。

借：其他支出——资产处置损溢	2 800
贷：待处置资产损溢	2 800

知识归纳

事业单位上缴上级支出等支出核算的会计科目包括"上缴上级支出""对附属单位补助""经营支出"和"其他支出"科目。"上缴上级支出"科目核算事业单位按照财政部门和主管部门的规定上缴上级单位的支出；"对附属单位补助支出"科目核算事业单位用财政补助收入之外的收入对附属单位补助发生的支出；"经营支出"科目核算事业单位在专业业务活动及其辅助活动之外开展非独立核算经营活动发生的支出；"其他支出"科目核算事业单位除事业支出、上缴上级支出、对附属单位补助支出、经营支出以外的各项支出，包括利息支出、捐赠支出、现金盘亏损失、资产处置损失、接受捐赠（调入）非流动资产发生的税费支出等。

复习思考

- 如何正确理解事业单位经营支出的含义？
- 如何正确理解事业单位对附属单位补助支出的资金性质？
- 事业单位其他支出包括哪些内容？

项目五　事业单位净资产的核算

理论知识　事业单位净资产基础

一、净资产的内容

净资产是指事业单位资产扣除负债后的余额。事业单位的净资产包括基金和结转结余。

事业单位净资产的内容与分类如图 2-5-1 所示。

（一）基金

事业单位的基金包括事业基金、非流动资产基金、专用基金。其中：非流动资产基金分为长期投资占用的金额、固定资产占用的金额、在建工程占用的金额和无形资产占用的金额，专用基金分为修购基金、职工福利基金和其他基金。

（二）结转结余及其区别与联系

结转和结余是指事业单位年度收入与支出相抵后的余额。结转资金是指当年预算已执行但未完成，或者因故未执行，下一年度需要按照原用途继续使用的资金。结余资金是指当年预算工作目标已完成，或者因故终止，当年剩余的资金。要准确理解事业单位会计中"结转"与"结余"的区别与联系，要把握"一个前提、四个不同"。"一个前提"是《事业单位财务规则》《事业单位会计准则》《事业单位会计制度》等涉及事业单位财务管理与会计核算的相关规定。"三个不同"一是指财政补助与非财政补助分类方法不同；二是指财政补助中的基本支出与项目支出的分类方法不同；三是指非财政补助中的限定用途资金与非限定用途资金的分类方法不同；四是指非财政补助中的非限定用途资金中的事业与经营分类方法不同。

按照"一个前提、四个不同"，事业单位的结转结余区分为财政补助结转结余、非财政补助结转结余。财政补助结转结余分为财政补助结转和财政补助结余，财政补助结转分为基本支出结转和项目支出结转；非财政补助结转结余分为非财政补助结转（非财政限定用途资金收支差额）、事业结余和经营结余（非财政、非限定用途资金收支差额）。

事业单位"结转"与"结余"的区别与联系如图2-5-2所示。

（三）基金与结转结余的关系

按照《事业单位财务规则》的规定，财政补助结转结余与非财政补助结转结余的管理要求不同，两种性质不同的结转结余与基金的关系也不同。

按照《事业单位财务规则》的规定，财政补助结转结余不参与事业单位的分配，财政补助结转结余一般和事业单位的基金不直接发生结转关系。

按照《事业单位财务规则》的规定，非财政补助结余年终应当按规定程序进行分配，在分配过程中计提所得税后按规定提取的职工福利基金是专用基金的组成部分，剩余部分转入事业基金，即非财政补助结余在年终分配时可能与专用基金和事业基金发生结转关系；非财政补助结转一般不参与事业单位的年终分配，在项目未完工时结转下年继续使用，在项目完工或因故中止时剩余资金若留归单位使用则结转到事业基金，即非财政补助结转可能与事业基金发生结转关系。

事业单位"基金"与"结转结余"的关系如图2-5-3所示。

二、净资产的计量

净资产金额取决于资产和负债的计量。

事业基金、非流动资产基金、专用基金、财政补助结转结余、非财政补助结转结余等净资产项目应当分项列入资产负债表。

三、净资产的管理

（一）事业基金的管理。事业单位应当加强事业基金的管理，遵循收支平衡的原则，统筹安排、合理使用，支出不得超出基金规模。

（二）专用基金的管理。专用基金管理应当遵循先提后用、收支平衡、专款专用的原则，支出不得超出基金规模。各项基金的提取比例和管理办法，国家有统一规定的，按照统一规定执行；没有统一规定的，由主管部门会同同级财政部门确定。

（三）财政拨款结转和结余的管理。财政拨款结转和结余的管理，应当按照同级财政部门的规定执行。

（四）非财政拨款结转和结余的管理。非财政拨款结转按照规定结转下一年度继续使用。非财政拨款结余可以按照国家有关规定提取职工福利基金，剩余部分作为事业基金用于弥补以后年度单位收支差额；国家另有规定的，从其规定。

经营收支结转和结余应当单独反映。

（五）报表披露的要求。事业基金、非流动资产基金、专用基金、财政补助结转结余、非财政补助结转结余等净资产项目应当分项列入资产负债表。

图形示意

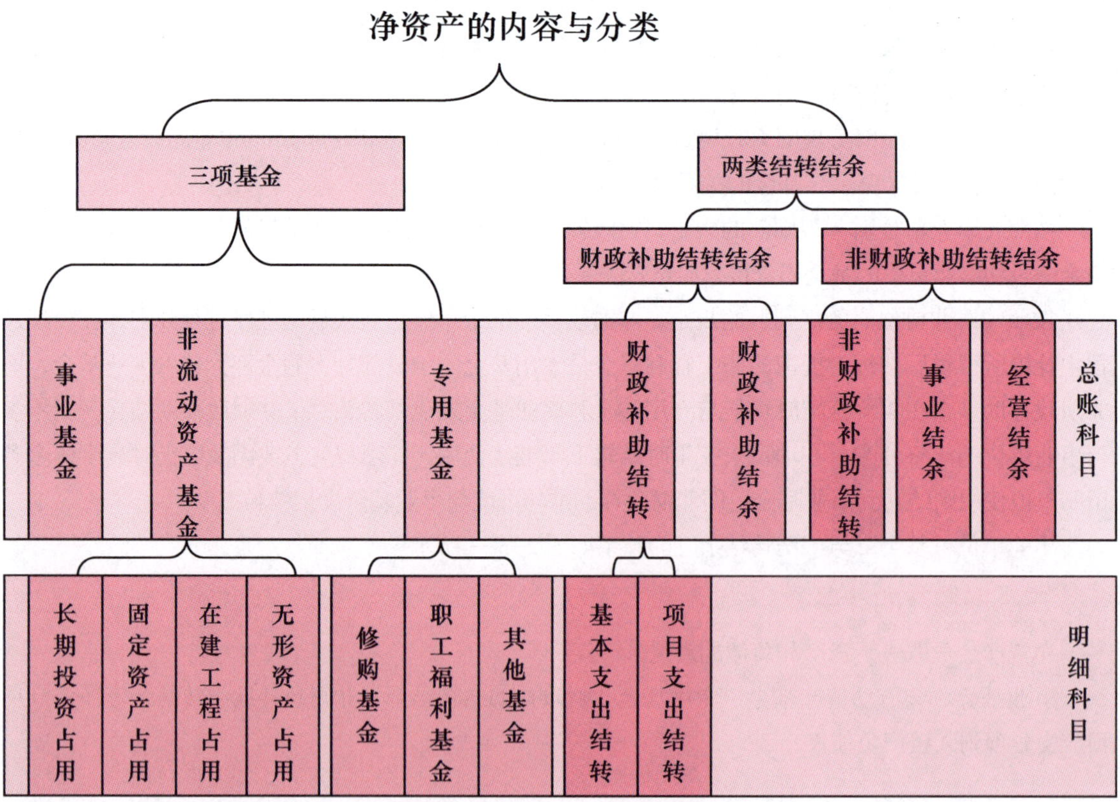

图 2-5-1　净资产的内容与分类

📊 图形示意

事业单位"结转"与"结余"的区别与联系

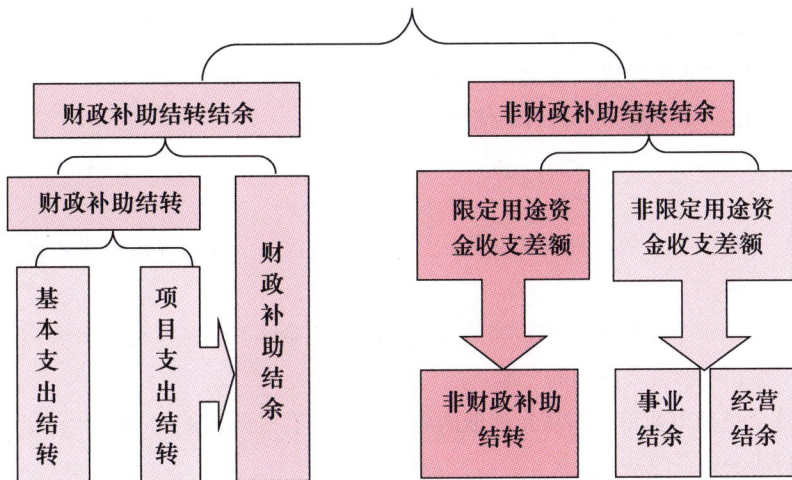

图 2-5-2 事业单位"结转"与"结余"的区别与联系

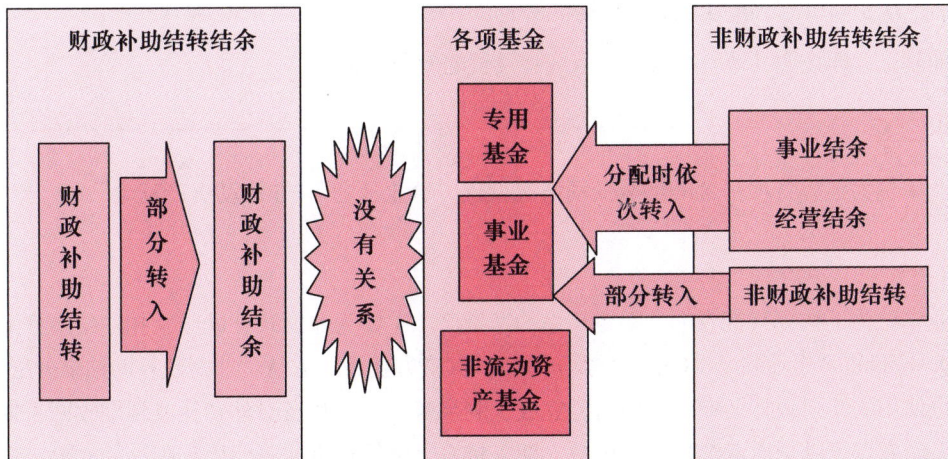

图 2-5-3 事业单位"基金"与"结转结余"的关系

学习任务一　各项基金的核算

📋 知识目标

· 熟悉事业单位事业基金额的含义与内容；

·熟悉事业单位非流动资产基金的含义与内容；

·熟悉事业单位专用基金科目的含义与内容。

✖ 能力目标

·学会事业单位"事业基金"科目的使用方法；

·学会事业单位"非流动资产基金"科目的使用方法；

·学会事业单位"专用基金"科目的使用方法。

👤 知识精讲

一、事业基金是指事业单位拥有的非限定用途的净资产，其来源主要为非财政补助结余扣除结余分配后滚存的金额。

二、非流动资产基金是指事业单位非流动资产占用的金额。非流动资产基金包括长期投资、固定资产、在建工程、无形资产占用的金额。

三、专用基金是指事业单位按规定提取或者设置的具有专门用途的净资产。专用基金包括修购基金、职工福利基金和其他基金。

修购基金，即按照事业收入和经营收入的一定比例提取，并按照规定在相应的购置和修缮科目中列支（各列 50%），以及按照其他规定转入，用于事业单位固定资产维修和购置的资金[①]。

职工福利基金，即按照非财政拨款结余的一定比例[②]提取以及按照其他规定提取转入，用于单位职工的集体福利设施、集体福利待遇等的资金。

其他基金，即按照其他有关规定提取或者设置的专用资金。

📑 科目设置

事业单位为核算各项基金的增减变动情况设置"事业基金""非流动资产基金"和"专用基金"科目。

"事业基金"科目

事业单位为了核算其拥有的非限定用途的净资产（主要为非财政补助结余扣除结余分配后滚存的金额），应设置"事业基金"（净资产类）科目。其贷方登记年末从"非财政补助结余分配"、将留归本单位使用的非财政补助专项（项目已完成）剩余资金转入数及对外转让或到期收回长期债券投资本息，借方登记以货币资金投资转出数，期末贷方余额反映事业单位历年积存的非限定用途净资产的金额。

事业单位发生需要调整以前年度非财政补助结余的事项，通过事业基金科目核算。国家另有规定的，从其规定。

---

① 财政部《关于事业单位提取专用基金比例问题的通知》（财教〔2012〕32号）规定：事业收入和经营收入较少的事业单位可以不提取修购基金，实行固定资产折旧的事业单位不提取修购基金。国家另有规定的，从其规定。

② 财政部《关于事业单位提取专用基金比例问题的通知》（财教〔2012〕32号）规定：事业单位职工福利基金的提取比例，在单位年度非财政拨款结余的40%以内确定。国家另有规定的，从其规定。

"非流动资产基金"科目

事业单位为了核算其长期投资、固定资产、在建工程、无形资产等非流动资产占用的金额，应设置"非流动资产基金"（净资产类）科目。其贷方登记取得长期投资、固定资产、在建工程、无形资产等非流动资产或发生相关支出时的确认数，借方登记计提的固定资产折旧、无形资产摊销数以及处置长期投资、固定资产、无形资产数，期末贷方余额反映事业单位非流动资产占用的金额。

"非流动资产基金"科目应当设置"长期投资""固定资产""在建工程""无形资产"等明细科目。

"专用基金"科目

事业单位为了核算其按规定提取或者设置的具有专门用途的净资产（主要包括修购基金、职工福利基金等），应设置"专用基金"（净资产类）科目，贷方登记按规定提取专用基金数或设置数，借方登记专用基金实际使用数，期末贷方余额反映事业单位专用基金余额。

"专用基金"科目应当按照专用基金的类别设置明细科目。

能力训练

某事业单位 2015 年发生下列有关基金增减业务，请根据有关凭证编制会计分录。

1. 年末，将计算企业所得税和计提职工福利基金后"非财政补助结余分配"贷方科目余额 10 000 元转入事业基金。

借：非财政补助结余分配　　　　　　　　　　　　　　　　　　10 000

　　贷：事业基金　　　　　　　　　　　　　　　　　　　　　　　10 000

注：若年末"非财政补助结余分配"为借方科目余额则要用事业基金弥补，会计分录为：

借：事业基金

　　贷：非财政补助结余分配

2. 年末，单位承担的上级主管部门安排的某专项活动已经完成，专项活动的非财政补助专项结转资金 20 000 元经上级主管部门同意留归单位使用。

借：非财政补助结转——某项目　　　　　　　　　　　　　　　　20 000

　　贷：事业基金　　　　　　　　　　　　　　　　　　　　　　　20 000

3. 通过银行转账支付购买的 3 年期国债本金 50 000 元，手续费 1 000 元。

借：长期投资——长期债券投资　　　　　　　　　　　　　　　　51 000

　　贷：银行存款　　　　　　　　　　　　　　　　　　　　　　　51 000

同时：

借：事业基金　　　　　　　　　　　　　　　　　　　　　　　　51 000

　　贷：非流动资产基金——长期投资　　　　　　　　　　　　　　51 000

4. 收到银行通知，以前年度购买的 5 年期国债 20 000 元到期，收到本息 23 000 元。

借：银行存款　　　　　　　　　　　　　　　　　　　　　　　　23 000

　　贷：长期投资——长期债券投资　　　　　　　　　　　　　　　20 000

　　　　其他收入——投资收益　　　　　　　　　　　　　　　　　 3 000

同时：

  借：非流动资产基金——长期投资   20 000

    贷：事业基金   20 000

  5. 政府采购部门用财政项目支出经费为单位采购计算机 20 台，价款 35 100 元，已经过验收交付单位使用。

  借：固定资产——专用设备   35 100

    贷：非流动资产基金——固定资产   35 100

同时：

  借：事业支出——项目支出（财政补助支出）——专用设备购置费   35 100

    贷：财政补助收入——项目支出   35 100

  6. 为开展非独立核算的经营活动，采用分期付款方式购入货车一辆，合同确定的价款共计 200 000 元，付款期限为 5 年，每年偿还 40 000 元。开出转账支票支付当年租金 20 000 元，货车已交付使用。

  借：固定资产——通用设备   200 000

    贷：长期应付款——货车款项   160 000

      非流动资产基金——固定资产   40 000

同时：

  借：经营支出——通用设备购置   40 000

    贷：银行存款   40 000

以后四年支付款项 40 000 元时：

  借：经营支出——通用设备购置   40 000

    贷：银行存款   40 000

同时：

  借：长期应付款——货车款项   40 000

    贷：非流动资产基金——固定资产   40 000

  7. 上级主管部门无偿调入办公桌椅一批，价值 25 000 元，已交付使用。

  借：固定资产——通用设备   25 000

    贷：非流动资产基金——固定资产   25 000

  8. 固定资产清查时盘盈办公桌 4 张，按同类办公桌估价 1 000 元。

  借：固定资产——通用设备   1 000

    贷：非流动资产基金——固定资产   1 000

  9. 准备将一批旧办公家具出售，该批旧办公家具账面余额 10 000 元，累计已提折旧 8 000 元，将其转入待处置资产准备出售。

  借：待处置资产损溢——处置资产价值   2 000

    累计折旧   8 000

    贷：固定资产——家具、用具、装具及动植物   10 000

10. 经批准，将上述旧办公家具实际出售时。

借：非流动资产基金——固定资产　　　　　　　　　　　　　　2 000

　　贷：待处置资产损溢——处置资产价值　　　　　　　　　　　　　2 000

11. 准备将一套录音设备报废，报废的录音设备账面余额 10 000 元，累计已提折旧 9 000 元，将其转入待处置资产准备出售。

借：待处置资产损溢——处置资产价值　　　　　　　　　　　　1 000

　　累计折旧　　　　　　　　　　　　　　　　　　　　　　　9 000

　　贷：固定资产——家具、用具、装具及动植物　　　　　　　　10 000

12. 经批准，将上述录音设备实际出售时。

借：非流动资产基金——固定资产　　　　　　　　　　　　　　1 000

　　贷：待处置资产损溢——处置资产价值　　　　　　　　　　　　1 000

13. 用现金支付录音设备拆除费 100 元。

借：待处置资产损溢——处置净收入　　　　　　　　　　　　　100

　　贷：库存现金　　　　　　　　　　　　　　　　　　　　　　100

14. 通过银行转账收到录音设备变价款 500 元。

借：银行存款　　　　　　　　　　　　　　　　　　　　　　　500

　　贷：待处置资产损溢——处置净收入　　　　　　　　　　　　　500

15. 将出售价款扣除拆除费后的净收入 400 元转入"应缴国库款"。

借：待处置资产损溢——处置净收入　　　　　　　　　　　　　400

　　贷：应缴国库款　　　　　　　　　　　　　　　　　　　　　400

16. 月末，按规定计提本月固定资产折旧共计 1 800 元。

借：非流动资产基金——固定资产　　　　　　　　　　　　　　1 800

　　贷：累计折旧　　　　　　　　　　　　　　　　　　　　　　1 800

17. 以货币资金对丙公司投资，合同确定投资总金额为 200 000 元，支付手续费 10 000 元，款项通过银行转账付讫。

借：长期投资——长期股权投资　　　　　　　　　　　　　　210 000

　　贷：银行存款　　　　　　　　　　　　　　　　　　　　　210 000

同时：

借：事业基金　　　　　　　　　　　　　　　　　　　　　　210 000

　　贷：非流动资产基金——长期投资　　　　　　　　　　　　　210 000

18. 以某项闲置设备对甲公司投资，设备账面余额 150 000 元，已提折旧 100 000 元，合同确定的评估价为 70 000 元。

借：长期投资——长期股权投资　　　　　　　　　　　　　　70 000

　　贷：非流动资产基金——长期投资　　　　　　　　　　　　　70 000

同时：

借：非流动资产基金——固定资产   50 000

累计折旧   100 000

贷：固定资产——某设备   150 000

19. 以已入账的某项非专利技术对乙公司投资，非专利技术账面余额 60 000 元，已提摊销 30 000 元，合同确定的评估价为 40 000 元。

借：长期投资——长期股权投资   40 000

贷：非流动资产基金——长期投资   40 000

同时：

借：非流动资产基金——无形资产   30 000

累计摊销   30000

贷：无形资产——某项专利技术   60 000

20. 购买政府发行的三年期国债 200 000 元，通过银行转账付讫。

借：长期投资——长期债券投资   200 000

贷：银行存款   200 000

同时：

借：事业基金   200 000

贷：非流动资产基金——长期投资   200 000

21. 通过银行收到以前年度购买的国债到期收回本息 15 000 元，当时购买的成本为 13 000 元。

借：银行存款   15 000

贷：长期投资——长期债券投资   13 000

其他收入——投资收益   2 000

同时：

借：非流动资产基金——长期投资   13 000

贷：事业基金   13 000

22. 按当年事业收入累计发生额及上级主管部门的规定计算出当年应计提修购基金 10 000 元。

借：事业支出——相应的购置和修缮科目   10 000

贷：专用基金——修购基金   10 000

23. 按当年经营收入累计发生额及上级主管部门的规定计算出当年应计提修购基金 1 000 元。

借：经营支出——相应的购置和修缮科目   1 000

贷：专用基金——修购基金   1 000

24. 年末，按规定计算出从当年非财政补助结余中提取的职工福利基金为 10 000 元。

借：非财政补助结余分配——提取职工福利基金   10 000

贷：专用基金——职工福利基金   10 000

25. 用职工福利基金支付职工食堂福利性开支事项 10 000 元，款项通过银行转账付讫。

借：专用基金——职工福利基金　　　　　　　　　　　　　　　　10 000

　　贷：银行存款　　　　　　　　　　　　　　　　　　　　　　　　10 000

知识归纳

事业基金核算事业单位拥有的非限定用途的净资产，主要为非财政补助结余扣除结余分配后滚存的金额。

非流动资产基金核算事业单位长期投资、固定资产、在建工程、无形资产等非流动资产占用的金额。

专用基金核算事业单位按规定提取或者设置的具有专门用途的净资产，主要包括修购基金、职工福利基金等。

复习思考

· 事业单位基金的核算设置了哪些科目？

· 非流动资产基金与资产类中的哪些科目对应？其对应关系是怎样的？

· 事业单位发生需要调整以前年度非财政补助结余的事项，通过哪个科目核算？

学习任务二　结转、结余及分配的核算

知识目标

· 熟悉结转结余核算的种类以及结余分配的程序；

· 掌握结转、结余及分配科目的基本结构。

能力目标

· 学会事业单位"财政补助结转"科目的使用方法；

· 学会事业单位"财政补助结余"科目的使用方法；

· 学会事业单位"非财政补助结转"科目的使用方法；

· 学会事业单位"事业结余"科目的使用方法；

· 学会事业单位"经营结余"科目的使用方法；

· 学会事业单位"非财政补助结余分配"科目的使用方法。

知识精讲

一、财政补助结转结余

财政补助结转结余是指事业单位各项财政补助收入与其相关支出相抵后剩余滚存的、须按规定

管理和使用的结转和结余资金，分为财政补助结转和财政补助结余。

财政补助结转，是指事业单位滚存的财政补助结转资金，包括基本支出结转和项目支出结转。用公式表示如下：

基本支出结转＝财政补助收入（基本支出）

－事业支出（财政补助支出）[或：财政补助支出（基本支出）]

项目支出结转＝财政补助收入（项目支出）

－事业支出（财政补助支出）[或：财政补助支出（项目支出）]

财政补助结余，是指事业单位滚存的财政补助项目支出结余资金。用公式表示如下：

财政补助结余＝财政补助结转－不符合财政补助结余性质的项目余额

二、非财政补助结转结余

非财政补助结转结余是指事业单位除财政补助收支以外的各项收入与各项支出相抵后的余额，分为非财政补助结转和非财政补助结余。

非财政补助结转是指事业单位除财政补助收支以外的各专项资金收入与其相关支出相抵后剩余滚存的、须按规定用途使用的结转资金。用公式表示如下：

非财政补助结转＝事业收入（专项资金收入）

＋上级补助收入（专项资金收入）

＋附属单位上缴收入（专项资金收入）

＋其他收入（专项资金收入）

－事业支出（非财政专项资金支出）

－其他支出（非财政专项资金支出）

非财政补助结余是指事业单位除财政补助收支以外的各非专项资金收入与各非专项资金支出相抵后的余额，分为事业结余和经营结余。用公式表示如下：

事业结余＝事业收入（非专项资金收入）

＋上级补助收入（非专项资金收入）

＋附属单位上缴收入（非专项资金收入）

＋其他收入（非专项资金收入）

－事业支出（非财政、非专项资金支出）

－其他支出（非财政、非专项资金支出）

－对附属单位补助

－上缴上级支出

经营结余＝经营收入－经营支出

三、非财政补助结余分配

非财政补助结余分配是指在年末将非财政补助结余进行分配。非财政补助结余分配既涉及国家利益，也涉及事业单位和职工个人利益。非财政补助结余分配的程序如下。

第一步，计算应缴企业所得税。事业单位应当按照《事业单位、社会团体、民办非企业单位企业所得税征收管理办法》及《关于广播电视事业单位征收企业所得税若干问题的通知》(国税发〔2001〕

15 号）的有关规定，计算应纳企业所得税。

第二步，计算提取职工福利基金。事业单位应当根据《事业单位财务规则》及《关于事业单位提取专用基金比例问题的通知》的规定，按照非财政补助结余的一定比例提取职工福利基金。

第三步，未分配结余结转事业基金。事业单位的非财政补助结余除了缴纳所得税和提取职工福利基金外，未分配的非财政补助结余转入事业基金，用于弥补以后年度的单位收支差额。

科目设置

事业单位会计结转、结余及分配核算的会计科目包括"财政补助结转""财政补助结余""非财政补助结转""事业结余""经营结余"和"非财政补助结余分配"。

"财政补助结转"科目

事业单位为了核算其滚存的财政补助结转资金（包括基本支出结转和项目支出结转），应设置"财政补助结转"（净资产类）科目。其贷方登记财政补助收入本期发生额转入数及年末主管部门归集调入数，借方登记事业支出（财政补助支出）本期发生额结转入数、年末转入财政补助结余数以及上缴或注销数，期末贷方余额反映事业单位财政补助结转资金数额。

事业单位发生需要调整以前年度财政补助结转的事项，通过"财政补助结转"科目核算。

财政补助结转的核算按"基本支出结转"和"项目支出结转"分别进行。"财政补助结转"明细科目的设置方法如图 2-5-4 所示，财政补助基本支出结转与项目支出结转核算的基本步骤分别如图 2-5-5、图 2-5-6 所示。

"财政补助结余"科目

事业单位为了核算其滚存的财政补助项目支出结余资金，应设置"财政补助结余"（净资产类）科目。其贷方登记年末从财政补助结转转入数及主管部门归集调入数，借方登记年末转入财政补助结转数以及上缴或注销数，期末贷方余额反映事业单位财政补助结余资金数额。

事业单位发生需要调整以前年度财政补助结余的事项，通过"财政补助结余"科目核算。

"财政补助结余"科目应当按照《政府收支分类科目》中"支出功能分类科目"的相关科目设置明细科目。

财政补助结余核算的基本步骤如图 2-5-7 所示。

"非财政补助结转"科目

事业单位为了核算其除财政补助收支以外的各专项资金收入与其相关支出相抵后剩余滚存的、须按规定用途使用的结转资金，应设置"非财政补助结转"（净资产类）科目。其贷方登记期末从事业收入、上级补助收入、附属单位上缴收入、其他收入本期发生额中的专项资金收入转入数，借方登记期末从事业支出、其他支出本期发生额中的非财政专项资金支出转入数以及按规定交回或留归单位转出数，期末贷方余额反映事业单位非财政补助专项结转资金数额。

事业单位发生需要调整以前年度非财政补助结转的事项，通过"非财政补助结转"科目核算。

"非财政补助结转"科目应当按照非财政专项资金的具体项目设置明细科目。

非财政补助专项资金结转核算的基本步骤如图 2-5-8 所示。

"事业结余"科目

事业单位为了核算其一定期间除财政补助收支、非财政专项资金收支和经营收支以外各项收支相抵后的余额，应设置"事业结余"（净资产类）科目。其贷方登记期末从事业收入、上级补助收入、附属单位上缴收入、其他收入本期发生额中的非专项资金收入转入数以及年末亏损结转数，借方登记期末从事业支出、其他支出本期发生额中的非财政、非专项资金支出，对附属单位补助支出、上缴上级支出的本期发生额转入数以及年末结余结转数。期末如为贷方余额，反映事业单位自年初至报告期末累计实现的事业结余；如为借方余额，反映事业单位自年初至报告期末累计发生的事业亏损。年末结账后，本科目应无余额。

　　事业结余（非财政、非专项结余资金）核算的基本步骤如图2-5-9所示。

"经营结余"科目

　　事业单位为了核算其一定期间各项经营收支相抵后余额弥补以前年度经营亏损后的余额，应设置"经营结余"（净资产类）科目。贷方登记期末从经营收入本期发生额转入数，借方登记期末从经营支出本期发生额转入数以及年末结转数。期末如为贷方余额，反映事业单位自年初至报告期末累计实现的经营结余弥补以前年度经营亏损后的经营结余；如为借方余额，反映事业单位截至报告期末累计发生的经营亏损。年末结账后，本科目一般无余额；如为借方结余，反映事业单位累计发生的经营亏损。

　　经营结余核算的基本步骤如图2-5-10所示。

"非财政补助结余分配"科目

　　事业单位为了核算其年度非财政补助结余分配的情况和结果，应设置"非财政补助结余分配"（净资产类）科目。贷方登记年末从"事业结余"和"经营结余"科目贷方余额及从事业基金转入数，借方登记按规定计算的企业所得税、计提的职工福利基金、转入事业基金数及从"事业结余"科目借方余额转入数，年末结账后，本科目应无余额。

　　非财政补助结余分配核算的基本步骤如图2-5-11所示。

📷 图形示意

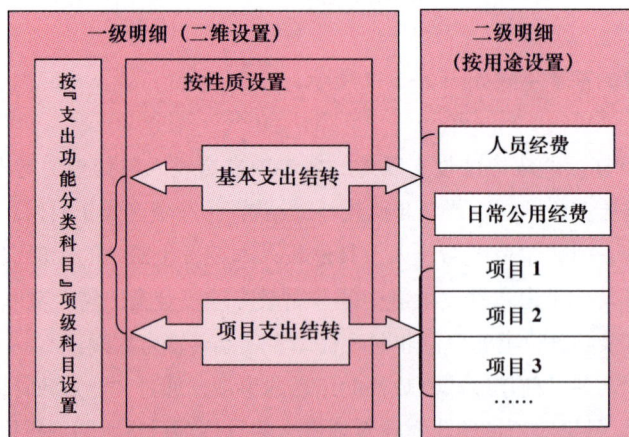

图2-5-4 "财政补助结转"明细科目设置方法

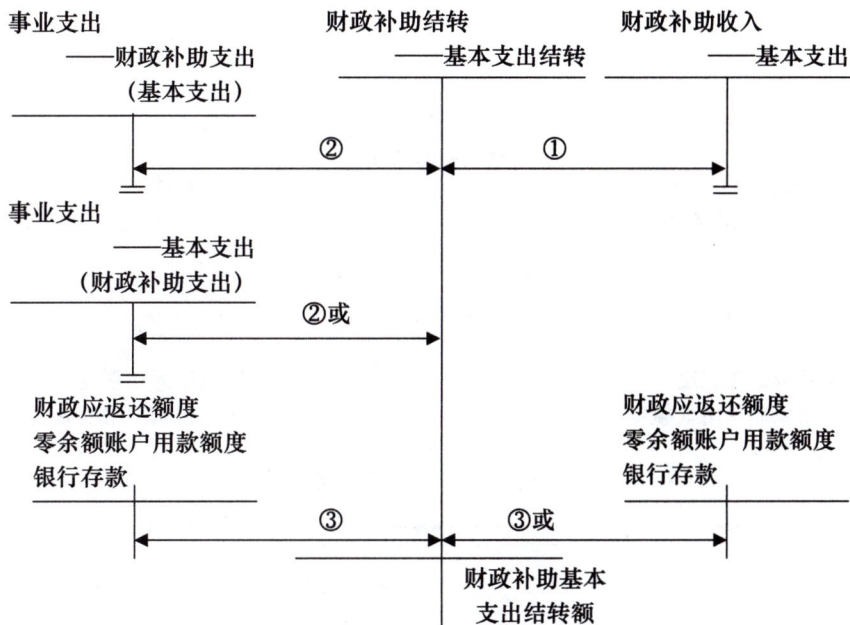

图 2-5-5 财政补助结转核算的基本步骤（基本支出结转）

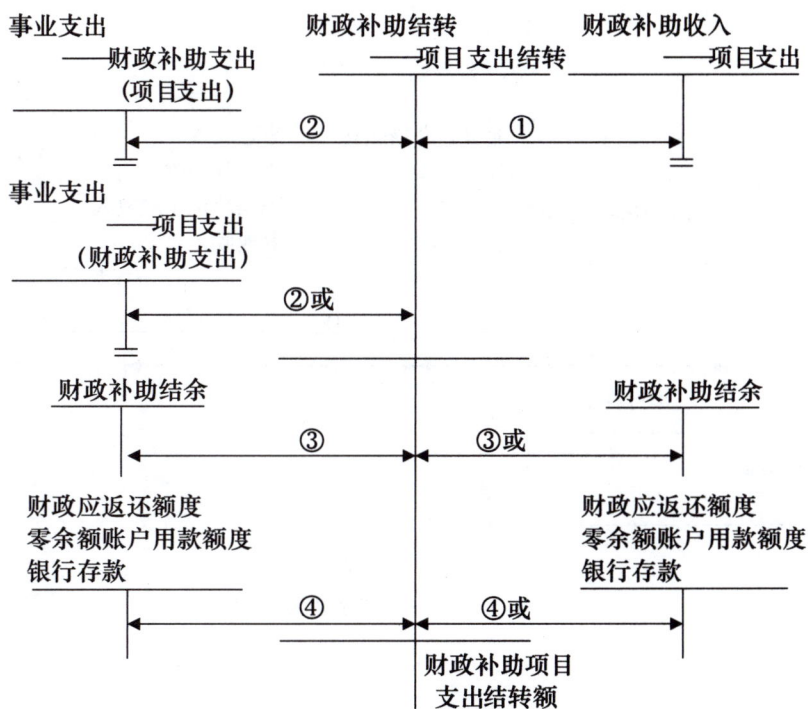

图 2-5-6 财政补助结转核算的基本步骤（项目支出结转）

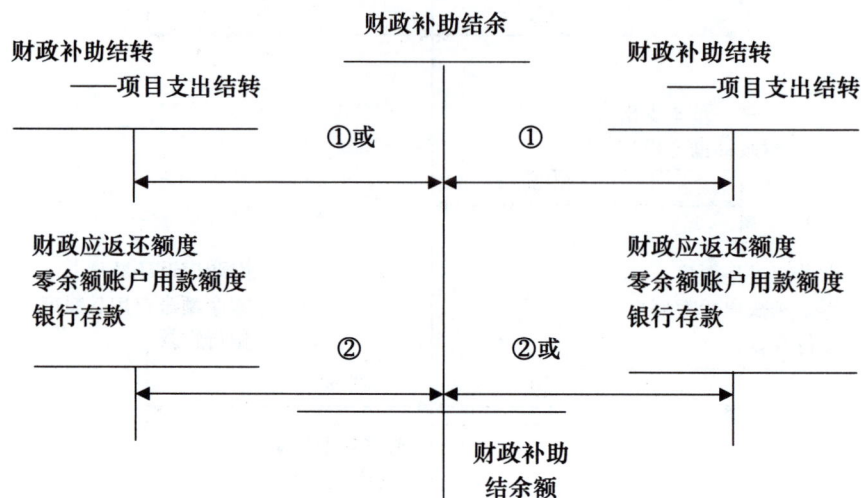

图 2-5-7　财政补助结余核算的基本步骤

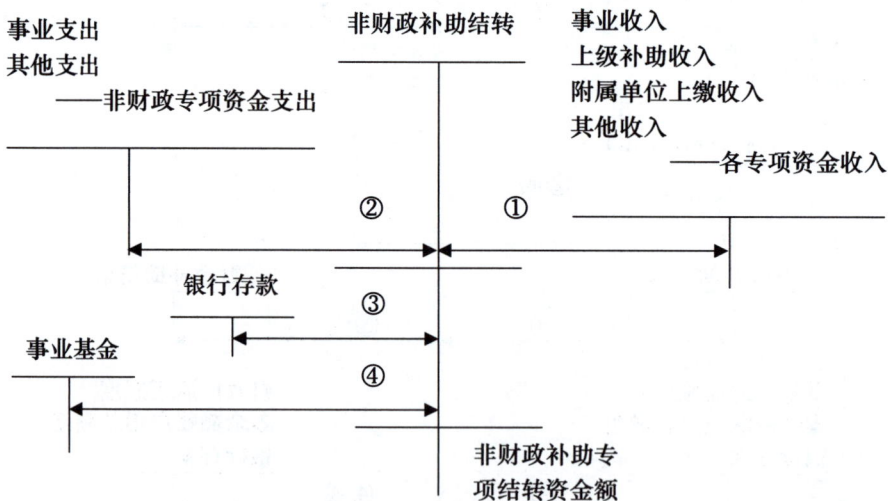

图 2-5-8　非财政补助结转核算的基本步骤（非财政补助专项资金）

事业支出　　　　　　　　　　　事业结余　　　　事业收入
其他支出　　　　　　　　　　　　　　　　　　　上级补助收入
　　——各非财政、非专项支出　　　　　　　　　　附属单位上缴收入
对附属单位补助支出　　　　　　　　　　　　　　　其他收入
上缴上级支出　　　　　　　　　　　　　　　　　　　——非专项资金收入明细

ii　　　　　i

非财政补助结余分配　　或：事业亏损　　事业结余　　　　非财政补助结余分配

①　　　①或

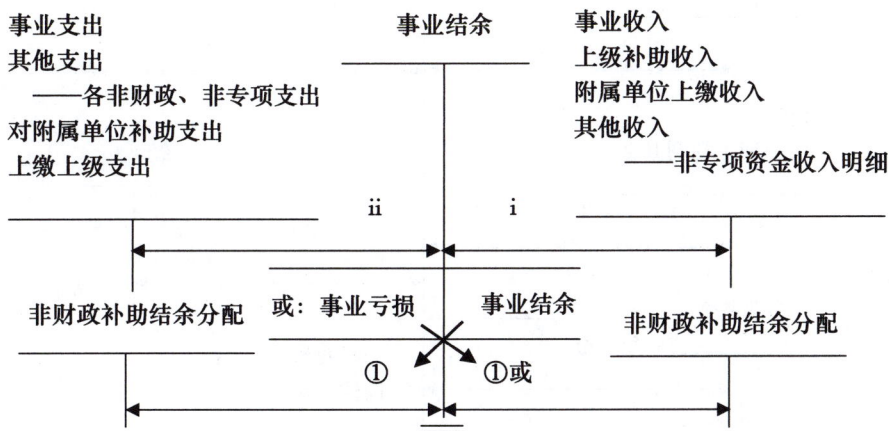

图 2-5-9① 事业结余核算的基本步骤（非财政、非专项结余资金）

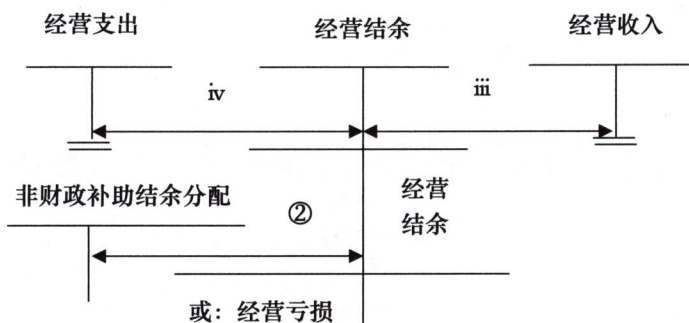

经营支出　　　　　　　　经营结余　　　　　　经营收入

iv　　　　　iii

非财政补助结余分配　　②　　　经营
　　　　　　　　　　　　　　　结余

或：经营亏损

图 2-5-10　经营结余核算的基本步骤

---

① 为了使结余的计算和结转与"非财政补助结余分配"的内容衔接一致，下列各步骤与"非财政补助结余分配"核算同
　一对应内容的编号采用同一编号模式（下面"经营结余"各步骤的编号与此相同）。

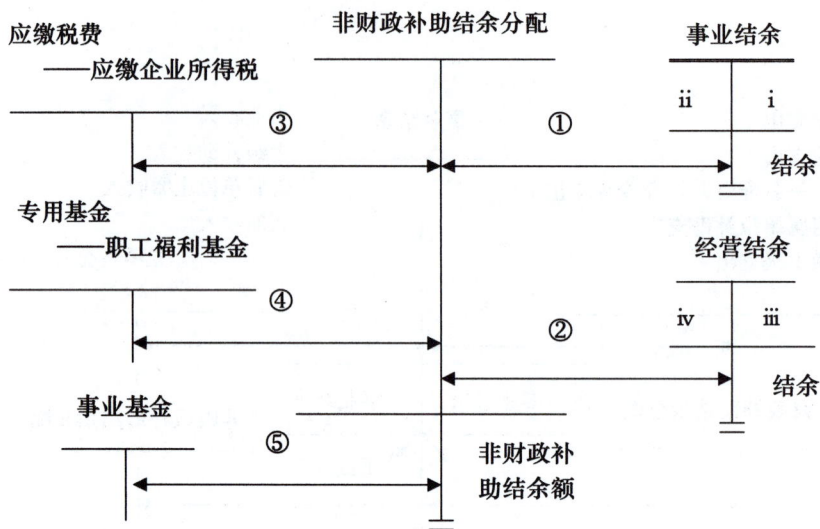

图 2-5-11　非财政补助结余分配核算的基本步骤

能力训练

请根据某事业单位 2015 年 12 月初各账户余额（见表 2-5-1）和 2015 年 12 月收入、支出账户发生额（见表 2-5-2）按程序办理 12 月的月末结转事项和 2015 年的年终结转事项，并编制 12 月底和年终结账后试算平衡表。

表2-5-1　　　　　　　　　　　某事业单位2015年12月初各账户余额

单位：元

账户名称	余额	账户名称	余额
库存现金	8 500	财政补助结转	46 000
银行存款	102 320	基本支出结转	25 000
零余额账户用款额度	48 000	人员经费	13 000
其他应收款	57 250	日常公用经费	12 000
存货	67 490	项目支出结转	21 000
固定资产	6 582 430	甲项目	20 000
累计折旧	3 851 000	乙项目	1 000
其他应付款	32 560	财政补助结余	10 000
事业基金	130 000		
非流动资产基金	2 731 430	非财政补助结转	20 000
事业结余	30 000	丙项目	12 000
经营结余	15 000	丁项目	8 000

表2-5-2　某事业单位2015年12月收入、支出账户发生额合计

单位：元

收入账户名称			发生额合计	支出账户名称			发生额合计
财政补助收入			334 000	事业支出			426 200
基本支出			237 000	基本支出			269 800
	人员经费		125 000	财政补助支出			230 000
	日常公用经费		112 000		人员经费		120 000
项目支出			97 000		日常公用经费		110 000
	甲项目		55 000	其他资金支出			39 800
	乙项目		42 000	项目支出			156 400
事业收入			83 000	财政补助支出			95 000
非专项资金收入			45 000		甲项目		50 000
专项资金收入			38 000		乙项目		45 000
	丙项目		23 000	专项资金支出			61 400
	丁项目		15 000		丙项目		36 600
上级补助收入			44 500		丁项目		24 800
非专项资金收入			25 000				
专项资金收入			19 500				
	丙项目		11 000				
	丁项目		8 500	上缴上级支出			2 000
附属单位上缴收入			7 900	对附属单位补助支出			20 000
非专项资金收入			2 400				
专项资金收入			5 500				
	丙项目		3 200				
	丁项目		2 300				
经营收入			12 000	经营支出			10 000
其他收入			26 500	其他支出			25 000
非专项资金收入			14 000	专项资金支出			12 000
专项资金收入			12 500		丙项目		7 000
	丙项目		7 400		丁项目		5 000
	丁项目		5 100	其他资金支出			13 000

第一步，12月的结转

（一）"基本支出结转"结转

借：财政补助收入——基本支出——人员经费　125 000

　　　　　　　　　　　　——日常公用经费　112 000

　　贷：财政补助结转——基本支出结转——人员经费　125 000

　　　　　　　　　　　　——日常公用经费　112 000

借：财政补助结转——基本支出结转——人员经费　120 000

　　　　　　　　　　　——日常公用经费　110 000

　　贷：事业支出——基本支出（财政补助支出）——人员经费　120 000

	——日常公用经费	110 000

（二）"项目支出结转"结转

借：财政补助收入——项目支出——甲项目 55 000

　　　　　　　　　　——乙项目 42 000

　贷：财政补助结转——项目支出结转——甲项目 55 000

　　　　　　　　　　　　——乙项目 42 000

借：财政补助结转——项目支出结转——甲项目 50 000

　　　　　　　　　　——乙项目 45 000

　贷：事业支出——项目支出（财政补助支出）——甲项目 50 000

　　　　　　　　　——乙项目 45 000

（三）"非财政补助结转"结转

借：事业收入——专项资金收入——丙项目 23 000

　　　　　　　　——丁项目 15 000

　上级补助收入——专项资金收入——丙项目 11 000

　　　　　　　　——丁项目 8 500

　附属单位上缴收入——专项资金收入——丙项目 3 200

　　　　　　　　　　——丁项目 2 300

　其他收入——专项资金收入——丙项目 7 400

　　　　　　　——丁项目 5 100

　贷：非财政补助结转——丙项目 44 600

　　　　　　　　——丁项目 30 900

借：非财政补助结转——丙项目 43 600

　　　　　　——丁项目 29 800

　贷：事业支出——项目支出（非财政专项资金支出）——丙项目 36 600

　　　　　　　　　——丁项目 24 800

　其他支出——专项资金支出——丙项目 7 000

　　　　　　　——丁项目 5 000

（四）"事业结余"结转

借：事业收入——非专项资金收入 45 000

　上级补助收入——非专项资金收入 25 000

　附属单位上缴收入——非专项资金收入 2 400

　其他收入——非专项资金收入 14 000

　贷：事业结余 86 400

借：事业结余 74 800

　贷：事业支出——基本支出（其他资金支出） 39 800

　其他支出——非专项资金支出 13 000

　对附属单位补助支出 20 000

　上缴上级支出 2 000

（五）"经营结余"结转

借：经营收入 12 000
  贷：经营结余 12 000
借：经营结余 10 000
  贷：经营支出 10 000

第二步，12 月末试算平衡表的编制

根据 12 月的月初余额、发生额及 12 余额的结转业务编制 12 月末结转后的试算平衡表如表 2-5-3 所示。

表2-5-3   某事业单位2015年12月末账户发生额及余额试算平衡表

会计科目名称	期初余额		发生额合计		期末余额	
	借方	贷方	借方	贷方	借方	贷方
库存现金	8 500		45 890	51 140	3 250	
银行存款	102 320		452 010	392 060	162 270	
零余额账户用款额度	48 000		28 000	58 000	18 000	
其他应收款	57 250				57 250	
存货	67 490				67 490	
固定资产	6 582 430				6 582 430	
累计折旧		3 851 000		1 740		3 852 740
其他应付款		32 560				32 560
财政补助收入		0	334 000	334 000		
事业收入		0	83 000	83 000		
上级补助收入		0	44 500	44 500		
附属单位上缴收入		0	7 900	7 900		
经营收入		0	12 000	12 000		
其他收入		0	26 500	26 500		
事业支出	0		426 200	426 200		
上缴上级支出	0		2 000	2 000		
对附属单位补助支出	0		20 000	20 000		
经营支出	0		10 000	10 000		
其他支出	0		25 000	25 000		
事业基金		130 000				130 000
非流动资产基金		2 731 430	1 740			2 729 690
财政补助结转		46 000	325 000	334 000		55 000
财政补助结余		10 000				10 000
非财政补助结转		20 000	73 400	75 500		22 100
事业结余		30 000	74 800	86 400		41 600
经营结余		15 000	10 000	12 000		17 000
合计	6 865 990	6 865 990	2 001 940	2 001 940	6 890 690	6 890 690

第三步，2015 年年末的结转

（一）"基本支出结转"结转

1. 年终，按规定将日常公用经费结转的 14 000 元上缴。

借：财政补助结转——基本支出结转——日常公用经费　　14 000

　　贷：银行存款　　1 400

2. 年终，按规定将人员经费结转的 18 000 元注销。

借：财政补助结转——基本支出结转——人员经费　　18 000

　　贷：零余额账户用款额度　　18 000

（二）"项目支出结转"与"财政补助结余"的结转

1. 年终，经过对财政补助的甲项目和乙项目进行分析，甲项目完成结转资金 25 000 元，其中：13 000 元按项目管理规定符合财政补助结余性质，12 000 元应按规定上缴；乙项目尚未完成本年结转，为 –2 000 元，按项目管理的规定用财政补助结余资金弥补。

借：财政补助结转——项目支出结转——甲项目　　13 000

　　贷：财政补助结余　　13 000

借：财政补助结余　　2 000

　　贷：财政补助结转——项目支出结转——乙项目　　2 000

2. 按规定将上述甲项目结转资金 12 000 元上缴财政。

借：财政补助结转——项目支出结转——甲项目　　12 000

　　贷：银行存款　　12 000

3. 年终，按规定将财政补助结余年末余额 10 000 元上缴。

借：财政补助结余　　10 000

　　贷：银行存款　　10 000

（三）"非财政补助结转"的结转

1. 年终，经过对非财政专项资金安排的丙项目和丁项目进行分析，丙项目完成结转资金 13 000 元，按项目管理规定，丙项目结转资金 13 000 元留归单位使用；丁项目尚未完成本年结转为 9 100 元，结转至下年。

借：非财政补助结转——丙项目　　13 000

　　贷：事业基金　　13 000

2. 若按项目管理规定丙项目结转资金 13 000 元缴回原专项资金拨入单位。

借：非财政补助结转——丙项目　　13 000

　　贷：银行存款　　13 000

（四）"事业结余"的结转

借：事业结余　　41 600

　　贷：非财政补助结余分配　　41 600

（五）"经营结余"的结转

  借：经营结余   17 000

    贷：非财政补助结余分配   17 000

第四步，2015 年年末的分配事项

（一）假定按当年累计实现经营结余的 25% 计算应缴纳的企业所得税。

应纳企业所得税 = 17 000 × 25% = 4 250（元）

  借：非财政补助结余分配——计提企业所得税   4 250

    贷：应缴税费——应缴企业所得税   4 250

（二）假定按税后非财政补助结余的 40% 计提职工福利基金。

应计提的职工福利基金 = ［41 600 +（17 000 - 4 250）］× 40% = 21 740（元）

  借：非财政补助结余分配——计提职工福利基金   21 740

    贷：专用基金——职工福利基金   21 740

（三）年终，结转"非财政补助结余分配"科目余额。

应结转非财政补助结余分配到事业基金额 = 41 600 +（17 000 - 4 250）- 21 740 = 32 610（元）

  借：非财政补助结余分配——未分配非财政补助结余 32 610

    贷：事业基金   32 610

第五步，2015 年终试算平衡表的编制

2015 年终结转分配后的试算平衡表如表 2-5-4 所示。

表2-5-4　　　　　　　　某事业单位2015年年终结转额及余额试算平衡表

单位：元

会计科目名称	12月月结后余额		年终结转额		年末余额	
	借方	贷方	借方	贷方	借方	贷方
库存现金	3 250				3 250	
银行存款	162 270			36 000	126 270	
零余额账户用款额度	18 000			18 000	0	
其他应收款	57 250				57 250	
存货	67 490				67 490	
固定资产	6 582 430				6 582 430	
累计折旧		3 852 740				3 852 740
其他应付款		32 560				32 560
应缴税费				4 250		4 250
事业基金		130 000		45 610		175 610
非流动资产基金		2 729 690				2 729 690
专用基金		0		21 740		21 740
财政补助结转		55 000	57 000	2 000		0

续表

会计科目名称	12月月结后余额		年终结转额		年末余额	
财政补助结余		10 000	12 000	13 000		11 000
非财政补助结转		22 100	13 000			9 100
事业结余		41 600	41 600			0
经营结余		17 000	17 000			0
非财政补助结余分配			58 600	58 600		0
合计	6 890 690	6 890 690	199 200	199 200	6 836 690	6 836 690

知识归纳

事业单位会计结转、结余及分配核算的会计科目包括"财政补助结转""财政补助结余""非财政补助结转""事业结余""经营结余"和"非财政补助结余分配"。"财政补助结转"科目核算事业单位滚存的财政补助结转资金，包括基本支出结转和项目支出结转；"财政补助结余"科目核算事业单位滚存的财政补助项目支出结余资金；"非财政补助结转"科目核算事业单位除财政补助收支以外的各专项资金收入与其相关支出相抵后剩余滚存的、须按规定用途使用的结转资金；"事业结余"科目核算事业单位一定期间除财政补助收支、非财政专项资金收支和经营收支以外各项收支相抵后的余额；"经营结余"科目核算事业单位本年度非财政补助结余分配的情况和结果；"非财政补助结余分配"科目核算事业单位一定期间各项经营收支相抵后余额弥补以前年度经营亏损后的余额。

复习思考

- "财政补助结转"与"财政补助结余"科目在核算内容上有什么联系和区别？
- "非财政补助结转""事业结余"和"经营结余"科目在核算内容上有什么联系和区别？
- 哪些科目的余额在什么情况下可以进入"非财政补助结余分配"科目进行分配？
- "非财政补助结转"在项目完成后的结转留归单位使用时如何处理？

项目六 事业单位财务会计报告的编制

理论知识 财务会计报告基础

《事业单位会计准则》规定，事业单位会计核算的目标是向会计信息使用者提供与事业单位财务状况、事业成果、预算执行等有关的会计信息，反映事业单位受托责任的履行情况，有助于会计信息使用者进行社会管理、做出经济决策。会计信息的基本表现形式就是财务会计报告。

一、财务会计报告的定义

财务会计报告就是反映事业单位某一特定日期的财务状况和某一会计期间的事业成果、预算执行等会计信息的文件。事业单位应当定期向主管部门和财政部门以及其他有关的报表使用者提供财务报告。

二、财务会计报告的作用

事业单位会计信息使用者包括政府及其有关部门、举办（上级）单位、债权人、事业单位自身和其他利益相关者。

（一）事业单位可以利用财务报告分析和检查单位预算的执行情况，发现预算管理和财务管理工作中存在的问题以便采取有效措施，改进预算管理工作，提高财务管理水平。

（二）政府及其有关部门可以通过单位上报的财务报告掌握单位的预算执行进度，便于适时核拨预算资金，核算总预算支出，监督财经法规制度的遵守情况，有效地行使宏观调控的职能。

（三）举办（上级）单位和债权人可以利用单位提供的财务报告分析单位资金的使用情况，监督单位执行国家财经法规制度和信贷、结算纪律，并据以做出出资、贷款、提供信用的决策。

三、财务会计报告的内容

事业单位的财务会计报告包括财务报表和其他应当在财务会计报告中披露的相关信息和资料。

财务报表是对事业单位财务状况、事业成果、预算执行情况等的结构性表述。财务报表由会计报表及其附注构成。

事业单位会计报表至少应当包括资产负债表、收入支出表或者收入费用表、财政补助收入支出表等。

附注是指对在会计报表中列示项目的文字描述或明细资料，以及对未能在会计报表中列示项目的说明等。事业单位的会计报表附注至少应当披露下列内容。

1. 遵循《事业单位会计准则》《事业单位会计制度》的声明；

2. 单位整体财务状况、业务活动情况的说明；

3. 会计报表中列示的重要项目的进一步说明，包括其主要构成、增减变动情况等；

4. 重要资产处置情况的说明；

5. 重大投资、借款活动的说明；

6. 以名义金额计量的资产名称、数量等情况，以及以名义金额计量理由的说明；

7. 以前年度结转结余调整情况的说明；

8. 有助于理解和分析会计报表需要说明的其他事项。

事业单位财务报表和附注的编号及编制期如表2-6-1所示。

表2-6-1　　　　　　　　　**事业单位财务报表和附注的编号及编制期**

编号	财务报表名称	（至少）编制期
会事业 01 表	资产负债表	月度年度
会事业 02 表	收入支出表	月度年度
会事业 03 表	财政补助收入支出表	年度
	附注	年度

四、财务会计报告的分类

（一）按编报时间不同分类

事业单位的财务会计报告按编报时间不同分为年度财务会计报告和月度财务会计报告。年度财务会计报告是以整个会计年度为基础编制的财务报告。月度财务会计报告是反映事业单位截止报告月度财务状况和收支情况的报表。

（二）按报送的对象不同分类

事业单位财务会计报告按报送的对象不同分为对外提供的财务会计报告和内部管理需要的财务会计报告。对外提供的财务报表的内容和格式，按《事业单位会计制度》统一规定的内容与格式编报，内部管理需要的财务会计报告，单位可自行规定。

（三）按编制的层次不同分类

事业单位财务会计报告按编制的层次不同分为本级财务会计报告和汇总财务会计报告。本级财务会计报告是指事业单位在自身会计核算的基础上根据账簿记录编制的报告，它反映本单位的财务状况和收支情况；汇总财务会计报告是指主管会计单位或二级会计单位根据所属单位报表和本级报表汇总编制的报告，它反映本系统的财务状况及收支结果。

五、编制财务报表的要求

事业单位财务报表应当根据登记完整、核对无误的账簿记录和其他有关资料编制，做到数字真实、计算准确、内容完整、报送及时。

（一）数字真实。在编制财务报表时，应使一切会计资料真实反映单位业务或事项的实际状况，每一项会计记录都要有合法的会计凭证为依据，会计的计量、记录和确认均根据会计制度和相关法规的规定处理，并且将本期发生的全部业务或事项登记入账，做到账证相符、账账相符、账实相符，保证财务报表所反映的数字真实可靠。

严禁任何单位违反《事业单位会计制度》的规定，随意改变财务报表的编制基础、编制依据、编制原则和方法，随意改变《事业单位会计制度》规定的财务报表有关数据的会计口径。

（二）计算准确。在会计账簿和其他有关资料真实可靠的前提下，严格按照会计制度规定的财务报表编制说明编制财务报表，做到表内各项目之间、报表与报表之间相互衔接，本期报表与上期报表之间有关数字相互衔接。

严禁任何人采用任何方式篡改财务报表数字。任何人都不能篡改或授意、指使他人篡改财务报表数字。在汇总报表的时候，要按下级报来经过审查的报表汇编，不能估计代编，更不能弄虚作假或任意增减数字。

（三）内容完整。在编制财务报表时，应当按照国家或上级主管部门统一规定的报表种类、格式、内容和计算方法填报齐全，不能漏编、漏报报表中规定的格式栏次。不论是表内项目还是补充资料，应填的项目内容要填列齐全，不能任意取舍，以保证满足财务报表在本部门、本地区及全国逐级汇总分析工作的需要。财务报表所附的财务状况说明书，必须准确、简明、清晰地说明各个重要会计事项，如会计方法的变动及其影响、有关表内的综合项目构成情况说明等。

事业单位财务报表应当由单位负责人和主管会计工作的负责人、会计机构负责人（会计主管人员）签名并盖章；设置总会计师的单位，还应当由总会计师签名并盖章。

（四）报送及时。事业单位的财务报表应当按照月度和年度编制。财务报表必须按照财政部门或上级主管部门规定的期限和程序，在保证报表真实完整的前提下，在规定的期限内报送财政部门或上级主管部门等会计信息使用者。

另外，事业单位编制财务报表还应注意以下事项：报表数据必须按规定金额单位填制；表内的文字和数字必须工整清晰，不得潦草；填写出现差错时，应按规定方法更正，并加盖制表人印章；出现负数的项目，应以"－"号表示，"－"号应在数字之前占两个数字格；报表中有"年初数"的项目，数字必须与上年度报表中同类项目的"期末数"核对一致；年度决算一经批准，需要调整的事项要在下年度按规定进行调整；各种财务报表中规定的补充资料都要填写齐全，不得遗漏。

六、财务报表的审核

事业单位财务报表的审核包括政策性审核和技术性审核两个方面。

（一）政策性审核

政策性审核主要是审核财务报表中反映的资金收支及结余分配是否符合国家有关政策、制度和法律法规，有无违反财经纪律的行为。具体包括以下几个方面。

1. 资产类项目主要审核现金库存数额是否符合规定限额，账实是否相符；本单位账面存款数额是否与银行账相符；债权和其他权利是否有异常情况；各种存货是否超过合理资金占用量；对外投资是否符合政策规定。

2. 负债类项目主要审核各项债务是否及时清理结算，有无异常情况。"应缴国库款""应缴财政专户款"是否及时足额上缴，有无截留挤占和挪用行为，年终余额是否全部上缴结清处理。

3. 净资产类项目主要审核各项基金的提取比例是否符合规定，年终账务处理是否正确。

4. 收入类项目主要审核各项收入是否符合政策规定，预算经费的取得是否符合预算和用款计划，其他各项收入的收费是否符合有关规定，有无将应上缴财政的资金和应缴入财政专户的资金计入事业收入或者其他收入中。

5. 支出类项目主要审核各项支出是否按财务预算和计划执行，有无违反国家规定的开支范围和开支标准，经营支出和经营收入是否配比。

（二）技术性审核

技术性审核主要是审核财务报表的数字是否正确，表内有关项目是否完整，签章是否齐全，报送是否及时等。在审核时，应注意审核以下几个方面的数量关系。

1. 上下年度有关数字是否衔接一致。如资产负债表的年初数同上年年末数是否一致。

2. 上下级单位之间的上缴下拨的数字是否一致。如上级单位的"对附属单位补助"与下级单位的"上级补助收入"是否一致；上级单位的"附属单位缴款"与下级单位的"上缴上级支出"是否一致。

3. 财务报表之间的有关数字是否一致。根据表内科目之间勾稽关系、表与表之间的勾稽关系进行审核。如固定资产、无形资产与累计折旧、累计摊销备抵后是否与非流动资产基金中的固定资产和无形资产相等；资产负债表中的净资产类科目期末增加数是否与收入支出表中结转的数据相等。

4. 财务报表中有关附表的数字和业务部门提供的数字是否一致。

七、财务分析的方法

财务报表分析是指运用事业计划、财务报表、统计数据和其他有关资料，对一定时期内的单位财务活动过程进行比较、分析和研究，并进行总结，做出正确评价的一种方法。事业单位财务报表分析的方法有比较分析法、因素分析法和差额分析法三种。

1. 比较分析法

比较分析法是将两个或两个以上有关的可比较的指标进行对比，来分析事物的相互联系、存在差异及原因的一种方法。它是财务报表分析中最常用的一种分析方法，一般有以下三种形式。

（1）将本期实际完成数与预算计划数比较。通过对比，可以考核检查单位预算、计划完成进度，找出超、短的数字差距。

（2）将本期实际完成数与上年同期实际完成数相比较。通过对比，可以了解本期实际数比上年同期实际数增减的数量和百分比，考核预算执行发展变化趋势。

（3）将本单位实际数与其他同类单位相同指标实际数比较。通过这种比较有助于发现和了解同类单位之间的差距。

运用比较分析法时，要注意经济指标的可比性，指标的计算口径、时间、计价基础等，应建立在一致的基础上才能进行比较。

2. 因素分析法

因素分析法是从数量上确定一个经济指标所包含的各个因素的变动对该指标影响程度的一种分析方法。因为在分析中，把各个因素按照一定顺序逐个替代，故又称连环替代法。这种方法的基本思路是将其中的一个因素设为变量，而将其他因素暂定为不变量，进行替换，以测定每个因素对分析指标影响的程度。

3. 差额分析法

差额分析法是因素分析法的一种简化形式。这种方法是先计算出各因素实际数与预算数的差额，直接计算出各个因素变动对预算指标完成的影响程度一种分析方法。

4. 结构法

结构法是用以分析事业单位某项经济活动中相互联系的各个因素的结构或比重的，从而评价其结构或成分的合理性，以保证经济活动健康地发展。如事业单位运用结构法，分析事业收入中各个细目收入占总收入比重的变化，分析事业支出中各"类""款"支出占总支出的比重变化，分析财产物资中各种物资所占比重的变化情况等。通过对各种结构或比重情况的分析，研究其是否符合国家的方针政策、财政财务制度;是否符合社会发展与经济发展的规律，以便促进单位经济活动的合理化，提高经济效益，更好地完成事业计划和任务。

八、财务分析的指标

按照《事业单位财务规则》规定，事业单位财务分析的指标包括预算收入和支出完成率、人员支出与公用支出分别占事业支出的比率、人均基本支出、资产负债率等。

1.预算收入和支出完成率,衡量事业单位收入和支出总预算及分项预算完成的程度。计算公式为:

预算收入完成率 = 年终执行数 ÷（年初预算数 ± 年中预算调整数）× 100%

年终执行数不含上年结转和结余收入数。

预算支出完成率＝年终执行数 ÷（年初预算数 ± 年中预算调整数）×100%

年终执行数不含上年结转和结余支出数。

2. 人员支出、公用支出占事业支出的比率，衡量事业单位事业支出结构。计算公式为：

人员支出比率＝人员支出 ÷ 事业支出 ×100%

公用支出比率＝公用支出 ÷ 事业支出 ×100%

3. 人均基本支出，衡量事业单位按照实际在编人数平均的基本支出水平。计算公式为：

人均基本支出＝（基本支出 − 离退休人员支出）÷ 实际在编人数

4. 资产负债率，衡量事业单位利用债权人提供资金开展业务活动的能力，以及反映债权人提供资金的安全保障程度。计算公式为：

资产负债率＝负债总额 ÷ 资产总额 ×100%

另外，按照《事业单位财务规则》规定主管部门和事业单位可以根据本单位的业务特点增加财务报表分析指标。

九、财务分析的内容

按照《事业单位财务规则》规定，事业单位财务分析的内容包括预算编制与执行、资产使用、收入支出状况等。

1. 分析预算的编制和执行情况。主要是分析单位的预算编制是否符合国家有关方针政策和财务制度规定、事业计划和工作任务的要求，是否贯彻了量力而行、尽力而为的原则，预算编制的计算依据是否充分可靠；在预算执行过程中，则要分析预算执行进度与事业计划进度是否一致，与以前各期相比，有无特殊变化及其变化的原因。

2. 分析资产、负债的构成及资产使用情况。主要是分析单位的资产构成是否合理，固定资产的保管和使用是否恰当，账实是否相符，各种存货有无超定额储备，有无资产流失等问题；分析单位房屋建筑物和设备等固定资产利用情况；分析流动资产周转情况；分析负债来源是否符合规定，负债水平是否合理以及负债构成情况等。通过分析，及时发现存在的问题，有针对性地采取措施，保证资产的合理有效使用。

3. 分析收入、支出情况，一方面要了解掌握单位的各项收入是否符合有关规定，是否执行了国家规定的收费标准，是否完成了核定的收入计划，各项应缴收入收费是否及时足额上缴，查明超收或短收的主客观因素是什么，是否有能力增加收入；另一方面要了解掌握各项支出是否按进度进行，是否按规定的用途、标准使用，支出结构是否合理等，找出支出管理中存在的问题，提出加强管理的措施，以节约支出，提高资金使用效益。

4. 分析定员定额情况。主要分析单位人员是否控制在国家核定的编制以内，有无超编人员，超编的原因是什么，内部人员安排是否合理；分析单位各项支出定额是否完善，是否先进合理，定额执行情况如何等。

5. 分析财务管理情况。主要是分析单位各项财务管理制度是否健全，各项管理措施是否符合国家有关规定和单位的实际情况，措施落实情况怎样。同时，要找出存在的问题，进一步健全和完善各项财务规章制度和管理措施，提高财务管理水平。

学习任务一　资产负债表的编制

知识目标

· 了解资产负债表的定义及格式；
· 熟悉资产负债表各项目反映的内容。

能力目标

· 学会资产负债表各项目填列的方法。

知识精讲

一、资产负债表的定义

资产负债表是指反映事业单位在某一特定日期的财务状况（全部资产、负债和净资产的情况）的报表。

通过资产负债表，可以掌握事业单位的经济资源及这些资源的分布和结构，了解事业单位的资产情况和负债情况。通过对资产负债表的分析，可以了解事业单位的财务状况、短期偿债能力和支付能力。若把前后期的资产负债表加以对照分析，还可以看出事业单位资产负债变化情况及财务状况的发展趋势。

二、资产负债表的格式

资产负债表的平衡原理是"资产＝负债＋净资产"。

资产负债表按照资产、负债和净资产分类列示，左方为资产类，右方为负债和净资产类，左右两方的栏目分别为"年初余额"和"期末余额"（年报为"年末余额"）栏，左右两方栏目总计数相等。

资产按流动资产和非流动资产列示，负债按流动负债和非流动负债列示。

事业单位资产负债表的格式如表 2-6-2 所示。

三、资产负债表的内容

（一）资产类项目

1. "货币资金"项目，反映事业单位期末库存现金、银行存款和零余额账户用款额度的合计数。

2. "短期投资"项目，反映事业单位期末持有的短期投资成本。

3. "财政应返还额度"项目，反映事业单位期末财政应返还额度的金额。

4. "应收票据"项目，反映事业单位期末持有的应收票据的票面金额。

5. "应收账款"项目，反映事业单位期末尚未收回的应收账款余额。

6. "预付账款"项目，反映事业单位预付给商品或者劳务供应单位的款项。

7. "其他应收款"项目，反映事业单位期末尚未收回的其他应收款余额。

8. "存货"项目，反映事业单位期末为开展业务活动及其他活动耗用而储存的各种材料、燃料、包装物、低值易耗品及达不到固定资产标准的用具、装具、动植物等的实际成本。

9.“其他流动资产”项目，反映事业单位除上述各项之外的其他流动资产，如将在1年内（含1年）到期的长期债券投资。

10.“长期投资”项目，反映事业单位持有时间超过1年（不含1年）的股权和债权性质的投资。

11.“固定资产”项目，反映事业单位期末各项固定资产的账面价值。“固定资产原价”项目，反映事业单位期末各项固定资产的原价。“累计折旧”项目，反映事业单位期末各项固定资产的累计折旧。

12.“在建工程”项目，反映事业单位期末尚未完工交付使用的在建工程发生的实际成本。

13.“无形资产”项目，反映事业单位期末持有的各项无形资产的账面价值。“无形资产原价”项目，反映事业单位期末持有的各项无形资产的原价。“累计摊销”项目，反映事业单位期末各项无形资产的累计摊销。

14.“待处置资产损溢”项目，反映事业单位期末待处置资产的价值及处置损溢。

（二）负债类项目

1.“短期借款”项目，反映事业单位借入的期限在1年内（含1年）的各种借款。

2.“应缴税费”项目，反映事业单位应交未交的各种税费。

3.“应缴国库款”项目，反映事业单位按规定应缴入国库的款项（应缴税费除外）。

4.“应缴财政专户款”项目，反映事业单位按规定应缴入财政专户的款项。

5.“应付职工薪酬”项目，反映事业单位按有关规定应付给职工及为职工支付的各种薪酬。

6.“应付票据”项目，反映事业单位期末应付票据的金额。

7.“应付账款”项目，反映事业单位期末尚未支付的应付账款的金额。

8.“预收账款”项目，反映事业单位期末按合同规定预收但尚未实际结算的款项。

9.“其他应付款”项目，反映事业单位期末应付未付的其他各项应付及暂收款项。

10.“其他流动负债”项目，反映事业单位除上述各项之外的其他流动负债，如承担的将于1年内（含1年）偿还的长期负债。

11.“长期借款”项目，反映事业单位借入的期限超过1年（不含1年）的各项借款本金。

12.“长期应付款”项目，反映事业单位发生的偿还期限超过1年（不含1年）的各种应付款项。

（三）净资产类项目

1.“事业基金”项目，反映事业单位期末拥有的非限定用途的净资产。

2.“非流动资产基金”项目，反映事业单位期末非流动资产占用的金额。

3.“专用基金”项目，反映事业单位按规定设置或提取的具有专门用途的净资产。

4.“财政补助结转”项目，反映事业单位滚存的财政补助结转资金。

5.“财政补助结余”项目，反映事业单位滚存的财政补助项目支出结余资金。

6.“非财政补助结转”项目，反映事业单位滚存的非财政补助专项结转资金。

7.“非财政补助结余”项目，反映事业单位自年初至报告期末累计实现的非财政补助结余弥补以前年度经营亏损后的余额。

8.“事业结余”项目，反映事业单位自年初至报告期末累计实现的事业结余。

9.“经营结余”项目，反映事业单位自年初至报告期末累计实现的经营结余弥补以前年度经营亏损后的余额。

四、资产负债表的填列方法

（一）"年初余额"栏内各项数字，根据上年年末资产负债表"期末余额"栏内数字填列。如果本年度资产负债表规定的各个项目的名称和内容同上年度不相一致，应对上年年末资产负债表各项目的名称和数字按照本年度的规定进行调整，填入本表"年初余额"栏内。

（二）"期末余额"栏各项目的填列方法

1．根据总账科目期末余额直接填列

（1）"短期投资"项目根据"短期投资"科目的期末余额填列。

（2）"财政应返还额度"项目根据"财政应返还额度"科目的期末余额填列。

（3）"应收票据"项目根据"应收票据"科目的期末余额填列。

（4）"应收账款"项目根据"应收账款"科目的期末余额填列。

（5）"预付账款"项目根据"预付账款"科目的期末余额填列。

（6）"其他应收款"项目根据"其他应收款"科目的期末余额填列。

（7）"存货"项目根据"存货"科目的期末余额填列。

（8）"固定资产原价"项目根据"固定资产"科目的期末余额填列。

（9）"累计折旧"项目根据"累计折旧"科目的期末余额填列。

（10）"在建工程"项目根据"在建工程"科目的期末余额填列。

（11）"无形资产原价"项目根据"无形资产"科目的期末余额填列。

（12）"累计摊销"项目根据"累计摊销"科目的期末余额填列。

（13）"待处置资产损溢"项目根据"待处置资产损溢"科目的期末借方余额填列；如"待处置资产损溢"科目期末为贷方余额，则以"－"号填列。

（14）"短期借款"项目根据"短期借款"科目的期末余额填列。

（15）"应缴税费"项目根据"应缴税费"科目的期末贷方余额填列；如"应缴税费"科目期末为借方余额，则以"－"号填列。

（16）"应缴国库款"项目根据"应缴国库款"科目的期末余额填列。

（17）"应缴财政专户款"项目根据"应缴财政专户款"科目的期末余额填列。

（18）"应付职工薪酬"项目根据"应付职工薪酬"科目的期末余额填列。

（19）"应付票据"项目根据"应付票据"科目的期末余额填列。

（20）"应付账款"项目根据"应付账款"科目的期末余额填列。

（21）"预收账款"项目根据"预收账款"科目的期末余额填列。

（22）"其他应付款"项目根据"其他应付款"科目的期末余额填列。

（23）"事业基金"项目根据"事业基金"科目的期末余额填列。

（24）"非流动资产基金"项目根据"非流动资产基金"科目的期末余额填列。

（25）"专用基金"项目根据"专用基金"科目的期末余额填列。

（26）"财政补助结转"项目根据"财政补助结转"科目的期末余额填列。

（27）"财政补助结余"项目根据"财政补助结余"科目的期末余额填列。

（28）"非财政补助结转"项目根据"非财政补助结转"科目的期末余额填列。

（29）"事业结余"项目根据"事业结余"科目的期末余额填列；如"事业结余"科目的期末余额为亏损数，则以"－"号填列。在编制年度资产负债表时，本项目金额应为"0"。

（30）"经营结余"项目根据"经营结余"科目的期末余额填列；如"经营结余"科目的期末余额为亏损数，则以"－"号填列。在编制年度资产负债表时，本项目金额一般应为"0"；若不为"0"，本项目金额应为"经营结余"科目的期末借方余额（"－"号填列）。

2．根据总账科目期末余额计算填列

（1）"货币资金"项目项目根据"库存现金""银行存款""零余额账户用款额度"科目的期末余额合计填列。

（2）"非财政补助结余"项目根据"事业结余""经营结余"科目的期末余额合计填列；如"事业结余""经营结余"科目的期末余额合计为亏损数，则以"－"号填列。在编制年度资产负债表时，本项目金额一般应为"0"；若不为"0"，本项目金额应为"经营结余"科目的期末借方余额（"－"号填列）。

3．根据总账科目和明细科目期末余额分析计算填列

（1）"其他流动资产"项目根据"长期投资"等科目的期末余额分析填列。

（2）"长期投资"项目根据"长期投资"科目期末余额减去其中将于1年内（含1年）到期的长期债券投资余额后的金额填列。

（3）"其他流动负债"项目根据"长期借款""长期应付款"等科目的期末余额分析填列。

（4）"长期借款"项目根据"长期借款"科目的期末余额减去其中将于1年内（含1年）到期的长期借款余额后的金额填列。

（5）"长期应付款"项目根据"长期应付款"科目的期末余额减去其中将于1年内（含1年）到期的长期应付款余额后的金额填列。

4．根据总账科目期末余额减去其备抵项目后的净额填列

（1）"固定资产"项目根据"固定资产"科目期末余额减去"累计折旧"科目期末余额后的金额填列。

（2）"无形资产"项目根据"无形资产"科目期末余额减去"累计摊销"科目期末余额后的金额填列。

5．合计数、总计数的填列方法

（1）"流动资产合计"项目，按照"货币资金""短期投资""财政应返还额度""应收票据""应收账款""预付账款""其他应收款""存货""其他流动资产"项目金额的合计数填列。

（2）"非流动资产合计"项目，按照"长期投资""固定资产""在建工程""无形资产""待处置资产损溢"项目金额的合计数填列。

（3）"资产总计"项目，按照"流动资产合计""非流动资产合计"项目金额的合计数填列。

（4）"流动负债合计"项目，按照"短期借款""应缴税费""应缴国库款""应缴财政专户款""应付职工薪酬""应付票据""应付账款""预收账款""其他应付款""其他流动资产"项目金额的合计数填列。

（5）"非流动负债合计"项目，按照"长期借款""长期应付款"项目金额的合计数填列。

（6）"负债合计"项目，按照"流动负债合计""非流动负债合计"项目金额的合计数填列。

（7）"净资产合计"项目，按照"事业基金""非流动资产基金""专用基金""财政补助结转""财政补助结余""非财政补助结转""非财政补助结余"项目金额的合计数填列。

（8）"负债和净资产总计"项目，按照"负债合计""净资产合计"项目金额的合计数填列。

🏃 能力训练

（一）根据某事业单位 2015 年 12 月末试算平衡表（见表 2-5-3）编制 12 月资产负债表如表 2-6-2 所示。

表2-6-2　　　　　　　　　　　　　　　　**资产负债表**

会事业 01 表

编制单位：某事业单位　　　　　　　　　2015 年 12 月 31 日（月报）　　　　　　　　单位：元

资　产	行次	年初余额	期末余额	负债和净资产	行次	年初余额	期末余额
流动资产：	1			流动负债：	24		
货币资金	2	104 610	183 520	短期借款	25		
短期投资	3			应缴税费	26		
财政应返还额度	4			应缴国库款	27		
应收票据	5			应缴财政专户款	28		
应收账款	6			应付职工薪酬	29		
预付账款	7			应付票据	30		
其他应收款	8	12 850	57 250	应付账款	31		
存货	9	49 430	67 490	预收账款	32		
其他流动资产	10			其他应付款	33	26 890	32 560
流动资产合计	11	166 890	308 260	其他流动负债	34		
非流动资产：	12			流动负债合计	35	26 890	32 560
长期投资	13			非流动负债：	36		
固定资产	14	2 706 510	2 729 690	长期借款	37		
固定资产原价	15	6 462 720	6 582 430	长期应付款	38		
减：累计折旧	16	3 756 210	3 852 740	非流动负债合计	39		
在建工程	17			负债合计	40	26 890	32 560
无形资产	18			净资产：	41		
无形资产原价	19			事业基金	42	130 000	130 000
减：累计摊销	20			非流动资产基金	43	2 706 510	2 729 690
待处置资产损溢	21			专用基金	44		
非流动资产合计	22	2 706 510	2729 690	财政补助结转	45		55 000
				财政补助结余	46	10 000	10 000
				非财政补助结转	47		22 100
				非财政补助结余	48		58 600
				1.事业结余	49		41 600
				2.经营结余	50		17 000
				净资产合计	51	2 846 510	3 005 390
资产总计	23	2 873 400	3 037 950	负债和净资产总计	52	2 873 400	3 037 950

（二）根据某事业单位 2015 年终结转分配后的试算平衡表（见表 2-5-4）编制 2015 年度资产负债表如表 2-6-3 所示。

表2-6-3　　　　　　　　　　　　　　　资产负债表

会事业 01 表

编制单位：某事业单位　　　　　　　2015 年 12 月 31 日（年报）　　　　　　　单位：元

资　　产	行次	年初余额	年末余额	负债和净资产	行次	年初余额	年末余额
流动资产：	1			流动负债：	24		
货币资金	2	104 610	129 520	短期借款	25		
短期投资	3			应缴税费	26		4 250
财政应返还额度	4			应缴国库款	27		
应收票据	5			应缴财政专户款	28		
应收账款	6			应付职工薪酬	29		
预付账款	7			应付票据	30		
其他应收款	8	12 850	57 250	应付账款	31		
存　货	9	49 430	67 490	预收账款	32		
其他流动资产	10			其他应付款	33	26 890	32 560
流动资产合计	11	166 890	254 260	其他流动负债	34		
非流动资产：	12			流动负债合计	35	26 890	36 810
长期投资	13			非流动负债：	36		
固定资产	14	2 706 510	2 729 690	长期借款	37		
固定资产原价	15	6 462 720	6 582 430	长期应付款	38		
减：累计折旧	16	3 756 210	3 852 740	非流动负债合计	39		
在建工程	17			负债合计	40	26 890	36 810
无形资产	18			净资产：	41		
无形资产原价	19			事业基金	42	130 000	175 610
减：累计摊销	20			非流动资产基金	43	2 706 510	2 729 690
待处置资产损溢	21			专用基金	44		21 740
非流动资产合计	22	2 706 510	2 729 690	财政补助结转	45		
				财政补助结余	46	10 000	11 000
				非财政补助结转	47		9 100
				非财政补助结余	48		
				1. 事业结余	49		
				2. 经营结余	50		
				净资产合计	51	2 846 510	2 947 140
资产总计	23	2 873 400	2 983 950	负债和净资产总计	52	2 873 400	2 983 950

♦ 知识归纳

　　资产负债表是指反映事业单位在某一特定日期的财务状况（全部资产、负债和净资产的情况）的报表。资产负债表的平衡原理是"资产＝负债＋净资产"。资产负债表"期末余额"栏各项目的填列方法有。

1. 根据总账科目期末余额直接填列；
2. 根据总账科目期末余额计算填列；
3. 根据总账科目和明细科目期末余额分析计算填列；
4. 根据总账科目期末余额减去其备抵项目后的净额填列。

复习思考

- 什么是资产负债表？资产负债表的作用是什么？
- 资产负债表分哪些栏目？各项目是如何排列的？
- 资产负债表"期末余额"栏各项目的填列有几种情况？

学习任务二 收入支出表的编制

知识目标

- 了解收入支出表的定义及格式；
- 熟悉收入支出表各项目反映的内容。

能力目标

- 学会收入支出表各项目填列的方法。

知识精讲

一、收入支出表的定义

收入支出表（或者收入费用表）是指反映事业单位在某一会计期间的事业成果及其分配情况（各项收入、支出和结转结余情况，以及年末非财政补助结余的分配情况）的报表。

通过收入支出表，可以判断事业单位事业成果，评价业绩，预测未来事业发展趋势。

二、收入支出表的格式

收入支出表设置的基本原理是"收入－支出（费用）＝结转结余"。

收入支出表按照收入、支出的构成和非财政补助结余分配情况采用多步式分项列示，即从上到下分别为财政补助结转结余、事业结转结余、经营结余等。

各项目的栏目分为"本月数"和"本年累计数"。

"本月数"栏反映各项目的本月实际发生数。编制年度报表时将本栏改为"上年数"栏，反映上年度各项目的实际发生数。

"本年累计数"栏反映各项目自年初起至报告期末止的累计实际发生数。编制年度报表时将本栏改为"本年数"栏，反映本年度各项目的实际发生数。

事业单位收入支出表的格式如表 2-6-5 所示。

三、收入支出表的内容

（一）本期财政补助结转结余

1."本期财政补助结转结余"项目，反映事业单位本期财政补助收入与财政补助支出相抵后的余额。

2."财政补助收入"项目，反映事业单位本期从同级财政部门取得的各类财政拨款。

3."事业支出（财政补助支出）"项目，反映事业单位本期使用财政补助发生的各项事业支出。

（二）本期事业结转结余

1."本期事业结转结余"项目，反映事业单位本期除财政补助收支、经营收支以外的各项收支相抵后的余额。

2."事业类收入"项目，反映事业单位本期事业收入、上级补助收入、附属单位上缴收入、其他收入的合计数。

"事业收入"项目，反映事业单位开展专业业务活动及其辅助活动取得的收入。

"上级补助收入"项目，反映事业单位从主管部门和上级单位取得的非财政补助收入。

"附属单位上缴收入"项目，反映事业单位附属独立核算单位按照有关规定上缴的收入。

"其他收入"项目，反映事业单位除财政补助收入、事业收入、上级补助收入、附属单位上缴收入、经营收入以外的其他收入。

"捐赠收入"项目，反映事业单位接受现金、存货捐赠取得的收入。

3."事业类支出"项目，反映事业单位本期事业支出（非财政补助支出）、上缴上级支出、对附属单位补助支出、其他支出的合计数。

"事业支出（非财政补助支出）"项目，反映事业单位使用财政补助以外的资金发生的各项事业支出。

"上缴上级支出"项目，反映事业单位按照财政部门和主管部门的规定上缴上级单位的支出。

"对附属单位补助支出"项目，反映事业单位用财政补助收入之外的收入对附属单位补助发生的支出。

"其他支出"项目，反映事业单位除事业支出、上缴上级支出、对附属单位补助支出、经营支出以外的其他支出。

（三）本期经营结余

1."本期经营结余"项目，反映事业单位本期经营收支相抵后的余额。

2."经营收入"项目，反映事业单位在专业业务活动及其辅助活动之外开展非独立核算经营活动取得的收入。

3."经营支出"项目，反映事业单位在专业业务活动及其辅助活动之外开展非独立核算经营活动发生的支出。

（四）弥补以前年度亏损后的经营结余

"弥补以前年度亏损后的经营结余"项目，反映事业单位本年度实现的经营结余扣除本年初未弥补经营亏损后的余额。

（五）本年非财政补助结转结余

1."本年非财政补助结转结余"项目，反映事业单位本年除财政补助结转结余之外的结转结余金额。

2."非财政补助结转"项目，反映事业单位本年除财政补助收支外的各专项资金收入减去各专项资金支出后的余额。

（六）本年非财政补助结余

1."本年非财政补助结余"项目，反映事业单位本年除财政补助之外的其他结余金额。

2."应缴企业所得税"项目，反映事业单位按照税法规定应缴纳的企业所得税金额。

3."提取专用基金"项目，反映事业单位本年按规定提取的专用基金金额。

（七）转入事业基金

"转入事业基金"项目，反映事业单位本年按规定转入事业基金的非财政补助结余资金。

四、收入支出表的填列方法

"本月数"栏填列各项目的本月实际发生数，年报改为"上年数"栏填列上年度各项目的实际发生数。如果本年度收入支出表规定的各个项目的名称和内容同上年度不一致，应对上年度收入支出表各项目的名称和数字按照本年度的规定进行调整，填入本年度收入支出表的"上年数"栏。

"本年累计数"栏填列各项目自年初起至报告期末止的累计实际发生数，年报改为"本年数"栏填列本年度各项目的实际发生数。

本表"本月数"栏各项目的填列方法如下。

（一）本期财政补助结转结余

1."本期财政补助结转结余"项目按照本表中的"财政补助收入"项目金额减去"事业支出（财政补助支出）"项目金额后的余额填列。

2."财政补助收入"项目根据"财政补助收入"科目的本期发生额填列。

3."事业支出（财政补助支出）"项目根据"事业支出——财政补助支出"科目的本期发生额填列，或者根据"事业支出——基本支出（财政补助支出）""事业支出——项目支出（财政补助支出）"科目的本期发生额合计填列。

（二）本期事业结转结余

1."本期事业结转结余"项目按照本表中的"事业类收入"项目金额减去"事业类支出"项目金额后的余额填列；如为负数，以"－"号填列。

2."事业类收入"项目按照本表中的"事业收入""上级补助收入""附属单位上缴收入""其他收入"项目金额的合计数填列。

"事业收入"项目根据"事业收入"科目的本期发生额填列。

"上级补助收入"项目根据"上级补助收入"科目的本期发生额填列。

"附属单位上缴收入"项目根据"附属单位上缴收入"科目的本期发生额填列。

"其他收入"项目根据"其他收入"科目的本期发生额填列。

"捐赠收入"项目根据"其他收入"科目所属相关明细科目的本期发生额填列。

3."事业类支出"项目按照本表中的"事业支出（非财政补助支出）""上缴上级支出""对附属单位补助支出""其他支出"项目金额的合计数填列。

"事业支出（非财政补助支出）"项目根据"事业支出——非财政专项资金支出""事业支出——其他资金支出"科目的本期发生额合计填列，或者根据"事业支出——基本支出（其他资金支出）""事业支出——项目支出（非财政专项资金支出、其他资金支出）"科目的本期发生额合计填列。

"上缴上级支出"项目根据"上缴上级支出"科目的本期发生额填列。

"对附属单位补助支出"项目根据"对附属单位补助支出"科目的本期发生额填列。

"其他支出"项目根据"其他支出"科目的本期发生额填列。

（三）本期经营结余

1."本期经营结余"项目按照本表中的"经营收入"项目金额减去"经营支出"项目金额后的余额填列；如为负数，以"-"号填列。

2."经营收入"项目根据"经营收入"科目的本期发生额填列。

3."经营支出"项目根据"经营支出"科目的本期发生额填列。

（四）弥补以前年度亏损后的经营结余

"弥补以前年度亏损后的经营结余"项目根据"经营结余"科目年末转入"非财政补助结余分配"科目前的余额填列；如该年末余额为借方余额，以"-"号填列。

（五）本年非财政补助结转结余

1."本年非财政补助结转结余"项目。如本表中"弥补以前年度亏损后的经营结余"项目为正数，本项目应当按照本表中的"本期事业结转结余""弥补以前年度亏损后的经营结余"项目金额的合计数填列；如为负数，以"-"号填列。如本表中"弥补以前年度亏损后的经营结余"项目为负数，本项目应当按照本表中"本期事业结转结余"项目金额填列；如为负数，以"-"号填列。

2."非财政补助结转"项目。本项目应当根据"非财政补助结转"科目本年贷方发生额中专项资金收入转入金额合计数减去本年借方发生额中专项资金支出转入金额合计数后的余额填列。

（六）本年非财政补助结余

1."本年非财政补助结余"项目，反映事业单位本年除财政补助之外的其他结余金额。本项目应当按照本表中"本年非财政补助结转结余"项目金额减去"非财政补助结转"项目金额后的金额填列；如为负数，以"-"号填列。

2."应缴企业所得税"项目，反映事业单位按照税法规定应缴纳的企业所得税金额。本项目应当根据"非财政补助结余分配"科目的本年发生额分析填列。

3."提取专用基金"项目，反映事业单位本年按规定提取的专用基金金额。本项目应当根据"非财政补助结余分配"科目的本年发生额分析填列。

（七）转入事业基金

"转入事业基金"项目，反映事业单位本年按规定转入事业基金的非财政补助结余资金。本项目应当按照本表中的"本年非财政补助结余"项目金额减去"应缴企业所得税""提取专用基金"项目金额后的余额填列，加上项目完成后的"非财政补助结转"留归单位使用转入的部分；如为负数，以"-"号填列。

上述（四）至（七）项目，只有在编制年度收入支出表时填列；编制月度收入支出表时，可以不设置这些项目。

能力训练

（一）根据某事业单位 2015 年 12 月下列三项资料编制收入支出表（月报）（见表 2-6-5）如下。

1. 2015 年 12 月初各账户余额（见表 2-5-2）。
2. 2015 年 12 月收入、支出账户发生额合计（见表 2-5-3）。
3. 2015 年全年累计发生额及余额（见表 2-6-4）。

表2-6-4   某事业单位2015年全年累计发生额及余额

单位：元

收入科目名称	全年累计发生额	支出入科目名称	全年累计发生额	结转结余科目名称	全年累计余额
财政补助收入	2 780 000	事业支出	2 725 000	财政补助结转	55 000
基本支出	2 262 000	基本支出	2 230 000	基本支出结转	32 000
		财政补助支出	2 230 000		
人员经费	1 138 000	人员经费	1 120 000	人员经费	18 000
日常公用经费	1 124 000	日常公用经费	1 110 000	日常公用经费	14 000
项目支出	518 000	项目支出	495 000	项目支出结转	23 000
		财政补助支出	495 000		
甲项目	275 000	甲项目	250 000	甲项目	25 000
乙项目	243 000	乙项目	245 000	乙项目	-2 000
事业收入	176 000	事业支出		非财政补助结转	22 100
专项资金收入	176 000	专项资金支出	291 400	丙项目	13 000
丙项目	133 000	丙项目	236 600	丁项目	9 100
丁项目	43 000	丁项目	54 800		
上级补助收入	131 500	其他支出			
专项资金收入	131 500	专项资金支出	62 000		
丙项目	113 000	丙项目	27 000		
丁项目	18 500	丁项目	35 000		
附属单位上缴收入	25 500				
专项资金收入	25 500				
丙项目	13 200				
丁项目	12 300				
其他收入	42 500				
专项资金收入	42 500				
丙项目	17 400				
丁项目	25 100				
事业收入	275 000	事业支出		事业结余	41 600

续表

收入科目名称	全年累计发生额	支出入科目名称	全年累计发生额	结转结余科目名称	全年累计余额
非专项资金收入	275 000	基本支出			
上级补助收入		其他资金支出	239 800		
非专项资金收入	85 000	上缴上级支出	62 000		
附属单位上缴收入		对附属单位补助支出	30 000		
非专项资金收入	12 400				
其他收入		其他支出			
非专项资金收入	84 000	其他资金支出	83 000		
经营收入	127 000	经营支出	110 000	经营结余	17 000

表2-6-5　　　　　　　　　　　　　　收入支出表

会事业02表

编制单位：某事业单位　　　　　　　　2015 年 12 月　　　　　　　　单位：元

项　　　目	行次	本月数	本年累计数
一、本期财政补助结转结余	1	9 000	55 000
财政补助收入	2	334 000	2 780 000
减：事业支出（财政补助支出）	3	325 000	2 725 000
二、本期事业结转结余	4	13 700	63 700
（一）事业类收入	5	161 900	831 900
1. 事业收入	6	83 000	451 000
2. 上级补助收入	7	44 500	216 500
3. 附属单位上缴收入	8	7 900	37 900
4. 其他收入	9	26 500	126 500
其中：捐赠收入	10		
减：（二）事业类支出	11	148 200	768 200
1. 事业支出（非财政补助支出）	12	101 200	531 200
2. 上缴上级支出	13	2 000	62 000
3 对附属单位补助支出	14	20 000	30 000
4. 其他支出	15	25 000	145 000
三、本期经营结余	16	2 000	17 000
经营收入	17	12 000	127 000
减：经营支出	18	10 000	110 000
四、弥补以前年度亏损后的经营结余	19		
五、本年非财政补助结转结余	20		

续表

项　　目	行次	本月数	本年累计数
减：非财政补助结转	21		
六、本年非财政补助结余	22		
减：应缴企业所得税	23		
减：提取专用基金	24		
七、转入事业基金	25		

（二）根据某事业单位2015年下列三项资料编制收入支出表（年报）（见表2-6-7）如下。

1.2015年12月初各账户余额（见表2-5-2）。

2.2015年全年累计发生额及余额（见表2-6-4）。

3.2015年年终结转结余及非财政补助结余分配状况（见表2-6-6）。

表2-6-6　　　　　　　　某事业单位2015年年终结转结余及非财政补助结余分配状况

单位：元

会计科目名称	年初余额	当年累计结转结余	年终结转	年终余额
财政补助结转				
基本支出结转				
人员经费		18 000	年终注销	0
日常公用经费		14 000	年终上缴	0
项目支出结转				
甲项目		25 000	年终转结余13 000、上缴12 000	0
乙项目		−2 000	年终用财政补助结余弥补	0
非财政补助结转				
丙项目		13 000	年终项目完成留用	0
丁项目		9 100	年终项目未完成结转下年	9 100
事业结余		41 600	年终按程序进行分配	0
经营结余		17 000	年终按程序进行分配	0
年终上缴和分配状况				
财政补助结余	10 000	年终甲项目完成转入13 000元，弥补乙项目2 000元，年终剩余21 000元，按规定上缴10 000元，结转下年11 000元		11 000
应缴企业所得税		年终计算应缴纳企业所得税4 250元		4 250
专用基金		年终按非财政补助结余的40%计提2 1740元		21 740
事业基金	130 000	年终丙项目完成转入13 000元，事业结余和经营结余分配后转入32 610元		175 610

表2-6-7　　　　　　　　　　　　　　　收入支出表

会事业 02 表

编制单位：某事业单位　　　　　　2015 年度　　　　　　单位：元

项　目	行次	上年数（略）	本年数
一、本期财政补助结转结余	1		55 000
财政补助收入	2		2 780 000
减：事业支出（财政补助支出）	3		2 725 000
二、本期事业结转结余	4		63 700
（一）事业类收入	5		831 900
1. 事业收入	6		451 000
2. 上级补助收入	7		216 500
3. 附属单位上缴收入	8		37 900
4. 其他收入	9		126 500
其中：捐赠收入	10		
减：（二）事业类支出	11		768 200
1. 事业支出（非财政补助支出）	12		531 200
2. 上缴上级支出	13		62 000
3 对附属单位补助支出	14		30 000
4. 其他支出	15		145 000
三、本期经营结余	16		17 000
经营收入	17		127 000
减：经营支出	18		110 000
四、弥补以前年度亏损后的经营结余	19		17 000
五、本年非财政补助结转结余	20		80 700
减：非财政补助结转	21		22 100
六、本年非财政补助结余	22		58 600
减：应缴企业所得税	23		4 250
减：提取专用基金	24		21 740
七、转入事业基金	25		45 610

知识归纳

　　收入支出表（或者收入费用表）是指反映事业单位在某一会计期间的事业成果及其分配情况（各项收入、支出和结转结余情况，以及年末非财政补助结余的分配情况）的报表。

　　收入支出表按照收入、支出的构成和非财政补助结余分配情况采用多步式分项列示，即从上到下分别为财政补助结转结余、事业结转结余、经营结余等。

　　"本月数"栏填列各项目的本月实际发生数，年报改为"上年数"栏填列上年度各项目的实际发生数。

💡 **复习思考** ————————————————————

- 什么是收入支出表？收入支出表的作用是什么？
- 收入支出表分哪些栏目？各项目是如何排列的？
- 月度收入支出表与年度收入支出表填列的栏目有什么区别？为什么？

学习任务三 **财政补助收入支出表的编制**

📖 **知识目标** ————————————————————

- 了解财政补助收入支出表的定义及格式；
- 熟悉财政补助收入支出表各项目反映的内容。

✖ **能力目标** ————————————————————

- 学会财政补助收入支出表各项目填列的方法。

👤 **知识精讲** ————————————————————

一、财政补助收入支出表的定义

财政补助收入支出表是指反映事业单位在某一会计期间财政补助收入、支出、结转及结余情况的报表。

通过财政补助收入支出表，可以看出事业单位上下年度财政补助收入支出的结转结余以及当年财政补助收入支出的基本情况，评价事业单位财政资金使用的业绩，为下年度安排财政资金提供依据。

二、财政补助收入支出表的格式

财政补助收入支出表设置的基本原理是"财政补助收入－财政补助支出＝结转结余"。

财政补助收入支出表从上到下按年初结转结余、当年收入支出、年末结转结余采用多步式分项列示，年初结转结余、当年收入支出、年末结转结余分别分为基本支出和项目支出列示。

各项目的栏目分为"本年数"和"上年数"。

事业单位财政补助收入支出表的格式如表2-6-8所示。

三、财政补助收入支出表的内容

（一）"年初财政补助结转结余"项目及其所属各明细项目，反映事业单位本年初财政补助结转和结余余额。

（二）"调整年初财政补助结转结余"项目及其所属各明细项目，反映事业单位因本年发生需要调整以前年度财政补助结转结余的事项，而对年初财政补助结转结余的调整金额。

（三）"本年归集调入财政补助结转结余"项目及其所属各明细项目，反映事业单位本年度取得主管部门归集调入的财政补助结转结余资金或额度金额。

（四）"本年上缴财政补助结转结余"项目及其所属各明细项目，反映事业单位本年度按规定实际上缴的财政补助结转结余资金或额度金额。

（五）"本年财政补助收入"项目及其所属各明细项目，反映事业单位本年度从同级财政部门取得的各类财政拨款金额。

（六）"本年财政补助支出"项目及其所属各明细项目，反映事业单位本年度发生的财政补助支出金额。

（七）"年末财政补助结转结余"项目及其所属各明细项目，反映事业单位截至本年末的财政补助结转和结余余额。

四、财政补助收入支出表的填列方法

（一）"上年数"栏内各项数字，根据上年度财政补助收入支出表"本年数"栏内数字填列。

（二）"本年数"栏内各项数字，根据本年度财政补助收入支出的相关总账科目及明细科目的全年发生额累计数或差额填列。具体填列方法如下。

1."年初财政补助结转结余"项目及其所属各明细项目根据上年度财政补助收入支出表中"年末财政补助结转结余"项目及其所属各明细项目"本年数"栏的数字填列。

2."调整年初财政补助结转结余"项目及其所属各明细项目根据"财政补助结转""财政补助结余"科目及其所属明细科目的本年发生额分析填列。如调整减少年初财政补助结转结余，以"-"号填列。

3."本年归集调入财政补助结转结余"项目及其所属各明细项目根据"财政补助结转""财政补助结余"科目及其所属明细科目的本年发生额分析填列。

4."本年上缴财政补助结转结余"项目及其所属各明细项目根据"财政补助结转""财政补助结余"科目及其所属明细科目的本年发生额分析填列。

5."本年财政补助收入"项目及其所属各明细项目根据"财政补助收入"科目及其所属明细科目的本年发生额填列。

6."本年财政补助支出"项目及其所属各明细项目根据"事业支出"科目所属明细科目本年发生额中的财政补助支出数填列。

7."年末财政补助结转结余"项目及其所属各明细项目根据"财政补助结转""财政补助结余"科目及其所属明细科目的年末余额填列。

能力训练

根据某事业单位 2015 年全年累计发生额及余额（见表 2-6-4），年终结转结余及非财政补助结余分配中涉及财政补助收入支出数据编制 2015 年财政补助收入支出表（见表 2-6-8）如下。

表2-6-8   财政补助收入支出表

会事业 03 表

编制单位：某事业单位   2015 年度   单位：元

项　　　　目	行次	本年数	上年数(略)
一、年初财政补助结转结余	1		—
（一）基本支出结转	2		—
1.人员经费	3		—

续表

项　　　　目	行次	本年数	上年数（略）
2.日常公用经费	4		—
（二）项目支出结转	5		—
甲项目	6		—
乙项目	7		—
（三）项目支出结余	8		—
二、调整年初财政补助结转结余	9		—
（一）基本支出结转	10		—
1.人员经费	11		—
2.日常公用经费	12		—
（二）项目支出结转	13		—
甲项目	14		—
乙项目	15		—
（三）项目支出结余	16		—
三、本年归集调入财政补助结转结余	17		
（一）基本支出结转	18		
1.人员经费	19		
2.日常公用经费	20		
（二）项目支出结转	21		
甲项目	22		
乙项目	23		
（三）项目支出结余	24		
四、本年上缴财政补助结转结余	25	36 000	
（一）基本支出结转	26	14 000	
1.人员经费	27		
2.日常公用经费	28	14 000	
（二）项目支出结转	29	12 000	
甲项目	30	12 000	
乙项目	31		
（三）项目支出结余	32	10 000	
五、本年财政补助收入	33	2 780 000	
（一）基本支出	34	2 262 000	
1.人员经费	35	1 138 000	
2.日常公用经费	36	1 124 000	
（二）项目支出	37	518 000	
甲项目	38	275 000	
乙项目	39	243 000	
六、本年财政补助支出	40	2 725 000	
（一）基本支出	41	2 230 000	

续表

项　　　　　目	行次	本年数	上年数（略）
1. 人员经费	42	1 120 000	
2. 日常公用经费	43	1 110 000	
（二）项目支出	44	495 000	
甲项目	45	250 000	
乙项目	46	245 000	
七、年末财政补助结转结余	47	55 000	—
（一）基本支出结转	48	32 000	—
1. 人员经费	49	18 000	—
2. 日常公用经费	50	14 000	—
（二）项目支出结转	51	23 000	—
甲项目	52	25 000	—
乙项目	53	−2 000	—
（三）项目支出结余	54	11 000	—

知识归纳

　　财政补助收入支出表是指反映事业单位在某一会计期间财政补助收入、支出、结转及结余情况的报表。

　　财政补助收入支出表从上到下按年初结转结余、当年收入支出、年末结转结余采用多步式分项列示，年初结转结余、当年收入支出、年末结转结余分别分为基本支出和项目支出列示。

　　"本年数"栏内各项数字，根据本年度财政补助收入支出的相关总账科目及明细科目的全年发生额累计数或差额填列。

复习思考

· 什么是财政补助收入支出表？财政补助收入支出表的作用是什么？

· 财政补助收入支出表分哪些栏目？各项目是如何排列的？

· 财政补助收入支出表上下年度的数据是如何衔接的？

3 第三部分 行政单位会计操作实务

项目一　行政单位资产的核算

📋 理论知识　行政单位资产基础

资产是指行政单位占有或者使用的，能以货币计量的经济资源。所谓占有，是指行政单位对经济资源拥有法律上的占有权。由行政单位直接支配，供社会公众使用的政府储备物资、公共基础设施等，也属于行政单位核算的资产[①]。

一、行政单位资产的内容

行政单位的资产包括流动资产、固定资产、在建工程、无形资产等。其中，流动资产是指可以在 1 年以内（含 1 年）变现或者耗用的资产，包括库存现金、银行存款、零余额账户用款额度、财政应返还额度、应收及预付款项、存货等。

二、行政单位资产的确认

行政单位对符合资产定义的经济资源，应当在取得对其相关的权利并且能够可靠地进行货币计量时确认。符合资产定义并确认的资产项目，应当列入资产负债表。

三、行政单位资产的计量

行政单位的资产应当按照取得时实际成本进行计量。除国家另有规定外，行政单位不得自行调整其账面价值。

应收及预付款项应当按照实际发生额计量。

以支付对价方式取得的资产，应当按照取得资产时支付的现金或者现金等价物的金额，以及所付出的非货币性资产的评估价值等金额计量。

[①] 过去由于相关规定缺失，对行政单位直接负责管理的为社会提供公共服务的资产是否进行会计核算，如何核算等无明确规定。一些行政单位未对这部分资产进行相应的会计核算，一些行政单位将其列入本单位的库存材料或固定资产管理。这些做法都不利于这部分资产的管理。

现行《行政单位会计制度》设置"政府储备物资""公共基础设施"等科目，明确了对行政单位直接负责管理的为社会提供公共服务的资产会计核算的相关规定，单独核算反映为社会提供公共服务资产情况，以便与行政单位自用资产相区分，加强对这部分资产的管理。

取得资产时没有支付对价的，其计量金额应当按照有关凭据注明的金额加上相关税费、运输费等确定；没有相关凭据但依法经过资产评估的，其计量金额应当按照评估价值加上相关税费、运输费等确定；没有相关凭据也未经评估的，其计量金额比照同类或类似资产的市场价格加上相关税费、运输费等确定；没有相关凭据也未经评估，其同类或类似资产的市场价格无法可靠取得，所取得的资产应当按照名义金额（即人民币 1 元，下同）入账。

四、计提折旧与摊销的规定

行政单位应当按照规定对无形资产进行摊销；对无形资产计提摊销的金额，应当根据无形资产原价和摊销年限确定。

行政单位对固定资产、公共基础设施是否计提折旧由财政部另行规定；按照规定对固定资产、公共基础设施计提折旧的，折旧金额应当根据固定资产、公共基础设施原价和折旧年限确定。

学习任务一　货币资金的核算

📇 知识目标

- 熟悉行政单位库存现金、银行存款、零余额账户用款额度的含义；
- 熟悉行政单位库存现金、银行存款、零余额账户用款额度业务办理的规定。

✖ 能力目标

- 学会行政单位"库存现金"科目的使用方法；
- 学会行政单位"银行存款"科目的使用方法；
- 学会行政单位"零余额账户用款额度"科目的使用方法。

❓ 知识精讲

一、库存现金是指行政单位存放在财会部门并由出纳员保管的纸币和铸币。行政单位应当严格按照国家有关现金管理的规定收支现金。

二、银行存款是指行政单位存入银行或者其他金融机构的各种存款。行政单位应当严格按照国家有关支付结算办法的规定办理银行存款收支业务。

三、零余额账户用款额度是指实行国库集中支付的行政单位根据财政部门批复的用款计划收到和支用的用款额度。行政单位应当严格按照当地财政部门有关国库集中支付制度的规定通过零余额账户办理收支业务。

📑 科目设置

行政单位会计货币资金核算的科目包括"库存现金""银行存款"和"零余额账户用款额度"三个科目。

"库存现金"科目

行政单位为核算现金的各项收支业务，应设置"库存现金"（资产类）科目，借方登记库存现金的增加数，贷方登记库存现金的减少数，期末借方余额反映行政单位实际持有的库存现金。

行政单位应当设置"现金日记账"，由出纳人员根据收付款凭证，按照业务发生顺序逐笔登记。有外币现金的，应当分别按照人民币、外币种类设置"现金日记账"进行明细核算。

每日终了，出纳人员应当计算当日的现金收入合计数、现金支出合计数和结余数，并将结余数与实际库存数核对，做到账款相符。每日终了结算现金收支，核对库存现金时发现有待查明原因的现金短缺或溢余，应通过"待处理财产损溢"科目核算。

"银行存款"科目

行政单位为了核算存入银行或者其他金融机构的各种存款，应设置"银行存款"（资产类）科目，借方登记款项的存入及转入等，贷方登记款项的支出、提取、转出及汇出等，期末借方余额反映行政单位实际存放在银行或其他金融机构的款项。

行政单位应当按开户银行或其他金融机构、存款种类及币种等，分别设置"银行存款日记账"，由出纳人员根据收付款凭证，按照业务的发生顺序逐笔登记，每日终了应结出余额。"银行存款日记账"应定期与"银行对账单"核对，至少每月核对一次。月度终了，行政单位账面余额与银行对账单余额之间如有差额，必须逐笔查明原因并进行处理，按月编制"银行存款余额调节表"，调节相符。

行政单位发生外币业务的，应当按照业务发生当日或当期期初的即期汇率，将外币金额折算为人民币金额记账，并登记外币金额和汇率。期末，各种外币账户的期末余额，应当按照期末的即期汇率折算为人民币，作为外币账户期末人民币余额。调整后的各种外币账户人民币余额与原账面余额的差额，作为汇兑损溢计入当期支出。

"零余额账户用款额度"科目

行政单位为了核算其在财政授权支付方式下收到的用款额度的增减及结存情况，应设置"零余额账户用款额度"（资产类）科目，借方登记收到的用款额度数，贷方登记在用款额度内的支用数及注销数，期末借方余额反映行政单位尚未支用的零余额账户用款额度。年度终了注销单位零余额账户用款额度后应无余额。

🏃 能力训练

某行政单位 2015 年发生下列有关货币资金的业务与事项，请根据有关凭证编制会计分录。

1. 收到《财政授权支付用款额度到账通知书》，本月户用款额度 50 000 元到账。

借：零余额账户用款额度   50 000

    贷：财政拨款收入——基本支出或项目支出   50 000

2. 从零余额账户提取现金 5 000 元备用。

借：库存现金   5 000

    贷：零余额账户用款额度   5 000

3. 从零余额账户划拨单位工会账户工会经费 28 000 元。

借：银行存款（工会户）　　　　　　　　　　　　　　　　　28 000

　　贷：零余额账户用款额　　　　　　　　　　　　　　　　　　　28 000

4. 通过零余额账户转账缴纳电费 3 600 元。

借：经费支出——基本支出（财政拨款支出等）——水电费　　3 600

　　贷：零余额账户用款额　　　　　　　　　　　　　　　　　　　3 600

5. 收到零余额账户代理银行通知退回当年多交电费 1 200 元。

借：零余额账户用款额　　　　　　　　　　　　　　　　　　1 200

　　贷：经费支出——基本支出（财政拨款支出等）——水电费　　　1 200

6. 收到零余额账户代理银行通知退回上年度多交电费 800 元。

借：零余额账户用款额　　　　　　　　　　　　　　　　　　　800

　　贷：财政拨款结转（或财政拨款结余）　　　　　　　　　　　　　800

7. 开展业务活动收到列入其他收入科目的现金 1 600 元。

借：库存现金　　　　　　　　　　　　　　　　　　　　　　1 600

　　贷：其他收入　　　　　　　　　　　　　　　　　　　　　　　1 600

8. 将上述收到的现金 1 600 元存入开户银行。

借：银行存款　　　　　　　　　　　　　　　　　　　　　　1 600

　　贷：库存现金　　　　　　　　　　　　　　　　　　　　　　　1 600

9. 用现金支付购买零星办公用品款 330 元。

借：经费支出——基本支出——办公费　　　　　　　　　　　330

　　贷：库存现金　　　　　　　　　　　　　　　　　　　　　　　330

10. 某同志因公出差预借差旅费 5 000 元，以现金支付。

借：其他应收款——某同志　　　　　　　　　　　　　　　　5 000

　　贷：库存现金　　　　　　　　　　　　　　　　　　　　　　　5 000

11. 上述某同志报销差旅费 4 800 元。

借：经费支出——基本支出——差旅费　　　　　　　　　　　4 800

　　库存现金　　　　　　　　　　　　　　　　　　　　　　　200

　　贷：其他应收款——某同志　　　　　　　　　　　　　　　　　5 000

12. 收到某单位受托代理的现金 5 000 元。

借：库存现金　　　　　　　　　　　　　　　　　　　　　　5 000

　　贷：受托代理负债——某单位　　　　　　　　　　　　　　　　5 000

13. 按上述某单位的要求支付受托代理的现金 5 000 元。

借：受托代理负债——某单位　　　　　　　　　　　　　　　5 000

　　贷：库存现金　　　　　　　　　　　　　　　　　　　　　　　5 000

14. 现金盘点，发现短缺 300 元。

借：待处理财产损溢　　　　　　　　　　　　　　　　　　　300

　　贷：库存现金　　　　　　　　　　　　　　　　　　　　　　　300

15. 经查上述短缺 300 元现金属于出纳的责任，应由出纳赔偿。

借：其他应收款——出纳   300

     贷：待处理财产损溢   300

16. 现金盘点，发现溢余 500 元。

借：库存现金   500

     贷：待处理财产损溢   500

17. 经查上述溢余 500 元现金属于误收，应退给交款人。

借：待处理财产损溢   500

     贷：其他应付款——某交款人   500

18. 通过开户银行转账支付购买办公用品款 8 200 元。

借：经费支出——基本支出——办公费   8 200

     贷：银行存款   8 200

19. 收到开户银行通知，本月银行存款利息为 4 300 元。

借：银行存款   4 300

     贷：其他收入——利息   4 300

20. 通过开户银行转账支付银行手续费 1 000 元。

借：经费支出——基本支出——手续费   1 000

     贷：银行存款   1 000

21. 收到某单位受托代理的款项 50 000 元。

借：银行存款   50 000

     贷：受托代理负债——某单位   50 000

22. 按上述某单位的要求支付受托代理的款项 50 000 元。

借：受托代理负债——某单位   50 000

     贷：银行存款   50 000

知识归纳

行政单位会计货币资金核算的科目包括"库存现金""银行存款"和"零余额账户用款额度"三个科目。库存现金是指行政单位存放在财会部门并由出纳员保管的纸币和铸币；银行存款是指行政单位存入银行或者其他金融机构的各种存款；零余额账户用款额度是指实行国库集中支付的行政单位根据财政部门批复的用款计划收到和支用的用款额度。

复习思考

- 什么是库存现金？行政单位库存现金管理应遵循哪些规定？
- 什么是银行存款？行政单位有关支付结算业务办理时应遵循哪些规定？
- 什么是零余额账户用款额度？行政单位办理零余额账户收支业务时应遵循哪些规定？

学习任务二 **应收及预付款项的核算**

知识目标

· 熟悉行政单位财政应返还额度的含义与内容；

· 熟悉行政单位应收账款的含义与内容；

· 熟悉行政单位预付账款的含义与内容；

· 熟悉行政单位其他应收款的含义与内容。

能力目标

· 学会行政单位"财政应返还额度"科目的使用方法；

· 学会行政单位"应收账款"科目的使用方法；

· 学会行政单位"预付账款"科目的使用方法；

· 学会行政单位"其他应收款"科目的使用方法。

知识精讲

一、财政应返还额度是指实行国库集中支付的行政单位应收财政返还的资金额度。行政单位应当严格按照当地财政部门有关国库集中支付制度的规定在当年年终和下年年初办理用款额度的注销与返还。

二、应收账款是指行政单位出租资产、出售物资等应当收取的款项。应收账款应当在资产已出租或物资已出售且尚未收到款项时确认。

三、预付账款是指行政单位按照购货、服务合同规定预付给供应单位（或个人）的款项。预付账款应当在已支付款项且尚未收到物资或服务时确认。

四、其他应收款是指行政单位除应收账款、预付账款以外的其他各项应收及暂付款项，如职工预借的差旅费、拨付给内部有关部门的备用金、应向职工收取的各种垫付款项等。

科目设置

行政单位会计应收及预付款项核算的科目包括"财政应返还额度""应收账款""预付账款"和"其他应收款"四个科目。

"财政应返还额度"科目

行政单位为了核算其实行国库集中支付后应收财政返还的资金额度，应设置"财政应返还额度"（资产类）科目。财政直接支付方式下，年终结余资金账务处理时，借方登记单位本年度财政直接支付预算指标数与财政直接支付实际支出数的差额，贷方登记下年度在恢复的财政直接支付额度内的实际支出数；财政授权支付方式下，年终结余资金账务处理时，借方登记单位零余额账户注销的申请已到账的和因未申请未到账的额度数，贷方登记下年度代理银行通知的恢复额度数和财政部门批复的上年末未下达零余额账户用款额度数。期末借方余额，反映行政单位应收财政返还的资金额度。

"财政应返还额度"科目应当设置"财政直接支付""财政授权支付"两个明细科目。

"应收账款"科目

行政单位为了核算其应收账款的增减变动情况，应设置"应收账款"（资产类）科目，借方登记单位发生的应收账款，贷方登记单位应收账款的收回数及核销数，期末借方余额反映行政单位尚未收回的应收账款。

"应收账款"科目应当按照购货、接受服务单位（或个人）或开出、承兑商业汇票的单位等设置明细科目。行政单位收到的商业汇票，也通过应收账款科目核算。

行政单位若发生商业汇票业务，应当设置"商业汇票备查簿"，逐笔登记每一笔应收商业汇票的种类、号数、出票日期、到期日、票面金额、交易合同号等相关信息资料。商业汇票到期结清票款或退票后，应当在备查簿内逐笔注销。

逾期3年或以上、有确凿证据表明确实无法收回的应收账款，按规定报经批准后予以核销。核销的应收账款应在备查簿中保留登记。

"预付账款"科目

行政单位为了核算其预付账款的增减变动情况，应设置"预付账款"（资产类）科目，借方登记单位发生的预付款项数，贷方登记预付账款冲减数，期末借方余额反映行政单位实际预付但尚未结算的款项。

"预付账款"科目应当按照供应单位（或个人）设置明细科目。

逾期3年或以上、有确凿证据表明确实无法收到所购物资和服务，且无法收回的预付账款，按照规定报经批准后予以核销。核销的预付账款应在备查簿中保留登记。

特别提示：行政单位依据合同规定支付的定金，通过本科目核算；行政单位支付可以收回的订金，不通过本科目核算，应当通过"其他应收款"科目核算。

"其他应收款"科目

行政单位为了核算其他应收款项的增减变化情况和结算情况，应设置"其他应收款"（资产类）科目，借方登记单位发生各种其他应收款数，贷方登记单位收回或核销的各种其他应收款数，期末借方余额反映行政单位尚未收回的其他应收款。

"其他应收款"科目应当按照其他应收款的类别以及债务单位（或个人）设置明细科目。

逾期3年或以上、有确凿证据表明确实无法收回的其他应收款，按规定报经批准后予以核销。核销的其他应收款应在备查簿中保留登记。

📖 能力训练

某行政单位2015年发生以下有关应收及预付款项业务与事项，请根据有关凭证编制会计分录。

1. 出租设备给某单位，总租金24 000元，租期2年，租金按月支付，每月1 000元。设备已交付租赁方。

借：应收账款——租赁单位　　　　　　　　　　　　　　　　　　24 000

　　贷：长期应付款——设备租金　　　　　　　　　　　　　　　　　　24 000

2. 上述租赁方通过银行转来当月设备租金1 000元。同时，按税法规定计提应缴营业税、应缴城市维护建设税和应缴教育费附加。

借：银行存款 1 000
　　贷：应收账款——租赁单位 1 000

同时：

借：长期应付款——设备租金 1 000
　　贷：应缴税费——应缴营业税 50
　　　　　　——应缴城市维护建设税 3.5
　　　　　　——应缴教育费附加 1.5
　　　应缴财政款——设备租金 945

3. 按规定程序报经批准后，准备出售某种账面价值为 5 000 元的剩余材料。

借：待处理财产损溢——待处理财产价值 5 000
　　贷：存货——某材料 5 000

4. 上述剩余材料经与购买方协商售价为 4 300 元，材料发出款项待收。

借：资产基金——存货 5 000
　　贷：待处理财产损溢——待处理财产价值 5 000

借：应收账款——某单位 4 300
　　贷：待处理财产损溢——处理净收入 4 300

5. 某单位通过银行转来上述材料款 4 300 元。

借：银行存款 4 300
　　贷：应收账款——某单位 4 300

6. 按规定将剩余材料销售款 4 300 元转入"应缴财政款"。

借：待处理财产损溢——处理净收入 4 300
　　贷：应缴财政款——物资处置收入 4 300

7. 按规定程序报经批准后，准备核销无法收回的某单位设备租赁款 18 000 元。

借：待处理财产损溢 18 000
　　贷：应收账款——某单位 18 000

8. 核销上述无法收回的应收设备租赁款 18 000 元。

借：应收账款——某单位 18 000
　　贷：待处理财产损溢 18 000

核销的应收账款应在备查簿中保留登记。

9. 若上述已核销的应收设备租赁款 18 000 元以后又收回。

借：银行存款 18 000
　　贷：应缴财政款——设备租金 18 000

10. 通过开户银行转账预付某单位某种材料款 16 500 元。

借：预付账款——某单位 16 500
　　贷：资产基金——预付款项 16 500

同时：

借：经费支出——基本支出（财政拨款支出）——专用材料费　　　　　16 500

　　贷：银行存款　　　　　　　　　　　　　　　　　　　　　　　　　　16 500

11. 收到上述某种材料，价款总计 30 000 元，材料已验收入库，通过开户银行转账补付剩余货款。

借：资产基金——预付款项　　　　　　　　　　　　　　　　　　16 500

　　贷：预付账款——某单位　　　　　　　　　　　　　　　　　　　　16 500

借：经费支出——基本支出（财政拨款支出）——专用材料费　　　　13 500

　　贷：银行存款　　　　　　　　　　　　　　　　　　　　　　　　　13 500

借：存货——某种材料　　　　　　　　　　　　　　　　　　　　30 000

　　贷：资产基金——存货　　　　　　　　　　　　　　　　　　　　　30 000

12. 若收到银行到账通知，上述预付某单位某种材料款 16 500 元因故退回。

借：资产基金——预付款项　　　　　　　　　　　　　　　　　　16 500

　　贷：预付账款——某单位　　　　　　　　　　　　　　　　　　　　16 500

同时：

借：银行存款　　　　　　　　　　　　　　　　　　　　　　　　16 500

　　贷：经费支出——基本支出（财政拨款支出）——专用材料费　　　　16 500

13. 若收到银行到账通知，上年度预付购买某单位设备款 12 800 元因故退回。

借：资产基金——预付款项　　　　　　　　　　　　　　　　　　12 800

　　贷：预付账款——某单位　　　　　　　　　　　　　　　　　　　　12 800

同时：

借：银行存款　　　　　　　　　　　　　　　　　　　　　　　　12 800

　　贷：财政拨款结转（财政拨款结余）　　　　　　　　　　　　　　　12 800

14. 三年前预付某单位设备采购款 23 000 元，某单位因故失联，按规定程序报经批准后，准备核销该笔预付款。

借：待处理财产损溢　　　　　　　　　　　　　　　　　　　　　23 000

　　贷：预付账款——某单位　　　　　　　　　　　　　　　　　　　　23 000

15. 核销上述无法收回的预付款。

借：资产基金——预付款项　　　　　　　　　　　　　　　　　　23 000

　　贷：待处理财产损溢　　　　　　　　　　　　　　　　　　　　　23 000

同时，在备查簿中保留登记。

16. 若上述已核销的预付款以后年度收回。

借：银行存款　　　　　　　　　　　　　　　　　　　　　　　　23 000

　　贷：财政拨款结转（财政拨款结余）　　　　　　　　　　　　　　　23 000

17. 某同志因公出差预借差旅费 5 000 元，以现金支付。

借：其他应收款——某同志　　　　　　　　　　　　　　　　　　5 000

　　贷：库存现金　　　　　　　　　　　　　　　　　　　　　　　　　5 000

18. 若上述某同志出差回来报销差旅费 4 800 元，退回 200 元。

借：经费支出——基本支出（财政拨款支出等）——差旅费　　　　　4 800

　　库存现金　　　　　　　　　　　　　　　　　　　　　　　　　200

　　　贷：其他应收款——某同志　　　　　　　　　　　　　　　　　　　5 000

19. 年终，项目支出预算的财政直接支付预算指标数为 960 000 元，全年实际支出数为 930 000 元，差额 30 000 元。

借：财政应返还额度——财政直接支付　　　　　　　　　　　　　30 000

　　　贷：财政拨款收入——项目支出　　　　　　　　　　　　　　　　　30 000

20. 若下年年初，用上年度财政直接支付指标安排项目支出 30 000 元。

借：经费支出——项目支出（财政拨款支出）——有关明细科目　　30 000

　　　贷：财政应返还额度——财政直接支付　　　　　　　　　　　　　　30 000

21. 年终，收到零余额账户代理银行对账单，列明单位当月零余额账户用款额度下达数为 43 000 元，实际支出数为 40 000 元，零余额账户用余额 3 000 元。

借：财政应返还额度——财政授权支付　　　　　　　　　　　　　3 000

　　　贷：零余额账户用款额　　　　　　　　　　　　　　　　　　　　　3 000

22. 年终，当年基本支出预算中财政授权支付预算指标数为 870 000 元，零余额账户用款额度累计下达数为 840 000 元，差额 30 000 元。

借：财政应返还额度——财政授权支付　　　　　　　　　　　　　30 000

　　　贷：财政拨款收入——基本支出　　　　　　　　　　　　　　　　　30 000

23. 若下年年初，收到代理银行额度恢复到账通知书，恢复上年度 3 000 元用款额度。

借：零余额账户用款额度　　　　　　　　　　　　　　　　　　　3 000

　　　贷：财政应返还额度——财政授权支付　　　　　　　　　　　　　　3 000

24. 若下年年初，收到上年末未下达的零余额账户用款额度 30 000 元。

借：零余额账户用款额度　　　　　　　　　　　　　　　　　　　30 000

　　　贷：财政应返还额度——财政授权支付　　　　　　　　　　　　　　30 000

知识归纳

　　行政单位会计应收及预付款项核算的科目包括"财政应返还额度""应收账款""预付账款"和"其他应收款"四个科目。财政应返还额度是指实行国库集中支付的行政单位应收财政返还的资金额度；应收账款是指行政单位出租资产、出售物资等应当收取的款项；预付账款是指行政单位按照购货、服务合同规定预付给供应单位（或个人）的款项；其他应收款是指行政单位除应收账款、预付账款以外的其他各项应收及暂付款项，如职工预借的差旅费、拨付给内部有关部门的备用金、应向职工收取的各种垫付款项等。

复习思考

- 年终在财政直接支付和授权支付两种支付方式下财政应返还额度如何确定？
- 行政单位无法收回的应收预付款项如何确认？确认的无法收回的应收预付款项如何核销？
- 行政单位预付账款的账务处理为什么要做"双分录"？

学习任务三 存货与政府储备物资的核算

知识目标

- 了解行政单位存货与政府储备物资的含义与内容；
- 熟悉行政单位存货与政府储备物资的确认与计价；
- 了解行政单位存货与政府储备物资清查盘点的规定。

能力目标

- 学会行政单位"存货"科目的使用方法；
- 学会行政单位"政府储备物资"科目的使用方法。

知识精讲

一、存货与政府储备物资的含义与内容

存货是指行政单位在开展业务活动及其他活动中为耗用而储存的各种物资，包括材料、燃料、包装物和低值易耗品及未达到固定资产标准的家具、用具、装具等的实际成本。

政府储备物资是指行政单位直接储存管理的各项政府应急或救灾储备物资等。

二、存货与政府储备物资的确认与计价

存货与政府储备物资应当在其到达存放地点并验收时确认。

（一）存货与政府储备物资在取得时，应当按照其实际成本入账

1.购入的存货与政府储备物资，其成本包括购买价款、相关税费、运输费、装卸费、保险费以及其他使得存货达到目前场所和状态所发生的支出；单位支付的政府储备物资保管费、仓库租赁费等日常储备费用，不计入政府储备物资的成本。

2.接受捐赠、无偿调入的存货与政府储备物资，其成本按照有关凭据注明的金额加上相关税费、运输费等确定；没有相关凭据可供取得，但依法经过资产评估的，其成本应当按照评估价值加上相关税费、运输费等确定；没有相关凭据可供取得也未经评估的，其成本比照同类或类似存货与政府储备物资的市场价格加上相关税费、运输费等确定；没有相关凭据也未经评估，其同类或类似存货的市场价格无法可靠取得的，该存货按照名义金额入账。

3.置换换入的存货，其成本按照换出资产的评估价值，加上支付的补价或减去收到的补价，加

上为换入存货支付的其他费用（运输费等）确定。

4.委托加工的存货，其成本按照未加工存货的成本加上加工费用和往返运输费等确定。

（二）存货与政府储备物资发出时，应当根据实际情况采用先进先出法、加权平均法或者个别计价法确定发出存货与政府储备物资的实际成本。计价方法一经确定，不得随意变更。

三、存货与政府储备物资的清查盘点

行政单位的存货与政府储备物资应当定期进行清查盘点，每年至少盘点一次。对于发生的存货与政府储备物资盘盈、盘亏，应当及时查明原因，按规定报经批准后进行账务处理。

（一）盘盈的存货与政府储备物资，按照取得同类或类似存货与政府储备物资的实际成本确定入账价值；没有同类或类似存货与政府储备物资的实际成本，按照同类或类似存货与政府储备物资的市场价格确定入账价值；同类或类似存货的实际成本或市场价格无法可靠取得的，按照名义金额入账。

（二）盘亏或者报废、毁损的存货与政府储备物资，按其账面余额转入待处理财产损溢。

科目设置

行政单位会计存货与政府储备物资核算会计科目包括"存货"和"政府储备物资"两个科目。

"存货"科目

行政单位为了核算其在开展业务活动及其他活动中为耗用而储存的各种物资的实际成本，应设置"存货"（资产类）科目，借方登记各种存货的入库成本，贷方登记各种存货的出库成本，期末借方余额反映行政单位存货的实际成本。

"存货"科目应当按照存货的种类、规格和保管地点等设置明细科目。行政单位有委托加工存货业务的，应当在存货科目下设置"委托加工存货成本"科目。出租、出借的存货，应当设置备查簿进行登记。

特别提示：行政单位接受委托人指定受赠人的转赠物资，应当通过"受托代理资产"科目核算，不通过本科目核算；行政单位随买随用的零星办公用品等，可以在购进时直接列作支出，不通过本科目核算。

"政府储备物资"科目

行政单位为了核算其直接储存管理的各项政府应急或救灾储备物资等的实际成本，应设置"政府储备物资"（资产类）科目，借方登记各种政府储备物资的入库成本，贷方登记各种政府储备物资的出库成本，期末借方余额反映行政单位管理的政府储备物资的实际成本。

"政府储备物资"科目应当按照政府储备物资的种类、品种、存放地点等设置明细科目。

特别提示：负责采购并拥有储备物资调拨权力的行政单位（简称"采购单位"）将政府储备物资交由其他行政单位（简称"代储单位"）代为储存的，由采购单位通过政府储备物资科目核算政府储备物资，代储单位将受托代储的政府储备物资作为受托代理资产核算。

能力训练

某行政单位2015年发生下列有关存货与政府储备物资的业务与事项，请根据有关凭证编制会计分录。

1. 从零余额账户转账支付购进零星办公用品款 8 920 元，办公用品已验收入库。

借：存货——办公用品　　　　　　　　　　　　　　　　　　　8 920

　　贷：资产基金——存货　　　　　　　　　　　　　　　　　　　8 920

同时：

借：经费支出——基本支出（财政拨款支出等）——办公费　　8 920

　　贷：零余额账户用款额度　　　　　　　　　　　　　　　　　8 920

2. 从零余额账户转账支付购进救灾储备物资款 152 800 元，政府储备物资的保管费 3 500 元，物资已验收入库。

借：政府储备物资——救灾储备物资　　　　　　　　　　　　152 800

　　贷：资产基金——政府储备物资　　　　　　　　　　　　　　152 800

同时：

借：经费支出——基本支出（财政拨款支出等）——专用材料费　156 300

　　贷：零余额账户用款额度　　　　　　　　　　　　　　　　156 300

3. 将上述救灾物资 152 800 元调给某灾区，从零余额账户转账支付运费 3 000 元。

借：资产基金——政府储备物资　　　　　　　　　　　　　　152 800

　　贷：政府储备物资——救灾储备物资　　　　　　　　　　　　152 800

同时：

借：经费支出——基本支出（财政拨款支出等）——专用材料费　3 000

　　贷：银行存款　　　　　　　　　　　　　　　　　　　　　3 000

4. 月末"办公用品领用汇总表"，列明本月各部门领用办公用品共 5 210 元。

借：资产基金——存货　　　　　　　　　　　　　　　　　　5 210

　　贷：存货——办公用品　　　　　　　　　　　　　　　　　5 210

5. 按规定程序报经批准后，拟将一批救灾储备物资出售，其账面余额 43 240 元。

借：待处理财产损溢——待处理财产价值　　　　　　　　　　43 240

　　贷：政府储备物资——救灾储备物资　　　　　　　　　　　43 240

6. 上述救灾物资协商价为 31 120 元，购买单位通过银行转账付款。

借：资产基金——政府储备物资　　　　　　　　　　　　　　43 240

　　贷：待处理财产损溢——待处理财产价值　　　　　　　　　43 240

借：银行存款　　　　　　　　　　　　　　　　　　　　　301 120

　　贷：待处理财产损溢——处理净收入　　　　　　　　　　　31 120

7. 将上述救灾物资出售款 31 120 元结转到"应缴财政款"。

借：待处理财产损溢——处理净收入　　　　　　　　　　　　31 120

　　贷：应缴财政款——出售政府储备物资净收入　　　　　　　31 120

8. 本月"办公用品盘点单"列明甲种办公用品盘亏 50 件，其账面价值共计 1 000 元；乙种办公用品盘盈 100 件，按同类办公用品估价 3 000 元。

借：待处理财产损溢　　　　　　　　　　　　　　　　　　　1 000

　　贷：存货——甲种办公用品　　　　　　　　　　　　　　　1 000

借：存货——乙种办公用品　　　　　　　　　　　　　　　　　3 000

　　贷：待处理财产损溢　　　　　　　　　　　　　　　　　　　　3 000

9. 报经批准将上述盘亏的甲种办公用品予以核销，盘盈的乙种办公用品予以处理。

借：资产基金——存货　　　　　　　　　　　　　　　　　　　1 000

　　贷：待处理财产损溢　　　　　　　　　　　　　　　　　　　　1 000

借：待处理财产损溢　　　　　　　　　　　　　　　　　　　　3 000

　　贷：资产基金——存货　　　　　　　　　　　　　　　　　　　3 000

知识归纳

　　行政单位会计存货与政府储备物资核算会计科目包括"存货"和"政府储备物资"两个科目。存货是指行政单位在开展业务活动及其他活动中为耗用而储存的各种物资，包括材料、燃料、包装物和低值易耗品及未达到固定资产标准的家具、用具、装具等的实际成本；政府储备物资是指行政单位直接储存管理的各项政府应急或救灾储备物资等。

复习思考

- 什么是存货？行政单位存货的核算范围如何界定？
- 什么是政府储备物资？行政单位政府储备物资的核算范围如何界定？
- 行政单位存货与政府储备物资有什么区别？

学习任务四　固定资产与公共基础设施的核算

知识目标

- 了解行政单位固定资产与公共基础设施的含义与内容；
- 熟悉行政单位固定资产与公共基础设施计价的规定；
- 了解行政单位在建工程以及基建并账的含义；
- 熟悉行政单位在建工程与固定资产和公共基础设施的关系；
- 熟悉行政单位固定资产与公共基础设施计提折旧的政策规定。

能力目标

- 学会行政单位"固定资产"科目的使用方法；
- 学会行政单位"公共基础设施"科目的使用方法；
- 学会行政单位"在建工程"科目的使用方法；
- 学会行政单位"累计折旧"科目的使用方法。

👤 **知识精讲** ─────────────────────────────────

一、固定资产与公共基础设施的含义与内容

固定资产是指使用期限超过 1 年（不含 1 年）、单位价值在规定标准以上，并在使用过程中基本保持原有物质形态的资产。单位价值虽未达到规定标准，但是耐用时间超过 1 年（不含 1 年）的大批同类物资，应当作为固定资产核算。固定资产一般分为以下六类：房屋及构筑物；通用设备；专用设备；文物和陈列品；图书、档案；家具、用具、装具及动植物。

公共基础设施是指由行政单位占有并直接负责维护管理、供社会公众使用的工程性公共基础设施资产，包括城市交通设施、公共照明设施、环保设施、防灾设施、健身设施、广场及公共构筑物等其他公共设施。

二、固定资产与公共基础设施的确认与计价

（一）固定资产的确认与计价

购入、换入、无偿调入、接受捐赠不需安装的固定资产，在固定资产验收合格时确认；购入、换入、无偿调入、接受捐赠需要安装的固定资产，在固定资产安装完成交付使用时确认；自行建造、改建、扩建的固定资产，在建造完成交付使用时确认。

1. 取得固定资产时，应当按照其成本入账

（1）购入的固定资产，其成本包括实际支付的购买价款、相关税费、使固定资产交付使用前所发生的可归属于该项资产的运输费、装卸费、安装费和专业人员服务费等。

①以一笔款项购入多项没有单独标价的固定资产，按照各项固定资产同类或类似固定资产市场价格的比例对总成本进行分配，分别确定各项固定资产的入账价值。

②购入不需安装的固定资产，按照确定的固定资产成本。

③购入需要安装的固定资产，先通过"在建工程"科目归集其安装成本，待安装完工交付使用时以归集的成本确定固定资产成本。

④购入固定资产分期付款或扣留质量保证金的，在取得固定资产时，按照确定的固定资产成本计入固定资产（不需安装）或在建工程（需要安装）。

（2）自行建造的固定资产，其成本包括建造该项资产至交付使用前所发生的全部必要支出。

①固定资产的各组成部分需要分别核算的，按照各组成部分固定资产造价确定其成本；没有各组成部分固定资产造价的，按照各组成部分固定资产同类或类似固定资产市场造价的比例对总造价进行分配，确定各组成部分固定资产的成本。

②已交付使用但尚未办理竣工决算手续的固定资产，按照估计价值入账，待确定实际成本后再进行调整。

（3）自行繁育的动植物，其成本包括在达到可使用状态前所发生的全部必要支出。

（4）在原有固定资产基础上进行改建、扩建、修缮的固定资产，其成本按照原固定资产的账面价值（"固定资产"科目账面余额减去"累计折旧"科目账面余额后的净值）加上改建、扩建、修缮发生的支出，再扣除固定资产拆除部分账面价值后的金额确定。

（5）置换取得的固定资产，其成本按照换出资产的评估价值加上支付的补价或减去收到的补价，

加上为换入固定资产支付的其他费用（运输费等）确定。

（6）接受捐赠、无偿调入的固定资产，其成本按照有关凭据注明的金额加上相关税费、运输费等确定；没有相关凭据可供取得，但依法经过资产评估的，其成本应当按照评估价值加上相关税费、运输费等确定；没有相关凭据可供取得，也未经评估的，其成本比照同类或类似固定资产的市场价格加上相关税费、运输费等确定；没有相关凭据也未经评估，其同类或类似固定资产的市场价格无法可靠取得的，所取得的固定资产应当按照名义金额入账。

2. 按月计提固定资产折旧时，按照实际计提的金额，冲减相应的"资产基金——固定资产"

3. 与固定资产有关的后续支出，分以下情况处理：

（1）为增加固定资产使用效能或延长其使用寿命而发生的改建、扩建或修缮等后续支出，应当计入固定资产成本。

（2）为维护固定资产正常使用而发生的日常修理等后续支出，应当计入当期支出但不计入固定资产成本。

4. 出售、置换换出固定资产

经批准出售、置换换出的固定资产转入待处理财产损溢时，按照固定资产的账面余额冲减固定资产。

5. 无偿调出、对外捐赠固定资产

经批准无偿调出、对外捐赠固定资产时，按照固定资产的账面余额冲减固定资产。

6. 报废、毁损固定资产

报废、毁损的固定资产转入待处理财产损溢时，按照固定资产的账面余额冲减固定资产。

7. 盘盈、盘亏的固定资产

行政单位的固定资产应当定期进行清查盘点，每年至少盘点一次。对于固定资产发生盘盈、盘亏的，应当及时查明原因，按照规定报经批准后进行账务处理。

（1）盘盈的固定资产，按照取得同类或类似固定资产的实际成本确定入账价值；没有同类或类似固定资产的实际成本，按照同类或类似固定资产的市场价格确定入账价值；同类或类似固定资产的实际成本或市场价格无法可靠取得的，按照名义金额入账。

（2）盘亏的固定资产转入待处理财产损溢时，按照固定资产账面余额冲减固定资产。

（二）公共基础设施的确认与计价

公共基础设施应当在对其取得占有权利时确认。

1. 公共基础设施在取得时，应当按照其成本入账

（1）行政单位自行建设的公共基础设施，其成本包括建造该公共基础设施至交付使用前所发生的全部必要支出。

公共基础设施的各组成部分需要分别核算的，按照各组成部分公共基础设施造价确定其成本；没有各组成部分公共基础设施造价的，按照各组成部分公共基础设施同类或类似市场造价的比例对总造价进行分配，确定各组成部分公共基础设施的成本。

已交付使用但尚未办理竣工决算手续的公共基础设施，按照估计价值入账，待确定实际成本后再进行调整。

（2）接受其他单位移交的公共基础设施，其成本按照公共基础设施的原账面价值确认。

2．公共基础设施的后续支出

与公共基础设施有关的后续支出，分以下情况处理：

（1）为增加公共基础设施使用效能或延长其使用寿命而发生的改建、扩建或大型修缮等后续支出，应当计入公共基础设施成本。

（2）为维护公共基础设施的正常使用而发生的日常修理等后续支出，应当计入当期支出。

3．公共基础设施的处置

行政单位管理的公共基础设施向其他单位移交、毁损、报废时，应当按照规定报经批准后进行账务处理。

（1）经批准向其他单位移交公共基础设施时，按照公共基础设施的账面余额冲减公共基础设施。

（2）报废、毁损的公共基础设施，转入待处理财产损溢时，按照公共基础设施的账面余额冲减公共基础设施。

三、在建工程与基建并账

在建工程是指行政单位已经发生必要支出，但尚未完工交付使用的各种建筑（包括新建、改建、扩建、修缮等）、设备安装工程和信息系统建设工程的实际成本。在建工程应当在属于在建工程的成本发生时确认。

按现行财务制度规定，行政单位的基本建设投资应当按照国家有关规定单独建账、单独核算，同时按照《行政单位会计制度》的规定，至少按月将基建账中相关科目的发生额并入行政单位基本账套（简称"大账"，下同）中的"在建工程"科目及其他相关科目。行政单位基建账并入"大账"时应当在"在建工程"科目下设置"基建工程"明细科目，核算由基建账套并入的在建工程成本。有关基建并账的具体规定如下。

（一）资产、负债、净资产类

根据"大账"科目和基建账科目的对应关系，按照基建账中相关科目本期发生额的借方净额，借记"大账"中的对应科目；按照基建账中相关科目本期发生额的贷方净额，贷记"大账"中的对应科目。

对于当期发生基本建设结余资金交回业务的，根据基建账中"基建拨款"科目本期借方发生额中归属于同级财政拨款的部分，借记"大账"中的"财政拨款结转"或"财政拨款结余"科目；其余部分，借记"大账"中的"其他资金结转结余"科目。

（二）收入、支出类

按照基建账中"基建拨款"科目本期贷方发生额中归属于同级财政拨款的部分，贷记"大账"中"财政拨款收入"科目；其余部分，贷记"大账"中的"其他收入"科目。

按照基建账中"上级拨入资金"科目本期贷方发生额，贷记"大账"中的"其他收入"科目。

根据新制度规定的支出确认原则，对基建账中相关科目本期发生额进行分析计算，按照计算出的数额，借记"大账"中的"经费支出"科目。

行政单位如有从"大账"中的"经费支出"科目列支转入基建账的资金，还应当在并账后将已列支金额部分予以冲销，借记"其他收入"科目，贷记"经费支出"科目。如果行政单位已在"大账"

中核算基建资金收支的，不再进行基建资金收支的并账处理。

四、累计折旧

固定资产、公共基础设施计提折旧是指行政单位在固定资产、公共基础设施预计使用寿命内，按照确定的方法对应折旧金额进行系统分摊。

（一）计提折旧的范围 [①]

行政单位对下列固定资产不计提折旧：

1. 文物及陈列品；

2. 图书、档案；

3. 动植物；

4. 以名义金额入账的固定资产；

5. 境外行政单位持有的能够与房屋及构筑物区分、拥有所有权的土地。

（二）计提折旧的政策

1. 行政单位应当根据固定资产、公共基础设施的性质和实际使用情况，合理确定其折旧年限。省级以上财政部门、主管部门对行政单位固定资产、公共基础设施折旧年限做出规定的，从其规定。

2. 行政单位一般应当采用年限平均法或工作量法计提固定资产、公共基础设施折旧。

3. 行政单位固定资产、公共基础设施的应折旧金额为其成本，计提固定资产、公共基础设施折旧时不考虑预计净残值。

4. 行政单位一般应当按月计提固定资产、公共基础设施折旧。当月增加的固定资产、公共基础设施，当月不提折旧，从下月起计提折旧；当月减少的固定资产、公共基础设施，当月照提折旧，从下月起不提折旧。

5. 固定资产、公共基础设施提足折旧后，无论能否继续使用，均不再计提折旧；提前报废的固定资产、公共基础设施，也不再补提折旧；已提足折旧的固定资产、公共基础设施，可以继续使用的，应当继续使用，规范管理。

6. 固定资产、公共基础设施因改建、扩建或修缮等原因而提高使用效能或延长使用年限的，应当按照重新确定的固定资产、公共基础设施成本以及重新确定的折旧年限，重新计算折旧额。

▤ 科目设置

行政单位会计固定资产与公共基础设施核算的会计科目包括"固定资产""公共基础设施""在建工程"和"累计折旧"四个科目。

"固定资产"科目

行政单位为了核算其各类固定资产的原价，应设置"固定资产"（资产类）科目，借方登记取得的固定资产的成本，贷方登记固定资产账面价值的减少数。期末借方余额，反映行政单位期末固定资产的原价。

---

① 《行政单位财务规则》第38条规定：行政单位的固定资产不计提折旧，但财政部另有规定的除外。

《行政单位会计制度》第22条规定：行政单位对固定资产、公共基础设施是否计提折旧由财政部另行规定；按照规定对固定资产、公共基础设施计提折旧的，折旧金额应当根据固定资产、公共基础设施原价和折旧年限确定。

行政单位应当设置"固定资产登记簿"和"固定资产卡片"，按照固定资产类别、项目和使用部门等设置明细科目。出租、出借的固定资产，应当设置备查簿进行登记。

特别提示：固定资产核算范围的有关说明。

1. 固定资产的各组成部分具有不同的使用寿命、适用不同折旧率的，应当分别将各组成部分确认为单项固定资产。

2. 购入需要安装的固定资产，应当先通过"在建工程"科目核算，安装完毕交付使用时再转入本科目核算。

3. 行政单位的软件，如果其构成相关硬件不可缺少的组成部分，应当将该软件的价值包括在所属的硬件价值中，一并作为固定资产，通过本科目核算；如果其不构成相关硬件不可缺少的组成部分，应当将该软件作为无形资产，通过"无形资产"科目核算。

4. 行政单位购建房屋及构筑物不能够分清支付价款中的房屋及构筑物与土地使用权部分的，应当全部作为固定资产，通过本科目核算；能够分清支付价款中的房屋及构筑物与土地使用权部分的，应当将其中的房屋及构筑物部分作为固定资产，通过本科目核算，将其中的土地使用权部分作为无形资产，通过"无形资产"科目核算；境外行政单位购买具有所有权的土地，作为固定资产，通过本科目核算。

5. 行政单位借入、以经营租赁方式租入的固定资产，不通过本科目核算，应当设置备查簿进行登记。

行政单位应当根据固定资产定义、有关主管部门对固定资产的统一分类，结合本单位的具体情况，制定适合本单位的固定资产目录、具体分类方法，作为进行固定资产核算的依据。

"公共基础设施"科目

行政单位为了核算其占有并直接负责维护管理、供社会公众使用的工程性公共基础设施资产，应设置"公共基础设施"（资产类）科目，借方登记取得的公共基础设施的实际成本，贷方登记公共基础设施账面价值的减少数。期末借方余额，反映行政单位期末公共基础设施的实际成本。

"公共基础设施"科目应当按照公共基础设施的类别和项目设置明细科目。

特别提示：公共基础设施核算范围的有关说明。

1. 与公共基础设施配套使用的修理设备、工具器具、车辆等动产，作为管理公共基础设施的行政单位的固定资产核算，不通过本科目核算。

2. 与公共基础设施配套、供行政单位在公共基础设施管理中自行使用的房屋构筑物等，能够与公共基础设施分开核算的，作为行政单位的固定资产核算，不通过本科目核算。

行政单位应当结合本单位的具体情况，制定适合于本单位管理的公共基础设施目录、分类方法，作为进行公共基础设施核算的依据。

"在建工程"科目

行政单位为了核算其已经发生必要支出，但尚未完工交付使用的各种建筑（包括新建、改建、扩建、修缮等）、设备安装工程和信息系统建设工程的实际成本，应设置"在建工程"（资产类）科目，借方登记为建造或安装的工程项目所归集的成本，贷方登记建造或安装完工项目转入固定资产的成本。期末借方余额，反映行政单位尚未完工的在建工程的实际成本。

"在建工程"科目应当按照具体工程项目等设置明细科目；需要分摊计入不同工程项目的间接工程成本，应当在"在建工程"科目下设置"待摊投资"明细科目。

特别提示：不能够增加固定资产、公共基础设施使用效能或延长其使用寿命的修缮、维护等，不通过"在建工程"科目核算。

"累计折旧"科目 [①]

行政单位为了核算其固定资产、公共基础设施计提的累计折旧，应设置"累计折旧"（资产类）科目，贷方登记按月提取的固定资产、公共基础设施折旧等，借方登记因处置或盘亏固定资产、公共基础设施等而冲减的已提折旧，期末贷方余额反映行政单位计提的固定资产、公共基础设施折旧累计数。

"累计折旧"科目应当按照固定资产、公共基础设施的类别、项目等设置明细科目。占有公共基础设施的行政单位，应当在"累计折旧"科目下设置"固定资产累计折旧"和"公共基础设施累计折旧"两个一级明细科目，分别核算对固定资产和公共基础设施计提的折旧。

能力训练

某行政单位 2015 年发生下列有关固定资产与公共基础设施的业务与事项，请根据有关凭证编制会计分录。

1. 用财政项目资金以政府采购形式购入专用设备一套，价税合计 25 380 元，设备已交付使用。

借：固定资产——专用设备　　　　　　　　　　　　　　　25 380
　　贷：资产基金——固定资产　　　　　　　　　　　　　　　25 380

同时：

借：经费支出——项目支出（财政拨款支出）——专用设备购置　25 380
　　贷：财政拨款收入——项目支出拨款　　　　　　　　　　　25 380

2. 市政街文化广场由单位负责承建和管理，广场建设完工交付使用，结算价 842 000 元。

借：公共基础设施——文化广场　　　　　　　　　　　　　842 000
　　贷：资产基金——公共基础设施　　　　　　　　　　　　842 000

同时：

借：资产基金——在建工程——文化广场　　　　　　　　　842 000
　　贷：在建工程——文化广场　　　　　　　　　　　　　　842 000

---

①《行政单位会计制度》第 37 规定：按照财政部规定对固定资产和公共基础设施计提折旧的，相关折旧的账务处理应当按照《行政单位会计制度》的规定执行；按照财政部规定不对固定资产和公共基础设施计提折旧的，不设置《行政单位会计制度》规定的"累计折旧"科目，在进行账务处理时不考虑《行政单位会计制度》其他科目说明中涉及的"累计折旧"科目。

3. 从单位零余额账户转账支付文化广场管理费 12 000 元。

借：经费支出——基本支出（财政拨款支出）——其他　　　　　12 000
　　贷：零余额账户用款额度　　　　　　　　　　　　　　　　　　　12 000

4. 用财政项目资金购入绿化用苗木一批，通过银行转账支付价税合计 68 200 元。

借：固定资产——未成熟动植物　　　　　　　　　　　　　　　68 200
　　贷：资产基金——固定资产　　　　　　　　　　　　　　　　　　68 200

同时：

借：经费支出——项目支出（财政拨款支出）——其他　　　　　68 200
　　贷：银行存款　　　　　　　　　　　　　　　　　　　　　　　　68 200

5. 通过银行转账支付上述苗木栽培与养护费 38 600 元。

借：固定资产——未成熟动植物　　　　　　　　　　　　　　　38 600
　　贷：资产基金——固定资产　　　　　　　　　　　　　　　　　　38 600

同时：

借：经费支出——项目支出（财政拨款支出）——其他　　　　　38 600
　　贷：银行存款　　　　　　　　　　　　　　　　　　　　　　　　38 600

6. 上述苗木栽培、养护期已到，正式交付单位管理。

借：固定资产——成熟动植物　　　　　　　　　　　　　　　　106 800
　　贷：固定资产——未成熟动植物　　　　　　　　　　　　　　　　106 800

7. 按规定程序报经批准后拟将某种一般设备与某单位置换，其账面余额 150 000 元，已提折旧 80 000 元。

借：待处理财产损溢——待处理财产价值　　　　　　　　　　　70 000
　　累计折旧——固定资产累计折旧　　　　　　　　　　　　　　80 000
　　贷：固定资产——一般设备　　　　　　　　　　　　　　　　　　150 000

8. 上述置换事项经双方协商换入某一般设备估价 70 000 元，换出设备估价为 50 000 元，补价 20 000 元，置换期间发生运输费 2 800 元由单位承担。换出设备已经发出，换入设备已交付使用。补价及运输费用通过银行转账支付。

借：资产基金——固定资产　　　　　　　　　　　　　　　　　70 000
　　贷：待处理财产损溢——待处理财产价值　　　　　　　　　　　　70 000
借：固定资产——一般设备　　　　　　　　　　　　　　　　　72 800
　　贷：资产基金——固定资产　　　　　　　　　　　　　　　　　　72 800

同时：

借：经费支出——基本支出（财政拨款支出）——一般设备购置　22 800
　　贷：银行存款　　　　　　　　　　　　　　　　　　　　　　　　22 800

9. 上级主管部门调入专用设备一台，价值 148 000 元。通过零余额账户转账支付运输费 5 000 元（财政基本支出拨款）。调入设备已交付使用。

借：固定资产——专用设备　　　　　　　　　　　　　　　　　153 000
　　贷：资产基金——固定资产　　　　　　　　　　　　　　　　　　153 000

同时：

借：经费支出——基本支出（财政拨款支出）——专用设备购置　　　　5 000

　　贷：零余额账户用款额度　　　　　　　　　　　　　　　　　　　　　5 000

10. 计算提取本月固定资产折旧 7 524 元，公共基础设施应折旧 4 324 元。

借：资产基金——固定资产　　　　　　　　　　　　　　　　　　7 524

　　　　　　——公共基础设施　　　　　　　　　　　　　　　　4 324

　　贷：累计折旧——固定资产累计折旧　　　　　　　　　　　　　　　　7 524

　　　　　　　　——公共基础设施累计折旧　　　　　　　　　　　　　　4 324

11. 通过零余额账户转账支付设备日常维修费 5 420 元（财政基本支出拨款）。

借：经费支出——基本支出（财政拨款支出）——修缮费　　　　　　5 420

　　贷：零余额账户用款额度　　　　　　　　　　　　　　　　　　　　　5 420

12. 按规定程序报经批准后，无常调出一般设备一台，其账面余额 28 400 元，已提折旧 16 200 元。

借：资产基金——固定资产　　　　　　　　　　　　　　　　　　12 200

　　累计折旧——固定资产累计折旧　　　　　　　　　　　　　　16 200

　　贷：固定资产—— 一般设备　　　　　　　　　　　　　　　　　　　28 400

13. 按规定程序报经批准后，拟将一台专用设备报废，其账面余额 85 000 元，已提折旧 81 000 元。

借：待处理财产损溢——待处理财产价值　　　　　　　　　　　　4 000

　　累计折旧——固定资产累计折旧　　　　　　　　　　　　　　81 000

　　贷：固定资产——专用设备　　　　　　　　　　　　　　　　　　　85 000

14. 将上述拟报废设备予以核销。

借：资产基金——固定资产　　　　　　　　　　　　　　　　　　4 000

　　贷：待处理财产损溢——待处理财产价值　　　　　　　　　　　　　　4 000

15. 上述设备报废过程中取得残值收入 5 800 元，支付清理费用 4 200 元。残值收入通过银行收讫，清理费用通过银行转账支付。

借：银行存款　　　　　　　　　　　　　　　　　　　　　　　　5 800

　　贷：待处理财产损溢——处理净收入　　　　　　　　　　　　　　　　5 800

借：待处理财产损溢——处理净收入　　　　　　　　　　　　　　4 200

　　贷：银行存款　　　　　　　　　　　　　　　　　　　　　　　　　4 200

16. 将上述报废设备过程中取得的净收入 1 600 元转入应缴财政款准备上交。

借：待处理财产损溢——处理净收入　　　　　　　　　　　　　　1 600

　　贷：应缴财政款——固定资产处置收入　　　　　　　　　　　　　　　1 600

17. 期末财产清查时盘亏专用设备一台,其账面余额 48 200 元,已提折旧 46 000 元；盘盈一般设备一台，同类设备价值 5 200 元。

借：待处理财产损溢——待处理财产价值   2 200

    累计折旧——固定资产累计折旧   46 000

    贷：固定资产——专用设备   48 200

借：固定资产——一般设备   5 200

    贷：待处理财产损溢——待处理财产价值   5 200

18. 将上述盘盈、盘亏的设备予以核销。

借：资产基金——固定资产   2 200

    贷：待处理财产损溢——待处理财产价值   2 200

借：待处理财产损溢——待处理财产价值   5 200

    贷：固定资产——一般设备   5 200

19. 按规定程序报经批准，拟用财政项目资金对办公楼进行改建，其账面余额 9 000 000 元，已计提折旧 6 200 000 元。

借：在建工程——建筑工程——办公楼   2 800 000

    贷：资产基金——在建工程——办公楼   2 800 000

同时：

借：资产基金——固定资产（固定资产的账面价值）   2 800 000

    累计折旧——固定资产累计折旧   6 200 000

    贷：固定资产——办公楼   9 000 000

20. 承前办公楼改建过程中将旧门窗全部拆除更换，经估算拆除的旧门窗的账面价值 800 000 元。

借：资产基金——在建工程——办公楼   800 000

    贷：在建工程——建筑工程——办公楼   800 000

21. 承前上述拆除的旧门窗出售，通过银行收到变价款 400 000 元。

借：银行存款   400 000

    贷：经费支出——项目支出（财政拨款支出）——其他   400 000

同时：

借：资产基金——在建工程——办公楼   400 000

    贷：在建工程——建筑工程——办公楼   400 000

22. 承前按工程进度通过单位零余额账户转账支付办公楼改建工程款 3 000 000 元。

借：经费支出——项目支出（财政拨款支出）——其他   3 000 000

    贷：零余额账户用款额度   3 000 000

同时：

借：在建工程——建筑工程——办公楼   3 000 000

    贷：资产基金——在建工程——办公楼   3 000 000

23. 承前改建工程完工，工程价款结算单列明工程价款 6 000 000 元，扣除已支付前期工程款 3 000 000 元，余款 3 000 000 元，按合同规定质保金 600 000 元。

其余款项通过单位零余额账户转账支付。

借：在建工程——建筑工程——办公楼　　　　　　　　　　　　3 000 000
　　　贷：资产基金——在建工程——办公楼　　　　　　　　　　　3 000 000

同时：

借：经费支出——项目支出（财政拨款支出）——其他　　　　　2 400 000
　　　贷：零余额账户用款额度　　　　　　　　　　　　　　　　2 400 000

借：待偿债净资产——办公楼改建质保金　　　　　　　　　　　600 000
　　　贷：应付账款——施工企业　　　　　　　　　　　　　　　　600 000

24. 承前办公楼改建工程完工交付使用。

交付使用工程的实际成本 = 2 800 000（19）－800 000（20）－400 000（21）+ 3 000 000（22）+ 3 000 000（23）= 7 600 000（元）

借：资产基金——在建工程——办公楼　　　　　　　　　　　　3 800 000
　　　贷：在建工程——建筑工程——办公楼　　　　　　　　　　　3 800 000

同时：

借：固定资产——办公楼　　　　　　　　　　　　　　　　　　3 800 000
　　　贷：资产基金——固定资产——办公楼　　　　　　　　　　　3 800 000

知识归纳

　　行政单位会计固定资产与公共基础设施核算的会计科目包括"固定资产""公共基础设施""在建工程"和"累计折旧"四个科目。固定资产是指使用期限超过 1 年（不含 1 年）、单位价值在规定标准以上，并在使用过程中基本保持原有物质形态的资产；公共基础设施是指由行政单位占有并直接负责维护管理、供社会公众使用的工程性公共基础设施资产，包括城市交通设施、公共照明设施、环保设施、防灾设施、健身设施、广场及公共构筑物等其他公共设施；在建工程是指行政单位已经发生必要支出，但尚未完工交付使用的各种建筑（包括新建、改建、扩建、修缮等）、设备安装工程和信息系统建设工程的实际成本；固定资产、公共基础设施计提折旧是指行政单位在固定资产、公共基础设施预计使用寿命内，按照确定的方法对应折旧金额进行系统分摊。

复习思考

· 什么是固定资产？行政单位固定资产的核算范围如何界定？

· 什么是公共基础设施？行政单位公共基础设施的核算范围如何界定？

· 行政单位固定资产与公共基础设施有什么区别？

· 什么是在建工程？在建工程与固定资产、公共基础设施有什么关系？

· 什么是固定资产、公共基础设施折旧？行政单位固定资产、公共基础设施折旧的范围如何确定？

学习任务五　无形资产的核算

知识目标

- 了解行政单位无形资产的含义与内容；
- 熟悉行政单位无形资产的确认与计价规定；
- 熟悉行政单位无形资产摊销的含义、范围与政策规定。

能力目标

- 学会行政单位"无形资产"科目的使用方法；
- 学会行政单位"累计摊销"科目的使用方法。

知识精讲

一、无形资产

无形资产是指不具有实物形态而能为行政单位提供某种权利的非货币性资产，包括著作权、土地使用权、专利权、非专利技术等。无形资产应当在完成对其权属的规定登记或其他证明单位取得无形资产时确认。

（一）取得无形资产时，应当按照其实际成本入账。

1.外购的无形资产，其成本包括实际支付的购买价款、相关税费以及可归属于该项资产达到预定用途所发生的其他支出。

2.委托软件公司开发软件，视同外购无形资产进行处理。

3.自行开发并按法律程序申请取得的无形资产，按照依法取得时发生的注册费、聘请律师费等费用确定成本。

4.置换取得的无形资产，其成本按照换出资产的评估价值加上支付的补价或减去收到的补价，加上为换入无形资产支付的其他费用（登记费等）确定。

5.接受捐赠、无偿调入的无形资产，其成本按照有关凭据注明的金额加上相关税费确定；没有相关凭据可供取得，但依法经过资产评估的，其成本应当按照评估价值加上相关税费确定；没有相关凭据可供取得，也未经评估的，其成本比照同类或类似资产的市场价格加上相关税费确定；没有相关凭据也未经评估，其同类或类似无形资产的市场价格无法可靠取得的，所取得的无形资产应当按照名义金额入账。

（二）报经批准出售、置换换出无形资产转入待处理财产损溢时，按照无形资产的账面余额冲减无形资产。

（三）报经批准无偿调出、对外捐赠无形资产，按照无形资产的账面余额冲减无形资产。

（四）待核销的无形资产转入待处理财产损溢时，按照无形资产的账面余额冲减无形资产。

二、累计摊销

摊销是指在无形资产使用寿命内，按照确定的方法对应摊销金额进行系统分摊。行政单位应当对无形资产进行摊销，以名义金额计量的无形资产除外。行政单位无形资产摊销相关政策规定如下。

（一）行政单位应当按照以下原则确定无形资产的摊销年限。

1. 法律规定了有效年限的，按照法律规定的有效年限作为摊销年限。

2. 法律没有规定有效年限的，按照相关合同或单位申请书中的受益年限作为摊销年限。

3. 法律没有规定有效年限、相关合同或单位申请书也没有规定受益年限的，按照不少于 10 年的期限摊销。

4. 非大批量购入、单价小于 1 000 元的无形资产，可以于购买的当期，一次将成本全部摊销。

（二）行政单位应当采用年限平均法计提无形资产摊销。

（三）行政单位无形资产的应摊销金额为其成本。

（四）行政单位应当自无形资产取得当月起，按月计提摊销；无形资产减少的当月，不再计提摊销。

（五）无形资产提足摊销后，无论能否继续带来服务潜力或经济利益，均不再计提摊销；核销的无形资产，如果未提足摊销，也不再补提摊销。

（六）因发生后续支出而增加无形资产成本的，应当按照重新确定的无形资产成本，重新计算摊销额。

科目设置

行政单位会计无形资产的核算设置的科目包括"无形资产"和"累计摊销"两个科目。

"无形资产"科目

行政单位为了核算其无形资产的原价，应设置"无形资产"（资产类）总账科目，借方登记无形资产的增加数，贷方登记无形资产的处置数，期末借方余额反映行政单位无形资产的原价。

"无形资产"科目应当按照无形资产的类别、项目等设置明细科目。

特别提示：行政单位购入的不构成相关硬件不可缺少组成部分的软件，应当作为无形资产核算。

"累计摊销"科目

行政单位为了核算其无形资产计提的累计摊销，应设置"累计摊销"（资产类）总账科目，贷方登记无形资产计提的累计摊销数，借方登记冲减数，期末贷方余额反映行政单位计提的无形资产摊销累计数。

"累计摊销"科目应当按照对应无形资产的类别、项目等设置明细科目。

能力训练

某行政单位 2015 年发生下列有关无形资产的业务与事项，请根据有关凭证编制会计分录。

1. 购进工资核算系统，价税合计 68 000 元。按合同规定，系统安装完成支付 50 000 元，系统调试运行正常后支付余款 18 000 元。通过零余额账户转账支付软件供应商 60 000 元（基本支出拨款）。

借：无形资产——工资核算系统	68 000	
贷：资产基金——无形资产		68 000

同时：

借：经费支出——项目支出（财政拨款支出）——软件   50 000

    贷：零余额账户用款额度   50 000

借：待偿债净资产   18 000

    贷：应付账款——软件公司   18 000

2. 委托某公司开发资产管理系统，按合同规定预付开发费 45 000 元。通过零余额账户转账支付（项目支出拨款）。

借：预付账款——某软件公司   45 000

    贷：资产基金——预付账款   45 000

同时：

借：经费支出——项目支出（财政拨款支出）——软件   45 000

    贷：零余额账户用款额度   45 000

3. 上述委托系统开发完成，验收合格交付使用。通过零余额账户转账支付系统余款 18 000 元。

借：无形资产——资产管理信息系统   60 000

    贷：资产基金——无形资产   60 000

同时：

借：经费支出——项目支出（财政拨款支出）——软件   18 000

    贷：零余额账户用款额度   18 000

借：资产基金——预付账款   42 000

    贷：预付账款——某软件公司   42 000

4. 通过零余额账户转账支付财务软件升级费 15 000 元、漏洞修补费 3 000 元（基本支出拨款），共计 18 000 元。

借：无形资产——财务软件   15 000

    贷：资产基金——无形资产   15 000

同时：

借：经费支出——基本支出（财政拨款支出）——软件   18 000

    贷：零余额账户用款额度   18 000

5. 某月应计提无形资产摊销额为 2 957 元。

借：资产基金——无形资产   2 957

    贷：累计摊销   2 957

6. 按规定程序报经批准，拟将现资产管理系统核销，其账面余额 56 000 元，已计提摊销 42 000 元。

借：待处理财产损溢——待处理财产价值   14 000

    累计摊销   42 000

    贷：无形资产——资产管理系统   56 000

7. 核销上述资产管理系统。

借：资产基金——无形资产　　　　　　　　　　　　　　　　14 000

　　贷：待处理财产损溢——待处理财产价值　　　　　　　　　　14 000

知识归纳

　　行政单位会计无形资产的核算设置的科目包括"无形资产"和"累计摊销"两个科目。无形资产是指不具有实物形态而能为行政单位提供某种权利的非货币性资产，包括著作权、土地使用权、专利权、非专利技术等；摊销是指在无形资产使用寿命内，按照确定的方法对应摊销金额进行系统分摊。行政单位应当对除以名义金额计量的无形资产外的所有无形资产计提摊销。

复习思考

· 什么是无形资产？行政单位的无形资产包括哪些内容？

· 行政单位的无形资产核算时应如何计价？

· 什么是无形资产摊销？行政单位无形资产摊销的范围如何确定？

· 行政单位无形资产摊销有哪些政策规定？

学习任务六　待处理财产损溢与受托代理业务的核算

知识目标

· 了解行政单位国有资产处置的含义与范围；

· 了解行政单位国有资产处置的原则与审批权限；

· 熟悉行政单位国有资产处置处置收入管理的规定；

· 熟悉行政单位受托代理资产与受托代理负债的含义。

能力目标

· 学会行政单位"待处理财产损益"科目的使用方法；

· 学会行政单位"受托代理资产"科目的使用方法。

知识精讲

一、国有资产处置的含义与范围

　　行政单位国有资产处置 ①，是指行政单位国有资产产权的转移及核销，包括各类国有资产的无偿转让、出售、置换、报损、报废等。行政单位需处置的国有资产范围包括：

①《行政单位会计制度》在"待处理财产损溢"科目中指出：行政单位财产的处理包括资产的出售、报废、毁损、盘盈、盘亏，以及货币性资产损失核销等。

（一）闲置资产；

（二）因技术原因并经过科学论证，确需报废、淘汰的资产；

（三）因单位分立、撤销、合并、改制、隶属关系改变等原因发生的产权或者使用权转移的资产；

（四）盘亏、呆账及非正常损失的资产；

（五）已超过使用年限无法使用的资产；

（六）依照国家有关规定需要进行资产处置的其他情形。

二、国有资产处置的原则与审批权限

行政单位国有资产处置应当按照公开、公正、公平的原则进行。公开是指国有资产出售要信息公开透明，避免"暗箱操作"；公正是指国有资产处置严格遵守国有资产管理的有关规定，履行规定的程序；公平是指要对每一个购买者给予相同的待遇，不能有歧视和特殊的优惠。资产的出售与置换应当采取拍卖、招投标、协议转让及国家法律、行政法规规定的其他方式进行。

行政单位处置国有资产应当严格履行审批手续，未经批准不得处置。资产处置应当由行政单位资产管理部门会同财务部门、技术部门审核鉴定，提出意见，按审批权限报送审批。行政单位国有资产处置的审批权限和处置办法，除国家另有规定外，由财政部门根据《行政单位国有资产管理暂行办法》确定。

三、国有资产处置收入管理的规定

行政单位国有资产处置的变价收入和残值收入，按照政府非税收入管理的规定，实行"收支两条线"管理。

四、受托代理业务

行政单位的受托代理业务包括受托代理资产和受托代理负债业务。

（一）受托代理业务的含义与核算范围

受托代理资产是指行政单位接受委托方委托管理的各项资产，包括受托指定转赠的物资、受托储存管理的物资等。行政单位收到受托代理资产为现金和银行存款的，不通过受托代理资产科目核算，应当通过"库存现金""银行存款"科目进行核算。

受托代理负债是指行政单位接受委托，取得受托管理资产时形成的负债。

（二）受托代理资产与负债的确认与计价

受托代理资产应当在行政单位收到受托代理的资产时确认。

受托代理负债应当在行政单位收到受托代理资产并产生受托代理义务时确认。

1. 受托转赠物资的计价

（1）接受委托人委托需要转赠给受赠人的物资，其成本按照有关凭据注明的金额确定；没有相关凭据可供取得的，其成本比照同类或类似物资的市场价格确定。

（2）将受托转赠物资交付受赠人时，按照转赠物资的成本冲减受托代理资产。

（3）转赠物资的委托人取消了对捐赠物资的转赠要求，且不再收回捐赠物资的，应当将转赠物资转为存货或固定资产，按照转赠物资的成本冲减受托代理资产；同时，增加存货或固定资产及相应的资产基金。

2. 受托储存管理物资的计价

（1）接受委托人委托储存管理的物资，其成本按照有关凭据注明的金额确定。

（2）支付由受托单位承担的与受托储存管理的物资相关的运输费、保管费等费用时，按照实际支付的金额列支，不计入受托代理资产的成本。

（3）根据委托人要求交付受托储存管理的物资时，按照储存管理物资的成本冲减受托代理资产。

科目设置

行政单位会计待处理财产损溢与受托代理业务核算的会计科目包括"待处理财产损溢""受托代理资产"和"受托代理负债"三个科目。

"待处理财产损溢"科目

行政单位为了核算其待处理财产的价值及财产处理损溢，应设置"待处理财产损溢"（资产类）总账科目，借方登记转入的准备予以核销的财产数及处理过程中发生的相关费用，贷方登记按规定报经批准予以核销的财产数及处理过程中收到的残值变价收入等。期末如为借方余额，反映尚未处理完毕的各种财产价值及净损失；期末如为贷方余额，反映尚未处理完毕的各种财产净溢余。年度终了报经批准处理后，一般应无余额。

"待处理财产损溢"科目应当按照待处理财产项目设置明细科目。对于在财产处理过程中取得收入或发生相关费用的项目，还应当设置"待处理财产价值""处理净收入"明细科目。

行政单位财产的处理，一般应当先记入"待处理财产损溢"科目，按照规定报经批准后及时进行相应的账务处理。年终结账前一般应处理完毕。

"受托代理资产"科目

行政单位为了核算其接受委托方委托管理的各项资产，应设置"受托代理资产"（资产类）总账科目，借方登记受托代理资产的增加数，贷方登记受托代理资产的转出数，期末借方余额反映单位受托代理资产中实物资产的价值。

"受托代理资产"科目应当按照资产的种类和委托人设置明细科目；属于转赠资产的，还应当按照受赠人设置明细科目。

"受托代理负债"科目

行政单位为了核算其接受委托，取得受托管理资产时形成的负债，应设置"受托代理负债"（负债类）总账科目，贷方登记受托代理负债的增加数，借方登记受托代理负债的清偿数，期末贷方余额反映行政单位尚未清偿的受托代理负债。

"受托代理负债"科目应当按照委托人等设置明细科目；属于指定转赠物资和资金的，还应当按照指定受赠人设置明细科目。

能力训练

某行政单位 2015 年发生下列有关受托代理资产的业务，请根据有关凭证编制会计分录。

1. 受某单位委托，拟将一套教学仪器设备转赠给某学校，设备价值 145　320 元，设备已验收入库。

借：受托代理资产——教学仪器设备   145 320
 贷：受托代理负债——某单位   145 320

2. 通过零余额账户转账支付应由单位承担的上述教学仪器设备搬运费 3 410 元（基本支出拨款）。

借：经费支出——基本支出（财政拨款支出）——其他 3 410
 贷：零余额账户用款额度   3 410

3. 将上述教学仪器设备转赠给某学校。

借：受托代理负债——某单位   145 320
 贷：受托代理资产——教学仪器设备   145 320

4. 假定上述某单位取消了转赠要求，且不再收回其委托转增设备。

借：受托代理负债——某单位   145 320
 贷：受托代理资产——教学仪器设备   145 320

同时：

借：固定资产——教学仪器设备   145 320
 贷：资产基金——固定资产   145 320

知识归纳

  行政单位会计待处理财产损溢与受托代理业务核算的会计科目包括"待处理财产损溢""受托代理资产"和"受托代理负债"三个科目。行政单位国有资产处置，是指行政单位国有资产产权的转移及核销，包括各类国有资产的无偿转让、出售、置换、报损、报废等；行政单位的受托代理业务包括受托代理资产和受托代理负债业务。受托代理资产是指行政单位接受委托方委托管理的各项资产，包括受托指定转赠的物资、受托储存管理的物资等。受托代理负债是指行政单位接受委托，取得受托管理资产时形成的负债。

复习思考

- 什么是行政单位国有资产处置？
- 行政单位国有资产处置应遵循哪些原则？
- 行政单位国有资产处置应如何履行审批手续？
- 行政单位国有资产应如何处置？
- 行政单位的受托代理业务包括哪些内容？
- 受托代理资产与受托代理负债之间有什么关系？

项目二　行政单位负债的核算

理论知识　行政单位负债基础

负债是指行政单位所承担的能以货币计量，需要以资产或者劳务偿还的债务，包括应缴款项、暂存款项、应付款项等。

一、负债的分类

行政单位的负债按照流动性，分为流动负债和非流动负债。

流动负债是指预计在 1 年内（含 1 年）偿还的负债。行政单位的流动负债包括应缴财政款、应缴税费、应付职工薪酬、应付及暂存款项、应付政府补贴款等。

非流动负债是指流动负债以外的负债。行政单位的非流动负债包括长期应付款。

二、负债的确认与计量

行政单位对符合负债定义的债务，应当在确定承担偿债责任并且能够可靠地进行货币计量时确认。

符合负债定义并确认的负债项目，应当列入资产负债表；行政单位承担或有责任（偿债责任需要通过未来不确定事项的发生或不发生予以证实）的负债，不列入资产负债表，但应当在报表附注中披露。

行政单位的负债，应当按照承担的相关合同金额或实际发生额进行计量。

三、负债的管理

行政单位应对负债实行分类管理。行政单位取得罚没收入、行政事业性收费、政府性基金、国有资产处置和出租出借收入等，应当按照国库集中收缴的有关规定及时足额上缴，不得隐瞒、滞留、截留、挪用和坐支；行政单位应当加强对暂存款项的管理，不得将应当纳入单位收入管理的款项列入暂存款项；对各种暂存款项应当及时清理、结算，不得长期挂账。

学习任务一　应缴款项的核算

知识目标

· 熟悉行政单位应缴财政款的含义、内容与确认条件；
· 熟悉行政单位应缴税费的含义、内容与确认条件。

能力目标

· 学会行政单位"应缴财政款"科目的使用方法；
· 学会行政单位"应缴税费"科目的使用方法。

知识精讲

一、应缴财政款的含义、内容与确认

应缴财政款是指行政单位取得的按规定应当上缴财政的款项，包括罚没收入、行政事业性收费、政府性基金、国有资产处置和出租收入等。行政单位按照国家税法等有关规定应当缴纳的各种税费，通过"应缴税费"科目核算，不在应缴财政款科目核算。

应缴财政款应当在收到应缴财政的款项时确认。

二、应缴税费的含义、内容与确认

应缴税费是指行政单位按照税法等规定应当缴纳的各种税费，包括营业税、城市维护建设税、教育费附加、房产税、车船税、城镇土地使用税等。行政单位代扣代缴的个人所得税，也通过应缴税费科目核算。

应缴税费应当在产生缴纳税费义务时确认。

科目设置

行政单位的应缴款项科目包括"应缴财政款"和"应缴税费"两个科目。

"应缴财政款"科目

行政单位为了核算其取得的按规定应当上缴财政的款项，应设置"应缴财政款"（负债类）总账科目，贷方登记取得的应缴财政款项数，借方登记上缴数，期末贷方余额反映行政单位应当上缴财政但尚未缴纳的款项。年终清缴后，本科目一般应无余额。

"应缴财政款"科目应当按照应缴财政款项的类别设置明细账。

"应缴税费"科目

行政单位为了核算其按照税法等规定应当缴纳的各种税费，应设置"应缴税费"（负债类）总账科目，贷方登记按税法规定计算出应缴的各种税费及应代扣代缴的个人所得税，借方登记实际缴纳的各种税费，期末贷方余额，反映行政单位应缴未缴的税费金额。

"应缴税费"科目应当按照应缴纳的税费种类设置明细科目。

能力训练

某行政单位 2015 年发生下列应缴款项业务，请根据有关凭证编制会计分录。

1. 通过银行转账收到应追缴的赃款 62 000 元。

借：银行存款　　　　　　　　　　　　　　　　　62 000
　　贷：应缴财政款——赃款赃物　　　　　　　　　　　62 000

2. 开出缴款书将上述追回的赃款上缴国库。

借：应缴财政款——赃款赃物　　　　　　　　　　62 000
　　贷：银行存款　　　　　　　　　　　　　　　　　62 000

3. 某设备的残值变价收入 15 850 元，按税法相关规定计算应缴税费并进行账务处理。

残值变价收入应按 5% 计算应缴营业税 792.5 元，按应缴营业税额的 7% 计算应缴城建税 55.47 元，按照应缴营业税额的 3% 计算应缴教育费附加 23.78 元。

借：待处理财产损溢——处理净收入　　　　　　　　　　　871.75
　　贷：应缴税费——应缴营业税　　　　　　　　　　　　792.50
　　　　　　　　——应缴城市维护建设税　　　　　　　　　55.47
　　　　　　　　——应缴教育费附加　　　　　　　　　　　23.78

4. 某套设备对外出租取得租金收入 10 000 元，按税法相关规定计算应缴税费并进行账务处理。

租金收入按照 12% 计算应缴房产税 1 200 元，按照 5% 计算应缴营业税 500 元，按照应缴营业税额的 7% 计算应缴城建税 35 元，按照应缴营业税额的 3% 计算应缴教育费附加 15 元。

借：应缴财政款——租金收入　　　　　　　　　　　　　1 750
　　贷：应缴税费——应交房产税　　　　　　　　　　　　1 200
　　　　　　　　——应缴营业税　　　　　　　　　　　　　500
　　　　　　　　——应缴城市维护建设税　　　　　　　　　　35
　　　　　　　　——应缴教育费附加　　　　　　　　　　　　15

5. 某月按照在册人数计税工资计算出应代扣个人所得税 26 500 元。

借：应付职工薪酬——工资（离退休费）　　　　　　　　26 500
　　贷：应缴税费——应缴个人所得税　　　　　　　　　　26 500

6. 某月按照支付给有关外聘人员的劳务费计算出应代扣个人所得税 1 270 元。

借：经费支出——基本支出（财政拨款支出）——劳务费　　1 270
　　贷：应缴税费——应缴个人所得税　　　　　　　　　　1 270

知识归纳

应缴财政款是指行政单位取得的按规定应当上缴财政的款项，包括罚没收入、行政事业性收费、政府性基金、国有资产处置和出租收入等。应缴财政款应当在收到应缴财政的款项时确认。

应缴税费是指行政单位按照税法等规定应当缴纳的各种税费，包括营业税、城市维护建设税、教育费附加、房产税、车船税、城镇土地使用税等。应缴税费应当在产生缴纳税费义务时确认。

复习思考

- 什么是应缴财政款？应缴财政款包括哪些内容？应缴财政款应如何确认？
- 什么是应缴税费？应缴税费包括哪些内容？应缴税费应如何确认？
- 应缴财政款与应缴税费有什么区别？

学习任务二　应付款项的核算

📤 知识目标

· 熟悉行政单位各种应付款项的含义与内容；
· 熟悉行政单位各种应付款项确认的方法。

✖ 能力目标

· 学会行政单位"应付职工薪酬"科目的使用方法；
· 学会行政单位"应付账款"科目的使用方法；
· 学会行政单位"应付政府补贴款"科目的使用方法；
· 学会行政单位"其他应付款"科目的使用方法；
· 学会行政单位"长期应付款"科目的使用方法。

👤 知识精讲

一、应付职工薪酬的含义、内容与确认

应付职工薪酬是指行政单位按照有关规定应付给职工及为职工支付的各种薪酬，包括基本工资、奖金、国家统一规定的津贴补贴、社会保险费、住房公积金等。

应付职工薪酬应当在规定支付职工薪酬的时间确认。

二、应付账款的含义、内容与确认

应付账款是指行政单位因购买物资或服务、工程建设等而应付的偿还期限在 1 年以内（含 1 年）的款项。

应付账款应当在收到所购物资或服务、完成工程时确认。

三、应付政府补贴款的含义、内容与确认

应付政府补贴款是指负责发放政府补贴的行政单位，按照规定应当支付给政府补贴接受者的各种政府补贴款。

应付政府补贴款应当在规定发放政府补贴的时间确认。

四、其他应付款的含义、内容与确认

其他应付款是指行政单位除应缴财政款、应缴税费、应付职工薪酬、应付政府补贴款、应付账款以外的其他各项偿还期在 1 年以内（含 1 年）的应付及暂存款项，如收取的押金、保证金、未纳入行政单位预算管理的转拨资金、代扣代缴职工社会保险费和住房公积金等。

五、长期应付款的含义、内容与确认

长期应付款是指行政单位发生的偿还期限超过 1 年（不含 1 年）的应付款项，如跨年度分期付款购入固定资产的价款等。长期应付款应当按照以下条件确认：

1.因购买物资、服务等发生的长期应付款，应当在收到所购物资或服务时确认。

2.因其他原因发生的长期应付款，应当在承担付款义务时确认。

科目设置

行政单位的应付款项科目包括"应付职工薪酬""应付账款""应付政府补贴款""其他应付款"和"长期应付款"科目。

"应付职工薪酬"科目

行政单位为了核算其按照有关规定应付给职工及为职工支付的各种薪酬，应设置"应付职工薪酬"（负债类）总账科目，贷方登记按有关规定计提的应付给职工及应为职工支付的各种薪酬，借方登记实际支付数，期末贷方余额反映行政单位应付未付的职工薪酬。

"应付职工薪酬"科目应当根据国家有关规定按照"工资（离退休费）""地方（部门）津贴补贴""其他个人收入"以及"社会保险费""住房公积金"等设置明细科目。各明细科目的含义及具体内容与事业单位相同。

"应付账款"科目

行政单位为了核算其因购买物资或服务、工程建设等而应付的偿还期限在1年以内（含1年）的款项，应设置"应付账款"（负债类）总账科目，贷方登记发生的应付未付数，借方登记归还数，期末贷方余额反映行政单位尚未支付的应付账款。

"应付账款"科目应当按照债权单位（或个人）设置明细科目。

"应付政府补贴款"科目

行政单位为了核算其按照规定应当支付给政府补贴接受者的各种政府补贴款，应设置"应付政府补贴款"（负债类）总账科目，贷方登记发生的应付未付数，借方登记支付数，期末贷方余额反映行政单位应付未付的政府补贴金额。

"应付政府补贴款"科目应当按照应支付的政府补贴种类设置明细科目。行政单位还应当按照补贴接受者建立备查簿，进行相应明细核算。

"其他应付款"科目

行政单位为了核算其其他应付款的增减变动情况，应设置"其他应付款"（负债类）总账科目，贷方登记发生的其他各项应付及暂存款项数，借方登记结算数，期末贷方余额反映行政单位尚未支付的其他应付款。

"其他应付款"科目应当按照其他应付款的类别以及债权单位（或个人）设置明细科目。

"长期应付款"科目

行政单位为了核算其长期应付款的增减变动情况，应设置"长期应付款"（负债类）总账科目，贷方登记发生的长期款数，借方登记结算数，期末贷方余额反映行政单位尚未支付的长期应付款。

"长期应付款"科目应当按照长期应付款的类别以及债权单位（或个人）设置明细科目。

能力训练

某行政单位2015年发生下列应付款项业务和事项，请根据有关凭证编制会计分录。

1. 某月应付在职人员基本工资 112 400 元（其他货币性支付项目略），应计提单位负担的医疗保险费 11 240 元，应计提单位负担的住房公积金 22 480 元。

借：经费支出——基本支出（财政拨款支出）——基本工资　　　112 400
　　　　　　　　　　　　　　　　　　　——社会保障缴费　　　　11 240
　　　　　　　　　　　　　　　　　　　——住房公积金　　　　　22 480
　　贷：应付职工薪酬——工资（离退休费）　　　　　　　　　　　112 400
　　　　应付职工薪酬——社会保险费——医疗保险　　　　　　　　 11 240
　　　　应付职工薪酬——住房公积金　　　　　　　　　　　　　　 22 480

2. 根据上述应付在职人员基本工资 112 400 元（其他货币性支付项目略），计提个人负担的医疗保险费 6 744 元，个人负担的住房公积金 13 488 元，应缴个人所得税 5 620 元。

借：应付职工薪酬——工资（离退休费）　　　　　　　　　　　　25 852
　　贷：应付职工薪酬——社会保险费——医疗保险　　　　　　　　6 744
　　　　应付职工薪酬——住房公积金　　　　　　　　　　　　　　13 488
　　　　应缴税费——应缴个人所得税　　　　　　　　　　　　　　5 620

3. 收到财政国库支付执行机构转来的《财政直接支付入账通知书》及代发工资银行盖章转回的上述工资发放明细表，按上述应付工资及计提的医疗保险费、住房公积金、个人所得税发放工资并向有关部门转账。

借：应付职工薪酬——工资（离退休费）　　　　　　　　　　　　85 648
　　应付职工薪酬——社会保险费——医疗保险　　　　　　　　　 17 984
　　应付职工薪酬——住房公积金　　　　　　　　　　　　　　　 35 968
　　应缴税费——应缴个人所得税　　　　　　　　　　　　　　　 5 620
　　贷：财政拨款收入——基本支出拨款——人员经费　　　　　　　146 120

4. 购进甲材料一批，价款 35 200 元，增值税税额为 5 984 元，发票账单已收，材料已验收入库，款项尚未支付。

借：存货——甲材料　　　　　　　　　　　　　　　　　　　　　41 184
　　贷：资产基金——存货　　　　　　　　　　　　　　　　　　　41 184
同时：
借：待偿债净资产——购进材料款　　　　　　　　　　　　　　　41 184
　　贷：应付账款——某单位　　　　　　　　　　　　　　　　　　41 184

5. 开出转账支票通过零余额账户支付上述材料款 41 184 元（财政拨款支出）。

借：应付账款——某单位　　　　　　　　　　　　　　　　　　　41 184
　　贷：待偿债净资产——购进材料款　　　　　　　　　　　　　　41 184
同时：
借：经费支出——基本支出（财政拨款支出）——专用材料　　　　41 184
　　贷：零余额账户用款额度　　　　　　　　　　　　　　　　　　41 184

6. 若上述应付某单位材料款无法偿付，按照规定报经批准后予以核销。

借：应付账款——某单位   41 184

     贷：待偿债净资产——购进材料款   41 184

核销的应付账款应在备查簿中保留登记。

7. 按规定计算出应向扶贫对象支付扶贫款 15 600 元。

借：经费支出——基本支出（财政拨款支出）——扶贫款   15 600

     贷：应付政府补贴款——贫困救济   15 600

8. 开出转账支票通过零余额账户支付上述贫困人员扶贫款。

借：应付政府补贴款——贫困救济   15 600

     贷：零余额账户用款额度   15 600

同时，按照补贴对象建立备查簿，详细登记发放对象的姓名、发放金额及发放的期间等。

9. 所属某单位通过银行转来当年学习资料统一征订款 5 800 元。

借：银行存款   5 800

     贷：其他应付款——某单位   5 800

10. 转账支付学习资料统一征订款 15 000 元，其中为所属某单位征订的资料为 6 000 元。

借：经费支出——基本支出（财政拨款支出）——办公费   9 000

     其他应收款——所属单位   6 000

     贷：银行存款   15 000

11. 所属某单位领用统一征订的学习资料时以现金补交余款 200 元。

借：其他应付款——所属单位   5 800

     库存现金   200

     贷：其他应收款——所属单位   6 000

12. 按规定程序报经批准核销无法退回的以前收取某单位财产押金 1600 元。

借：其他应付款——某单位   1 600

     贷：其他收入——其他   1 600

同时，将核销的不予退回的押金在备查簿中保留登记。

13. 按照当年财政项目资金采购计划以政府采购方式购进商务用车一辆，含税价及相关费用共计 550 000 元，全部价款分 5 年付清，每年支付 110 000 元。收到《财政直接支付入账通知书》支付当年应付车款 110 000 元，车辆已交付使用。

借：固定资产——专用设备   550 000

     贷：资产基金——固定资产   550 000

同时：

借：经费支出——项目支出（财政拨款支出）——交通工具购置   110 000

     贷：财政拨款收入——项目支出拨款   110 000

借：待偿债净资产——商务车待偿款   440 000

     贷：长期应付款——某汽贸公司   440 000

14. 第二年收到《财政直接支付入账通知书》支付第二年车款 11 0000 元。

借：经费支出——项目支出（财政拨款支出）——交通工具购置　　　　110 000

　　贷：财政拨款收入——项目支出拨款　　　　　　　　　　　　　　　　110 000

借：长期应付款——某汽贸公司　　　　　　　　　　　　　　　　　110 000

　　贷：待偿债净资产——商务车待偿款　　　　　　　　　　　　　　　　110 000

知识归纳

　　应付职工薪酬是指行政单位按照有关规定应付给职工及为职工支付的各种薪酬，包括基本工资、奖金、国家统一规定的津贴补贴、社会保险费、住房公积金等。应付职工薪酬应当在规定支付职工薪酬的时间确认。

　　应付账款是指行政单位因购买物资或服务、工程建设等而应付的偿还期限在 1 年以内（含 1 年）的款项。应付账款应当在收到所购物资或服务、完成工程时确认。

　　应付政府补贴款是指负责发放政府补贴的行政单位，按照规定应当支付给政府补贴接受者的各种政府补贴款。应付政府补贴款应当在规定发放政府补贴的时间确认。

　　其他应付款是指行政单位除应缴财政款、应缴税费、应付职工薪酬、应付政府补贴款、应付账款以外的其他各项偿还期在 1 年以内（含 1 年）的应付及暂存款项，如收取的押金、保证金、未纳入行政单位预算管理的转拨资金、代扣代缴职工社会保险费和住房公积金等。

　　长期应付款是指行政单位发生的偿还期限超过 1 年（不含 1 年）的应付款项，如跨年度分期付款购入固定资产的价款等。因购买物资、服务等发生的长期应付款，应当在收到所购物资或服务时确认；因其他原因发生的长期应付款，应当在承担付款义务时确认。

复习思考

・什么是应付职工薪酬？应付职工薪酬包括哪些内容？应付职工薪酬应如何确认？

・什么是应付账款？应付账款应如何确认？

・什么是应付政府补贴款？应付政府补贴款应如何确认？

・什么是其他应付款？其他应付款应如何确认？

・什么是长期应付款？长期应付款一般包括哪些内容？长期应付款应如何确认？

・应付账款、其他应付款、长期应付款的核算内容有什么区别？

项目三　行政单位收入与支出的核算

理论知识　行政单位收入与支出基础

一、收入

收入是指行政单位依法取得的非偿还性资金。行政单位的收入包括财政拨款收入和其他收入。财政拨款收入是指行政单位从同级财政部门取得的财政预算资金；其他收入是指行政单位依法取得的除财政拨款收入以外的各项收入。

行政单位的收入一般应当在收到款项时予以确认，并按照实际收到的金额进行计量。

行政单位依法取得的应当上缴财政的罚没收入、行政事业性收费、政府性基金、国有资产处置和出租出借收入等，不属于行政单位的收入；行政单位取得各项收入，应当符合国家规定，按照财务管理的要求，分项如实核算；行政单位的各项收入应当全部纳入单位预算，统一核算，统一管理。

二、支出

支出是指行政单位为保障机构正常运转和完成工作任务所发生的资金耗费和损失。行政单位的支出包括经费支出和拨出经费。经费支出是指行政单位自身开展业务活动使用各项资金发生的基本支出和项目支出；拨出经费是指行政单位纳入单位预算管理、拨付给所属单位的非同级财政拨款资金。

行政单位的支出一般应当在支付款项时予以确认，并按照实际支付金额进行计量。采用权责发生制确认的支出，应当在其发生时予以确认，并按照实际发生额进行计量。

行政单位应当将各项支出全部纳入单位预算。各项支出由单位财务部门按照批准的预算和有关规定审核办理；行政单位的支出应当严格执行国家规定的开支范围及标准，建立健全支出管理制度，对节约潜力大、管理薄弱的支出进行重点管理和控制；行政单位从财政部门或者上级预算单位取得的项目资金，应当按照批准的项目和用途使用，专款专用、单独核算，并按照规定向同级财政部门或者上级预算单位报告资金使用情况，接受财政部门和上级预算单位的检查监督。项目完成后，行政单位应当向同级财政部门或者上级预算单位报送项目支出决算和使用效果的书面报告；行政单位应当严格执行国库集中支付制度和政府采购制度等规定；行政单位应当加强支出的绩效管理，提高资金的使用效益；行政单位应当依法加强各类票据管理，确保票据来源合法、内容真实、使用正确，不得使用虚假票据。

学习任务一　收入的核算

知识目标

· 熟悉行政单位财政拨款收入的含义、内容与分类；
· 熟悉行政单位其他收入的含义与内容。

🔧 能力目标

· 学会行政单位"财政拨款收入"科目的使用方法；
· 学会行政单位"其他收入"科目的使用方法。

👤 知识精讲

一、财政拨款收入

财政拨款收入是指行政单位从同级财政部门取得的财政预算资金，包括"基本支出拨款"和"项目支出拨款"。

基本支出拨款是指行政单位为了保障其正常运转、完成日常工作任务从同级财政部门取得的各类财政拨款，包括人员经费补助和日常公用经费补助。

项目支出拨款是指行政单位为了完成特定工作任务和目标，在基本支出补助之外从同级财政部门取得的各类财政拨款。

另外，按照预算管理的要求，预算单位的用款计划、用款申请书及财政拨款收入的会计核算一般应具体到《政府收支分类科目》中"支出功能分类"的"项"级科目。所以，不论是"基本支出拨款"还是"项目支出拨款"都应当按照"支出功能分类"的"项"级科目进一步详细分类。

二、其他收入

其他收入是指行政单位取得的除财政拨款收入以外的其他各项收入，如从非同级财政部门、上级主管部门等取得的用于完成项目或专项任务的资金、库存现金溢余等。

📋 科目设置

行政单位收入类科目包括"财政拨款收入"和"其他收入"科目。

"财政拨款收入"科目

行政单位为了核算从同级财政部门取得的财政预算资金，应设置"财政拨款收入"（收入类）总账科目，贷方登记收到或确认的财政预算资金数，借方登记财政预算资金的退回数。年终结账后应无余额。

"财政拨款收入"科目应当设置"基本支出拨款"和"项目支出拨款"两个明细科目，分别核算行政单位取得用于基本支出和项目支出的财政拨款资金；同时，按照《政府收支分类科目》中"支出功能分类科目"的项级科目设置明细科目；在"基本支出拨款"明细科目下按照"人员经费"和"日常公用经费"设置明细科目，在"项目支出拨款"明细科目下按照具体项目设置明细科目。

有公共财政预算拨款、政府性基金预算拨款等两种或两种以上财政拨款的行政单位，还应当按照财政拨款的种类分别设置明细科目。

财政拨款收入明细科目的设置如图 3-3-1 所示。

"其他收入"科目

行政单位为了核算其取得的其他收入，应设置"其他收入"（收入类）总账科目，贷方登记其他收入确认数或实际收到数，借方登记收入退回数。年终结账后应无余额。

"其他收入"科目应当按照其他收入的类别、来源单位、项目资金和非项目资金设置明细科目。对于项目资金收入，还应当按照具体项目设置明细科目。

特别说明：行政单位从非同级财政部门、上级主管部门等取得指定转给其他单位，且未纳入本单位预算管理的资金，不通过其他收入科目核算，应当通过"其他应付款"科目核算。

图形示意

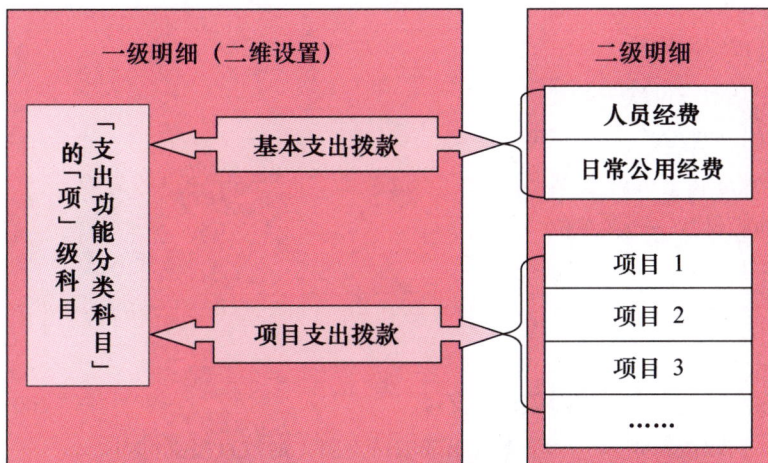

注：有公共财政预算拨款、政府性基金预算拨款等两种或两种以上财政预算拨款的行政单位，还应当按照财政拨款的种类设置。

图 3-3-1 "财政拨款收入"明细科目设置

能力训练

某行政单位 2015 年发生下列有关收入业务与事项，请根据有关凭证编制会计分录。

1. 收到工资发放银行转来《财政直接支付入账通知书》及盖章转回的工资发放明细表，列明当月应付基本工资为 65 938 元。

借：经费支出——基本支出（财政拨款支出）——基本工资　　　65 938
　　贷：应付职工薪酬——工资（离退休费）　　　65 938
借：应付职工薪酬——工资（离退休费）　　　65 938
　　贷：财政拨款收入——基本支出拨款——人员经费（财政直接支付）　　　65 938

2. 收到代理银行《财政授权支付额度到账通知书》，某月授权支付用款额度为 28 000 元。

借：零余额账户用款额度　　　28 000
　　贷：财政拨款收入——基本支出或项目支出拨款（财政授权支付）　　　28 000

3. 若该单位暂未实行授权支付，收到财政拨款到账通知书列明本月财政拨入基本支出拨款 86 000 元。

借：银行存款	86 000	
贷：财政拨款收入——基本支出		86 000

4. 月末库存现金盘点时，发现现金溢余 1 400 元，原因待查。

借：库存现金	1 400	
贷：待处理财产损溢		1 400

5. 经查上述现金溢余，其中 1 000 元属于误收应予退回，400 元无法查明原因报经批准转列收入。

借：待处理财产损溢	1 400	
贷：其他应付款——某同志		1 000
其他收入——库存现金溢余		400

6. 报经批准将之前预收某单位的业务保证金 2 700 元转列收入。

借：其他应付款——某单位	2 700	
贷：其他收入——押金		2 700

7. 当年财政直接支付预算指标为 6 880 000 元，全年实际执行数为 6 780 000 元，差额为 100 000 元。

借：财政应返还额度——财政直接支付	100 000	
贷：财政拨款收入——基本支出或项目支出（财政直接支付）		100 000

8. 当年财政授权支付预算指标为 5 490 000 元，全年累计下达用款额度为 5 460 000 元，全年支出数为 5 450 000 元。

借：财政应返还额度——财政授权支付	30 000	
贷：财政拨款收入——基本支出或项目支出拨款（财政授权支付）		30 000
借：财政应返还额度——财政授权支付	10 000	
贷：零余额账户用款额度		10 000

知识归纳

　　财政拨款收入是指行政单位从同级财政部门取得的财政预算资金，包括"基本支出拨款"和"项目支出拨款"。

　　其他收入是指行政单位取得的除财政拨款收入以外的其他各项收入，如从非同级财政部门、上级主管部门等取得的用于完成项目或专项任务的资金、库存现金溢余等。

复习思考

- 什么是财政拨款收入？财政拨款收入如何分类？
- 什么是"支出功能分类"？"支出功能分类"科目在财政拨款收入核算中起什么作用？
- 什么是其他收入？其他收入和财政拨款收入的主要区别是什么？

学习任务二　支出的核算

知识目标

· 熟悉行政单位经费支出的含义与内容；
· 熟悉行政单位拨出经费的含义与内容。

能力目标

· 学会行政单位"经费支出"科目的使用方法；
· 学会行政单位"拨出经费"科目的使用方法。

知识精讲

一、经费支出

经费支出是指行政单位在开展业务活动中发生的各项支出。经费支出按照经费来源渠道分为财政拨款支出和其他资金支出，按照支出的性质分为基本支出和项目支出。

基本支出是指行政单位为了保障其正常运转、完成日常工作任务而发生的人员支出和公用支出；项目支出是指行政单位为了完成特定工作任务和目标，在基本支出之外所发生的支出。

另外，按照预算管理的要求，行政单位的年度支出预算和会计核算一般应具体到《政府收支分类科目》中"支出经济分类"的"款"级科目。所以，行政单位的经费支出还应按照《政府收支分类科目》中"支出经济分类"的相关科目进一步分类。

二、拨出经费

拨出经费是指行政单位向所属单位拨出的纳入单位预算管理的非同级财政拨款资金，如拨给所属单位的专项经费和补助经费等。

科目设置

行政单位会计的支出科目包括"经费支出"和"拨出经费"两个科目。

"经费支出"科目

行政单位为了核算其在开展业务活动中发生的各项支出应设置"经费支出"（支出类）总账科目，借方登记发生的各项实际支出数，贷方登记支出收回数。年终结账后应无余额。

"经费支出"科目应当分别按照"财政拨款支出"和"其他资金支出"、"基本支出"和"项目支出"等分类设置明细科目，并按照《政府收支分类科目》中"支出功能分类科目"的"项"级科目设置明细科目；"基本支出"和"项目支出"明细科目下应当按照《政府收支分类科目》中"支出经济分类科目"的款级科目设置明细科目。同时在"项目支出"明细科目下按照具体项目设置明细科目。

有公共财政预算拨款、政府性基金预算拨款等两种或两种以上财政拨款的行政单位，还应当按照财政拨款的种类分别设置明细科目。

经费支出明细科目的设置及说明如图 3-3-2 所示。

"拨出经费"科目

行政单位为了核算其向所属单位拨出的纳入单位预算管理的非同级财政拨款资金应设置"拨出经费"（支出类）总账科目，借方登记拨出数，贷方登记拨出收回数。年终结账后应无余额。

"拨出经费"科目应当按照"基本支出"和"项目支出"设置明细科目；还应当按照接受拨出经费的具体单位和款项类别等分别设置明细科目。

📷 图形示意

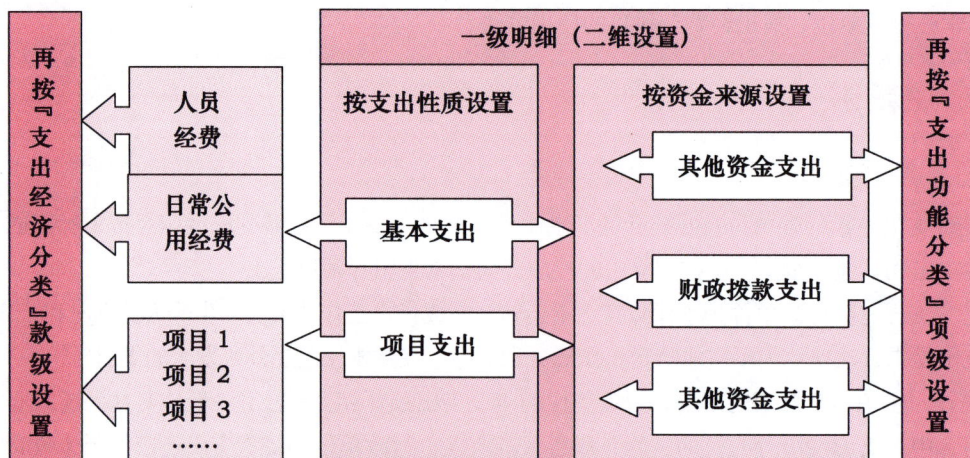

注：有公共财政预算拨款、政府性基金预算拨款等两种或两种以上财政预算拨款的行政单位，财政拨款支出还应当按照财政拨款的种类设置。

图 3-3-2　"经费支出"明细科目设置示意

🏃 能力训练

某行政单位 2015 年发生下列有关支出的业务和事项，请根据有关凭证编制会计分录。

1. 政府采购部门按照年度单位政府采购项目计划给单位招标采购某种专用设备一套，含税价值 69 500 元，设备已安装调试完成并交付使用。收到财政国库支付执行机构转来的《财政直接支付入账通知书》及相关凭证。

借：经费支出——项目支出（财政拨款支出）——专用设备购置费　　69 500
　　贷：财政拨款收入——项目支出　　　　　　　　　　　　　　　　　　69 500
同时：
借：固定资产——专用设备　　　　　　　　　　　　　　　　　　69 500
　　贷：资产基金——固定资产　　　　　　　　　　　　　　　　　　　69 500

2. 开出转账支票通过零余额账户支付零星办公用品款 3 100 元。

借：经费支出——基本支出（财政拨款支出）——办公费　　　　3 100

　　贷：零余额账户用款额度　　　　3 100

3. 开出转账支票通过零余额账户支付办公设备维修款 8 800 元。

借：经费支出——基本支出（财政拨款支出）——维修费　　　　8 800

　　贷：零余额账户用款额度　　　　8 800

4. 开出转账支票通过零余额账户预付某单位专用材料款 5 800 元。

借：经费支出——基本支出（财政拨款支出）——专用材料费　　　　5 800

　　贷：零余额账户用款额度　　　　5 800

同时：

借：预付账款——某单位　　　　5 800

　　贷：资产基金——预付款项　　　　5 800

5. 从某单位购进某专用材料，含税价 4 600 元，材料已验收入库。开出转账支票通过零余额账户支付。

借：存货——某种材料　　　　4 600

　　贷：资产基金——预付款项　　　　4 600

同时：

借：经费支出——基本支出（财政拨款支出）——专用材料费　　　　4 600

　　贷：零余额账户用款额度　　　　4 600

6. 应付外聘人员本月劳务费 6 820 元，应代扣个人所得税 341 元。通过单位网上银行支付扣税后劳务费。

借：经费支出——基本支出（财政拨款支出）——劳务费　　　　6 820

　　贷：应缴税费——应缴个人所得税　　　　341

　　　　银行存款　　　　6 479

7. 司机李亮报销过路过桥费及加油费 6 400 元，款项通过单位网上银行支付。

借：事业支出——基本支出（财政拨款支出）——交通费　　　　6 400

　　贷：银行存款　　　　6 400

8. 开出转账支票向所属单位拨付非同级财政拨款资金 85 000 元。

借：拨出经费——某所属单位　　　　85 000

　　贷：银行存款　　　　85 000

🧍 知识归纳

　　经费支出是指行政单位在开展业务活动中发生的各项支出。经费支出按照经费来源渠道分为财政拨款支出和其他资金支出；按照支出的性质分为基本支出和项目支出。

　　拨出经费是指行政单位向所属单位拨出的纳入单位预算管理的非同级财政拨款资金，如拨给所属单位的专项经费和补助经费等。

复习思考

- 什么是经费支出？经费支出有几种分类？
- 什么是"支出经济分类"？"支出经济分类"科目在经费支出核算中起什么作用？
- "支出经济分类"科目与"支出功能分类"科目有什么区别？
- 什么是基本支出和项目支出？基本支出和项目支出的主要区别是什么？
- 什么是拨出经费？拨出经费和经费支出的主要区别是什么？

项目四　行政单位净资产的核算

理论知识　行政单位净资产基础

净资产是指行政单位资产扣除负债后的余额。行政单位的净资产包括财政拨款结转、财政拨款结余、其他资金结转结余、资产基金、待偿债净资产等。

一、财政拨款结转是指行政单位当年预算已执行但尚未完成，或因故未执行，下一年度需要按照原用途继续使用的财政拨款滚存资金。

二、财政拨款结余是指行政单位当年预算工作目标已完成，或因故终止，剩余的财政拨款滚存资金。

三、其他资金结转结余是指行政单位除财政拨款收支以外的各项收支相抵后剩余的滚存资金。

四、资产基金是指行政单位的非货币性资产在净资产中占用的金额。

五、待偿债净资产是指行政单位因发生应付账款和长期应付款而相应需在净资产中冲减的金额。

学习任务一　结转结余的核算

知识目标

- 熟悉行政单位财政拨款结转的含义、内容及其账户设置要求；
- 熟悉行政单位财政拨款结余的含义、内容及其账户设置要求；
- 熟悉行政单位其他资金结转结余的含义、内容及其账户设置要求。

能力目标

- 学会行政单位"财政拨款结转"科目的使用方法；
- 学会行政单位"财政拨款结余"科目的使用方法；
- 学会行政单位"其他资金结转结余"科目的使用方法。

🔴 知识精讲

一、财政拨款结转的含义与内容

　　财政拨款结转是指行政单位当年预算已执行但尚未完成，或因故未执行，下一年度需要按照原用途继续使用的财政拨款滚存资金。行政单位财政拨款结转资金按照财政拨款结转变动原因，分为收支转账、结余转账、年初余额调整、归集上缴、归集调入、单位内部调剂、剩余结转。

　　（一）收支转账是指行政单位当年财政拨款收入与财政拨款支出的差额。按照当年财政拨款的性质具体分为基本支出结转形成的收支转账和项目支出结转形成的收支转账。用公式表示如下：

　　收支转账＝收支转账【基本支出结转】＋收支转账【项目支出结转】

　　其中：

　　收支转账【基本支出结转】＝基本支出拨款－基本支出【财政拨款支出】

　　收支转账【项目支出结转】＝项目支出拨款－项目支出【财政拨款支出】

　　（二）结余转账是指行政单位年末在对年度承担的项目执行情况分析的基础上，按照有关规定将完成项目的符合财政拨款结余性质的项目余额转入财政拨款结余。

　　（三）年初余额调整是指行政单位因发生差错更正，以前年度支出收回等原因，需要调整财政拨款结转时，按照有关规定调整以前年度财政拨款结转。

　　（四）归集上缴是指行政单位按照规定上缴财政拨款结转资金。

　　（五）归集调入是指行政单位按照规定从其他单位调入财政拨款结余资金。

　　（六）单位内部调剂是指行政单位经财政部门批准对财政拨款结余资金改变用途，调整用于其他未完成项目等。

　　（七）剩余结转是指行政单位年末将收支转账、结余转账、年初余额调整、归集上缴、归集调入、单位内部调剂等余额结转形成的财政拨款结转滚存资金数额。用公式表示如下：

　　剩余结转＝　±　年初余额调整

　　　　　　　　＋　归集调入

　　　　　　　　－　归集上缴

　　　　　　　　＋　单位内部调剂

　　　　　　　　＋　收支转账

　　　　　　　　－　结余转账

二、财政拨款结余的含义与内容

　　财政拨款结余是指行政单位当年预算工作目标已完成，或因故终止，剩余的财政拨款滚存资金。行政单位的财政拨款结余根据管理需要按照财政拨款结余变动原因，分为结余转账、年初余额调整、归集上缴、单位内部调剂、剩余结余。

　　（一）结余转账是指行政单位年末在对年度承担的项目执行情况分析的基础上，按照有关规定将完成项目的符合财政拨款结余性质的项目余额转入财政拨款结余。

　　（二）年初余额调整是指行政单位因发生差错更正、以前年度支出收回等原因，需要调整财政拨款结余时，按照有关规定调整以前年度财政拨款结余。

（三）归集上缴是指行政单位按照规定上缴的财政拨款结余资金。

（四）单位内部调剂是指行政单位经财政部门批准将完成项目结余资金调整用于基本支出或其他未完成项目支出。

（五）剩余结余是指行政单位年末将结余转账、年初余额调整、归集上缴、单位内部调剂等余额结转形成的财政拨款结余滚存资金数额。用公式表示如下：

剩余结余 = ± 年初余额调整
　　　　　 − 归集上缴
　　　　　 − 单位内部调剂
　　　　　 + 结余转账

三、其他资金结转结余的含义与内容

其他资金结转结余是指行政单位除财政拨款收支以外的各项收支相抵后剩余的滚存资金。行政单位的其他资金结转结余根据管理需要按照其他资金结转结余变动原因，分为收支转账、年初余额调整、结余调剂、剩余结转结余。

（一）收支转账是指行政单位当年除财政拨款收支以外的各项收入于支出的差额。按照当年除财政拨款收支以外的各项资金的性质具体分为项目结转和非项目结余。用公式表示如下：

收支转账 = 收支转账［项目结转］+ 收支转账［非项目结余］

其中：

收支转账［项目结转］= 其他收入［项目资金收入］− 项目支出［其他资金支出］− 拨出经费［项目支出］

收支转账［非项目结余］= 其他收入［非项目资金收入］− 基本支出［其他资金支出］− 拨出经费［基本支出］

（二）年初余额调整是指行政单位因发生差错更正、以前年度支出收回等原因，需要调整其他资金结转结余时，按照有关规定调整以前年度其他资金结转结余。

（三）结余调剂是指行政单位按规定缴回或转出用非财政拨款资金安排的项目结余，或用非财政拨款资金安排的非项目资金结余补充项目资金。

（四）剩余结转结余是指行政单位年末将收支转账、年初余额调整、结余调剂等结转形成的各项非财政拨款资金滚存结转结余数额。

其计算公式为：

剩余结转结余 = 收支转账 − 结余调剂 ± 年初余额调整

科目设置

按照结转结余的内容与分类，行政单位的结转结余科目包括"财政拨款结转""财政拨款结余"和"其他资金结转结余"。

"财政拨款结转"科目

行政单位为了核算其滚存的财政拨款结转资金，应设置"财政拨款结转"（净资产类）总账科目，贷方登记年末结转增加数，借方登记年末结转减少数，期末贷方余额反映行政单位滚存的财政

拨款结转资金数额。

"财政拨款结转"科目下应当设置"基本支出结转""项目支出结转"两个明细科目；在"基本支出结转"明细科目下按照"人员经费"和"日常公用经费"设置明细科目，在"项目支出结转"明细科目下按照具体项目设置明细科目。

"财政拨款结转"科目还应当按照《政府收支分类科目》中"支出功能分类"的项级科目设置明细科目。

有公共财政预算拨款、政府性基金预算拨款等两种或两种以上财政拨款的行政单位，还应当按照财政拨款种类分别设置明细科目。

"财政拨款结转"科目还可以根据管理需要，按照财政拨款结转变动原因，设置"收支转账""结余转账""年初余额调整""归集上缴""归集调入""单位内部调剂""剩余结转"等明细科目，进行明细核算。

"财政拨款结转"明细科目的设置如图 3-4-1 所示。

"收支结转"明细科目的账务处理如图 3-4-2 所示。

"剩余结转"明细科目的账务处理如图 3-4-3 所示。

"财政拨款结余"科目

行政单位为了核算其滚存的财政拨款项目支出结余资金，应设置"财政拨款结余"（净资产类）科目，贷方登记年末结转增加数，借方登记年末结转减少数，期末贷方余额反映行政单位滚存的财政拨款结余资金数额。

"财政拨款结余"科目应当按照具体项目、《政府收支分类科目》中"支出功能分类科目"的项级科目等设置明细科目。

有公共财政预算拨款、政府性基金预算拨款等两种或两种以上财政拨款的行政单位，还应当按照财政拨款的种类分别设置明细科目。

"财政拨款结余"科目还可以根据管理需要按照财政拨款结余变动原因，设置"结余转账""年初余额调整""归集上缴""单位内部调剂""剩余结余"等明细科目，进行明细核算。

"财政拨款结余"明细科目的设置如图 3-4-4 所示。

"剩余结余"明细科目的账务处理如图 3-4-5 所示。

"其他资金结转结余"科目

行政单位为了核算其除财政拨款收支以外的其他各项收支相抵后剩余的滚存资金，应设置"其他资金结转结余"（净资产类）总账科目，贷方登记年末结转增加数，借方登记年末结转减少数，期末贷方余额反映行政单位滚存的各项非财政拨款资金结转结余数额。

"其他资金结转结余"科目下应当设置"项目结转"和"非项目结余"明细科目，分别对项目资金和非项目资金设置明细科目。对于项目结转，还应当按照具体项目设置明细科目。

"其他资金结转结余"科目还可以根据管理需要按照其他资金结转结余变动原因，设置"收支转账""年初余额调整""结余调剂""剩余结转结余"等明细科目，进行明细核算。

"其他资金结转结余"明细科目的设置如图 3-4-6 所示。

"收支结转"明细科目的账务处理如图 3-4-7 所示。

"剩余结转结余"明细科目的账务处理如图 3-4-8 所示。

图形示意

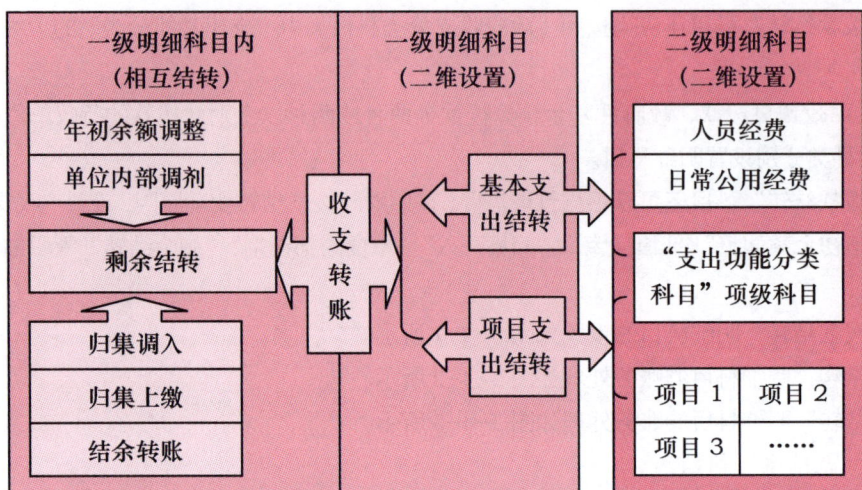

注：有公共财政预算拨款、政府性基金预算拨款等两种或两种以上财政拨款的行政单位，还应当按照财政拨款的种类设置。

图 3-4-1 "财政拨款结转"明细科目的设置

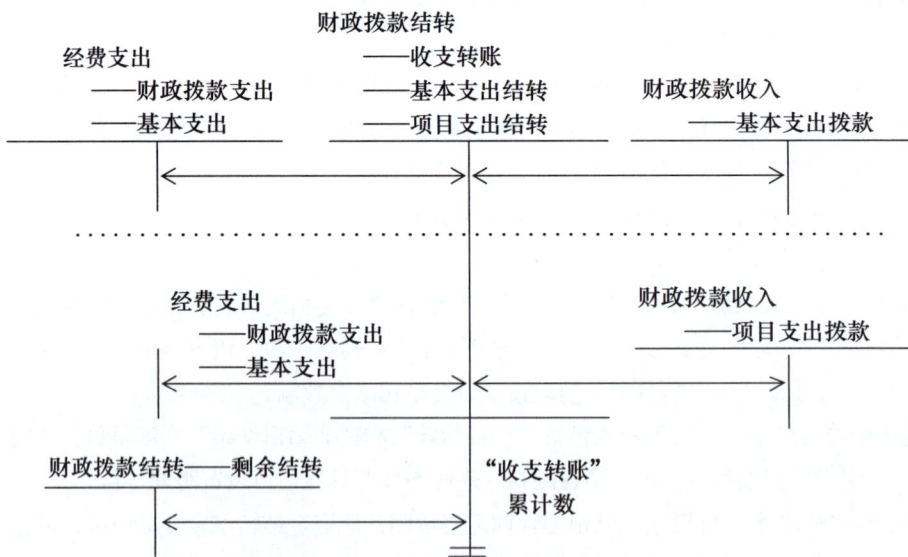

图 3-4-2 "财政拨款结转"的"收支转账"科目的账务处理

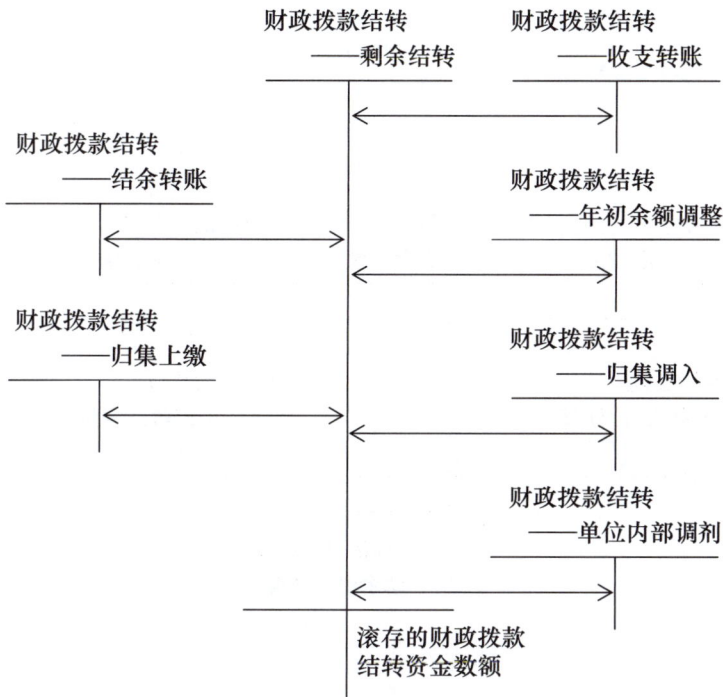

图 3-4-3　"财政拨款结转"的"剩余结转"科目的账务处理

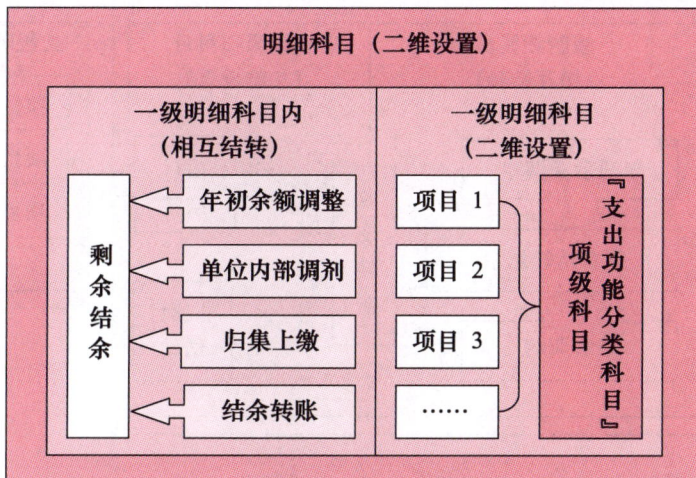

注：有公共财政预算拨款、政府性基金预算拨款等两种或两种以上财政拨款的行政单位，还应当按照财政拨款的种类设置。

图 3-4-4　"财政拨款结余"明细科目设置

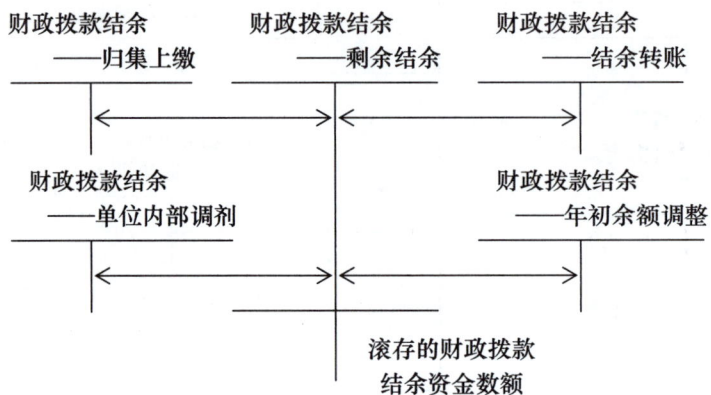

图 3-4-5 "财政拨款结余"的"剩余结余"科目的账务处理

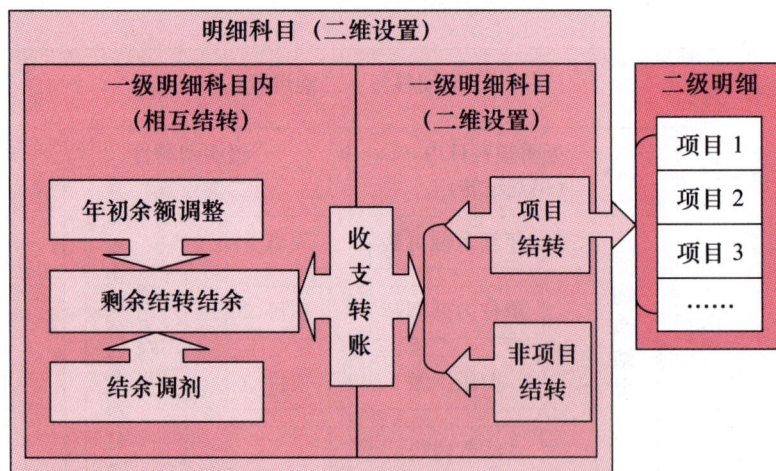

图 3-4-6 "其他资金结转结余"明细科目设置

经费支出
　　——其他资金支出
　　——项目支出
拨出经费
　　——项目支出

其他资金结转结余
　　——项目结转
　　——收支转账
　　——非项目结转
　　——收支转账

其他收入
　　——项目资金收入

经费支出
　　——其他资金支出
　　——基本支出
拨出经费
　　——基本支出

其他收入
　　——非项目资金收入

其他资金结转结余
　　——剩余结转结余

"收支转账"
累计数

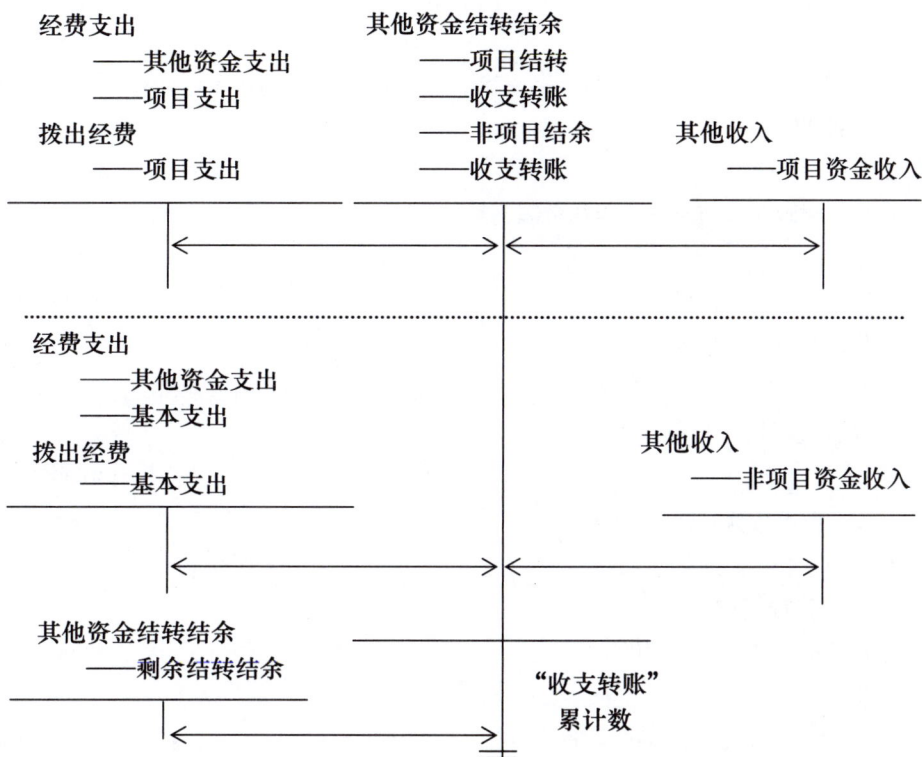

图 3-4-7　"其他资金结转结余"的"收支转账"结转

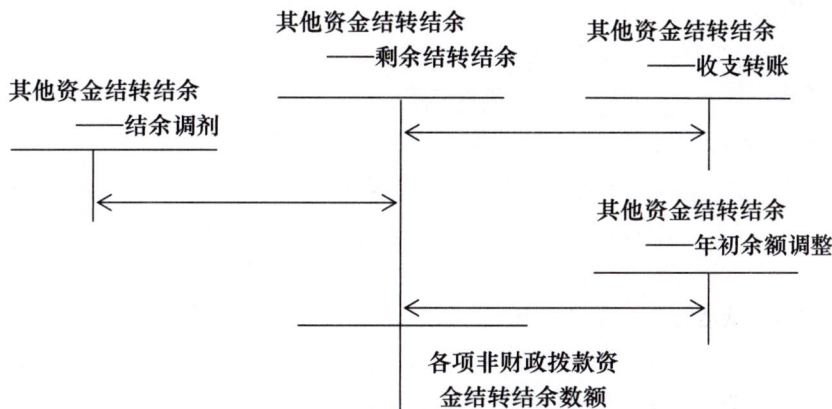

其他资金结转结余
　　——结余调剂

其他资金结转结余
　　——剩余结转结余

其他资金结转结余
　　——收支转账

其他资金结转结余
　　——年初余额调整

各项非财政拨款资
金结转结余数额

图 3-4-8　"其他资金结转结余"的"剩余结转结余"结转

195

🏃 能力训练

某行政单位 2015 年发生下列有关结转结余的业务或事项，请根据有关凭证编制会计分录。

1.2 月 28 日，上年度用财政基本支出经费购进的某种材料 31 000 元退货，款项通过银行转账收讫。

借：银行存款	31 000
贷：财政拨款结转——年初余额调整	31 000

同时：

借：资产基金——存货	31 000
贷：存货——某种材料	31 000

2.5 月 20 日，经上级主管部门统一协调从某单位调入财政拨款结转资金 130 000 元，款项通过银行转账收讫。

借：银行存款	130 000
贷：财政拨款结转——归集调入	13 000

3.7 月 30 日，按照上级主管部门资金调拨要求，上缴上级单位财政拨款结转资金 90 000 元，款项通过银行转账付讫。

借：财政拨款结转——归集上缴	90 000
贷：银行存款	90 000

4.9 月 25 日，经财政部门批准将甲项目结转资金 60 000 元调入单位正在实施的乙项目安排使用。

借：财政拨款结转——单位内部调剂（甲）	60 000
贷：财政拨款结转——单位内部调剂（乙）	60 000

5.12 月 31 日，结转本年度财政拨款收入账户累计发生额，其中：基本支出拨款 2 600 000 元，项目支出拨款 400 000 元。

借：财政拨款收入——基本支出拨款	2 600 000
——项目支出拨款	400 000
贷：财政拨款结转——收支转账（基本支出结转）	2 600 000
——收支转账（项目支出结转）	400 000

6.12 月 31 日，结转本年度经费支出中财政拨款支出账户累计发生额，其中：基本支出 2 100 000 元，项目支出 265 000 元。

借：财政拨款结转——收支转账（基本支出结转）	2 100 000
——收支转账（项目支出结转）	265 000
贷：经费支出——财政拨款支出（基本支出）	2 100 000
——财政拨款支出（项目支出）	265 000

7.12 月 31 日，按规定程序报经财政部门批准将已完工丙项目的结转资金 50 000 元转入财政拨款结余。

借：财政拨款结转——结余转账（丙） 50 000

　　贷：财政拨款结余——结余转账 50 000

8.12月31日，结转当年财政拨款结转所属"年初余额调整""归集调入""归集上缴""单位内部调剂""收支转账""结余转账"等明细科目余额。

借：财政拨款结转——年初余额调整 31 000（1）

　　　　　　　　——归集调入 130 000（2）

　　　　　　　　——单位内部调剂（乙） 60 000（4）

　　　　　　　　——收支转账（基本支出结转） 2 600 000（5）

　　　　　　　　——收支转账（项目支出结转） 400 000（5）

　　贷：财政拨款结转——剩余结转 3 221 000

借：财政拨款结转——剩余结转 2 865 000

　　贷：财政拨款结转——归集上缴 90 000（3）

　　　　　　　　——单位内部调剂（甲） 60 000（4）

　　　　　　　　——收支转账（基本支出结转） 2 100 000（6）

　　　　　　　　——收支转账（项目支出结转） 265 000（6）

　　　　　　　　——结余转账（丙） 50 000（7）

9.2月28日，收回上年度已核销的无法收回某公司的预付账款20 000元，按规定应列入财政拨款结余，款项通过银行转账收讫。

借：财政拨款结余——年初余额调整 20 000

　　贷：银行存款 20 000

10.3月30日，按照财政部门要求将财政拨款结余20 000元上缴，款项通过银行转账付讫。

借：财政拨款结余——归集上缴 20 000

　　贷：银行存款 20 000

11.6月20日，经财政部门批准将已完工丁项目结余资金40 000元调入单位正在实施的乙项目安排使用。

借：财政拨款结余——单位内部调剂（丁） 40 000

　　贷：财政拨款结转——单位内部调剂（乙） 40 000

12.12月31日，按规定程序报经财政部门批准将已完工丙项目的结转资金50 000元转入财政拨款结余。

借：财政拨款结转——结余转账（丙） 50 000

　　贷：财政拨款结余——结余转账 50 000

13.12月31日，结转当年财政拨款结余所属"年初余额调整""归集上缴""单位内部调剂"和"结余转账"等明细科目余额。

借：财政拨款结余——年初余额调整 20 000（9）

　　　　　　　　——结余转账 50 000（12）

　　贷：财政拨款结余——剩余结转 70 000

借：财政拨款结余——剩余结转 80 000

　　贷：财政拨款结余——归集上缴 20 000（10）

　　　　　　　　　　——单位内部调剂 40 000（11）

14.2月20日，收回上年度给某公司的一笔购进材料的预付款30 000元，按规定的资金渠道应调整其他资金结转结余，款项通过银行转账收讫。

借：银行存款 30 000

　　贷：其他资金结转结余——年初余额调整 30 000

15.12月31日，结转本年度其他收入账户累计发生额，其中：项目资金360 000元，非项目资金80 000元。

借：其他收入——项目资金 360 000

　　　　　　——非项目资金 80 000

　　贷：其他资金结转结余——收支转账（项目资金结转） 360 000

　　　　　　　　　　　　　——收支转账（非项目资金结转） 80 000

16.12月31日，结转本年度经费支出中其他资金支出账户累计发生额，其中：基本支出280 000元，项目支出70 000元。

借：其他资金结转结余——收支转账（项目资金结转） 280 000

　　　　　　　　　　　——收支转账（非项目资金结转） 70 000

　　贷：经费支出——基本支出（其他资金支出） 280 000

　　　　　　　　——项目支出（其他资金支出） 70 000

17.12月31日，按照出资单位投资甲项目约定，将当年已完工甲项目剩余资金34 000元缴回原出资单位，款项通过银行转账付讫。

借：其他资金结转结余——项目结转（结余调剂甲） 34 000

　　贷：银行存款 34 000

18.12月31日，按照出资单位投资乙项目约定，将当年已完工乙项目剩余资金27 000元留归单位使用。

借：其他资金结转结余——项目结转（结余调剂乙） 27 000

　　贷：其他资金结转结余——非项目结余（结余调剂） 27 000

19.12月31日，报经领导批准将其他资金结转结余中的非项目结余资金65 000元调剂用于单位正在实施的丙项目。

借：其他资金结转结余——非项目结余（结余调剂） 65 000

　　贷：其他资金结转结余——项目结转（结余调剂丙） 65 000

20.12月31日，结转其他资金结转结余所属"收支转账""年初余额调整"和"结余调剂"等明细科目余额。

借：其他资金结转结余——年初余额调整 30 000（14）

　　　　　　　　　　　——收支转账（项目资金结转） 360 000（15）

　　　　　　　　　　　——收支转账（非项目资金结转） 80 000（15）

——非项目结余（结余调剂）	27 000（18）
——项目结转（结余调剂丙）	65 000（19）
贷：其他资金结转结余——剩余结转结余	562 000
借：其他资金结转结余——剩余结转结余	476 000
贷：其他资金结转结余——收支转账（项目资金结转）	280 000（16）
——收支转账（非项目资金结转）	70 000（16）
——项目结转（结余调剂甲）	34 000（17）
——项目结转（结余调剂乙）	27 000（18）
——非项目结余（结余调剂）	65 000（19）

🏃 知识归纳

　　财政拨款结转是指行政单位当年预算已执行但尚未完成，或因故未执行，下一年度需要按照原用途继续使用的财政拨款滚存资金。行政单位财政拨款结转资金按照财政拨款结转变动原因，分为收支转账、结余转账、年初余额调整、归集上缴、归集调入、单位内部调剂、剩余结转。

　　财政拨款结余是指行政单位当年预算工作目标已完成，或因故终止，剩余的财政拨款滚存资金。行政单位的财政拨款结余根据管理需要按财政拨款结余变动原因，分为结余转账、年初余额调整、归集上缴、单位内部调剂、剩余结转。

　　其他资金结转结余是指行政单位除财政拨款收支以外的各项收支相抵后剩余的滚存资金。行政单位的其他资金结转结余根据管理需要按照其他资金结转结余变动原因，分为收支转账、年初余额调整、结余调剂、剩余结转结余。

💡 复习思考

- 什么是财政拨款结转？财政拨款结转科目的明细科目如何设置？
- 什么是财政拨款结余？财政拨款结余科目的明细科目如何设置？
- 什么是其他资金结转结余？其他资金结转结余科目的明细科目如何设置？

学习任务二　资产基金与待偿债净资产的核算

📋 知识目标

- 熟悉行政单位资产基金的含义与内容；
- 熟悉行政单位待偿债净资产的含义与内容。

✖ 能力目标

- 学会行政单位资产基金科目的使用方法；
- 学会行政单位待偿债净资产科目的使用方法。

🗣 知识精讲

一、资产基金的含义

资产基金是指行政单位的非货币性资产在净资产中占用的金额。

行政单位的非货币性资产包括预付账款、存货、固定资产、在建工程、无形资产、政府储备物资、公共基础设施等。

二、待偿债净资产的含义

待偿债净资产是指行政单位因发生应付账款和长期应付款而相应需在净资产中冲减的金额。

📋 科目设置

"资产基金"科目

行政单位为了核算其非货币性资产在净资产中占用的金额，应设置"资产基金"（净资产类）总账科目。其贷方登记非货币性资产在净资产中占用金额的增加数，借方登记非货币性资产在净资产中占用金额的减少数。期末贷方余额反映行政单位非货币性资产在净资产中占用的金额。

"资产基金"科目应当按照"预付款项""存货""固定资产""在建工程""无形资产""政府储备物资"和"公共基础设施"等设置明细科目。

"资产基金"的结构如图 3-4-9 所示。

"待偿债净资产"科目

行政单位为了核算其因发生应付账款和长期应付款而相应需在净资产中冲减的金额应设置"待偿债净资产"（净资产类）总账科目。其借方登记发生的应付账款、长期应付款数，贷方登记偿付的应付账款、长期应付款数。期末借方余额反映行政单位因尚未支付的应付账款和长期应付款而需相应冲减净资产的金额。

"待偿债净资产"的结构如图 3-4-10 所示。

🖼 图形示意

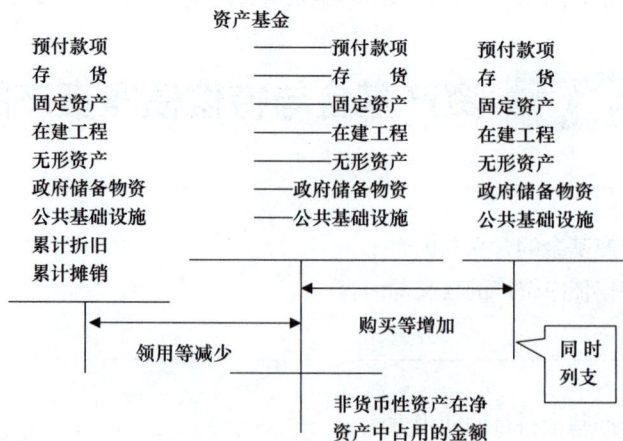

图 3-4-9 "资产基金"的核算

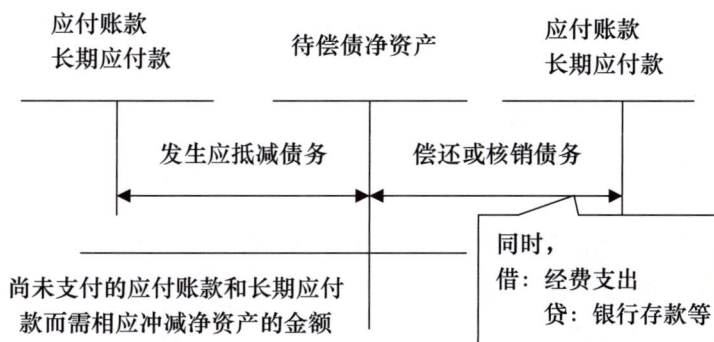

图 3-4-10　"待偿债净资产"的核算

能力训练

某行政单位 2015 年发生下列有关资产基金与待偿债净资产增减的业务或事项，请根据有关凭证编制会计分录。

1. 按采购合同约定，通过银行转账预付某供货单位某种专用材料采购款 52 000 元。

借：预付账款——某供货单位　52 000

　　贷：资产基金——预付账款　52 000

同时：

借：经费支出——项目支出（财政拨款支出）——专用材料费　52 000

　　贷：银行存款　52 000

2. 收到上述采购的某种专用材料，材料已验收入库。

借：资产基金——预付账款　52 000

　　贷：预付账款——某供货单位　52 000

同时：

借：存货——某种专用材料　52 000

　　贷：资产基金——存货　52 000

3. 某业务部门领用上述某种专用材料 20 000 元。

借：资产基金——存货　20 000

　　贷：存货——某种专用材料　20 000

4. 按采购合同约定，通过银行转账支付某家电公司办公用小家电采购款 24 800 元。

借：存货——小家电　24 800

　　贷：资产基金——预付账款　24 800

同时：

借：经费支出——项目支出（财政拨款支出）——办公费　24 800

　　贷：银行存款　24 800

5. 收到代理银行财政直接支付入账通知书及政府采购中心相关采购手续，政府采购中心为单位集中采购某种专用设备价值 89 600 元，设备已验收交付使用。

借：固定资产——某专用设备 89 600
　　贷：资产基金——固定资产 89 600

同时：

借：经费支出——项目支出（财政拨款支出）——专用设备购置费 89 600
　　贷：财政拨款收入——项目支出 89 600

6. 按照单位固定资产计提折旧的有关规定计算出本期应计提固定资产折旧 2 563 元。

借：资产基金——固定资产 2 563
　　贷：累计折旧 2 563

7. 按照某种政府储备物资管理和调配的规定，将某种政府储备物资 57 200 元调配给某单位。

借：资产基金——政府储备物资 57 200
　　贷：政府储备物资——某物资 57 200

8. 将账面价值 68 000 元的某专用设备捐赠给某单位，该设备累计已提折旧 42 000 元。

借：资产基金——固定资产 26 000
　　累计折旧 42 000
　　贷：固定资产——某专用设备 68 000

9. 按采购合同约定，某软件公司已将财务软件安装调试运行完毕交付财务部门使用，合同价款 58 200 元，款项暂时未付。

借：待偿债净资产 58 200
　　贷：应付账款——某软件公司 58 200

同时：

借：无形资产——财务软件 58 200
　　贷：资产基金——无形资产 58 200

10. 开出转账支票支付上述某软件公司财务软件款 58 200 元。

借：应付账款——某软件公司 58 200
　　贷：待偿债净资产 58 200

同时：

借：经费支出——基本支出（财政拨款支出）——有关明细科目 58 200
　　贷：银行存款 58 200

11. 按规定程序报经批准后，将三年前应付某公司的材料款 6 700 元因至今无法支付核销。

借：应付账款——某公司 6 700
　　贷：待偿债净资产 6 700

知识归纳

　　资产基金是指行政单位的非货币性资产在净资产中占用的金额。行政单位的非货币性资产包括预付账款、存货、固定资产、在建工程、无形资产、政府储备物资、公共基础设施等。

　　待偿债净资产是指行政单位因发生应付账款和长期应付款而相应需在净资产中冲减的金额。

复习思考

- 什么是资产基金？资产基金的每一个明细项目与相应的资产科目间有什么关系？
- 什么是待偿债净资产？待偿债净资产与应付账款、长期应付款间有什么关系？

项目五　行政单位财务报告

理论知识　行政单位财务报告基础

一、财务报告的定义与种类

　　财务报告是反映行政单位一定时期财务状况和预算执行结果的总结性书面文件。行政单位的财务报告包括财务报表和财务情况说明书。

　　（一）财务报表包括资产负债表、收入支出表、支出明细表、财政拨款收入支出表、固定资产投资决算报表等主表及有关附表①。

　　（二）财务情况说明书，主要说明行政单位本期收入、支出、结转、结余、专项资金使用及资产负债变动等情况，以及影响财务状况变化的重要事项，总结财务管理经验，对存在的问题提出改进意见。

二、财务报表编制的要求

　　（一）行政单位资产负债表、财政拨款收入支出表和附注应当至少按照年度编制，收入支出表应当按照月度和年度编制。

　　（二）行政单位应当编制并提供真实、完整的财务报表。行政单位不得违反规定，随意改变会计报表格式、编制依据和方法，不得随意改变会计报表有关数据的会计口径。

　　（三）行政单位的财务报表应当根据登记完整、核对无误的账簿记录和其他有关资料编制，要做到数字真实、计算准确、内容完整、报送及时。

　　（四）行政单位财务报表应当由单位负责人和主管会计工作的负责人、会计机构负责人（会计主管人员）签名并盖章。

①《行政单位会计制度》第九章第四十条：财务报表是反映行政单位财务状况和预算执行结果等的书面文件，由会计报表及其附注构成。会计报表包括资产负债表、收入支出表、财政拨款收入支出表等。

三、财务报表附注应当披露的内容

附注是指对在会计报表中列示项目的文字描述或明细资料，以及对未能在会计报表中列示项目的说明等。行政单位的报表附注应当至少披露下列内容：

（一）遵循《行政单位会计制度》的声明；

（二）单位整体财务状况、预算执行情况的说明；

（三）会计报表中列示的重要项目的进一步说明，包括其主要构成、增减变动情况等；

（四）重要资产处置、资产重大损失情况的说明；

（五）以名义金额计量的资产名称、数量等情况，以及以名义金额计量理由的说明；

（六）或有负债情况的说明、1年以上到期负债预计偿还时间和数量的说明；

（七）以前年度结转结余调整情况的说明；

（八）有助于理解和分析会计报表的其他需要说明事项。

四、财务分析的内容与指标

财务分析是依据会计核算资料和其他有关信息资料，对单位财务活动过程及其结果进行的研究、分析和评价。

（一）财务分析的内容包括预算编制与执行情况、收入支出状况、人员增减情况、资产使用情况等；

（二）财务分析的指标主要有：支出增长率、当年预算支出完成率、人均开支、项目支出占总支出的比率、人员支出占总支出的比率、公用支出占总支出的比率、人均办公使用面积、人车比例等。

1. 支出增长率，衡量行政单位支出的增长水平。计算公式为：

支出增长率 ＝（本期支出总额 ÷ 上期支出总额 － 1）× 100%

2. 当年预算支出完成率，衡量行政单位当年支出总预算及分项预算完成的程度。计算公式为：

当年预算支出完成率 ＝ 年终执行数 ÷（年初预算数 ± 年中预算调整数）× 100%

年终执行数不含上年结转和结余支出数。

3. 人均开支，衡量行政单位人均年消耗经费水平。计算公式为：

人均开支 ＝ 本期支出数 ÷ 本期平均在职人员数 × 100%

4. 项目支出占总支出的比率，衡量行政单位的支出结构。计算公式为：

项目支出比率 ＝ 本期项目支出数 ÷ 本期支出总数 × 100%

5. 人员支出、公用支出占总支出的比率，衡量行政单位的支出结构。计算公式为：

人员支出比率 ＝ 本期人员支出数 ÷ 本期支出总数 × 100%

公用支出比率 ＝ 本期公用支出数 ÷ 本期支出总数 × 100%

6. 人均办公使用面积，衡量行政单位办公用房配备情况。计算公式为：

人均办公使用面积 ＝ 本期末单位办公用房使用面积 ÷ 本期末在职人员数

7. 人车比例，衡量行政单位公务用车配备情况。计算公式为：

人车比例 ＝ 本期末在职人员数 ÷ 本期末公务用车实有数

行政单位可以根据其业务特点，增加财务分析指标。

行政单位应当真实、准确、完整、及时地编制财务报告，认真进行财务分析，并按照规定报送财政部门、主管预算单位和其他有关部门。

学习任务一　资产负债表的编制

知识目标

· 了解行政单位资产负债表的定义与格式；
· 熟悉行政单位资产负债表的内容与编列要求；
· 掌握行政单位资产负债表年报编制的程序。

能力目标

· 学会行政单位资产负债表月报编制的方法；
· 学会行政单位资产负债表年报编制的方法。

知识精讲

一、资产负债表的定义与格式

资产负债表是反映行政单位在某一特定日期财务状况的报表。资产负债表一般应当按照资产、负债和净资产分类、分项列示，其格式如表3-5-4所示。资产负债表的平衡原理是会计平衡公式，即：

资产＝负债＋净资产

二、资产负债表的内容与编列要求

资产负债表各项目反映的内容分"年初余额"和"期末余额"两栏，编制年报时的"期末余额"栏则为"年末余额"栏。

"年初余额"栏内各项数字，应当根据上年年末资产负债表"年末余额"栏内数字填列，如果本年度资产负债表规定的各个项目的名称和内容同上年度不相一致，应对上年年末资产负债表各项目的名称和数字按照本年度的规定进行调整，填入"年初余额"栏内。

"年末余额"栏各项目的内容和编列方法如下。

（一）资产类项目

1. "库存现金"项目，反映行政单位期末库存现金的金额，应当根据"库存现金"科目的期末余额填列；期末库存现金中有属于受托代理现金的，应当根据"库存现金"科目的期末余额减去其中属于受托代理的现金金额后的余额填列。

2. "银行存款"项目，反映行政单位期末银行存款的金额，应当根据"银行存款"科目的期末余额填列；期末银行存款中有属于受托代理存款的，应当根据"银行存款"科目的期末余额减去其中属于受托代理的存款金额后的余额填列。

3. "财政应返还额度"项目，反映行政单位期末财政应返还额度的金额，应当根据"财政应返还额度"科目的期末余额填列。

4. "应收账款"项目，反映行政单位期末尚未收回的应收账款金额，应当根据"应收账款"科目的期末余额填列。

5. "预付账款"项目，反映行政单位预付给物资或者服务提供者款项的金额，应当根据"预付账款"科目的期末余额填列。

6. "其他应收款"项目，反映行政单位期末尚未收回的其他应收款余额，应当根据"其他应收款"科目的期末余额填列。

7. "存货"项目，反映行政单位期末为开展业务活动耗用而储存的存货的实际成本，应当根据"存货"科目的期末余额填列。

8. "固定资产"项目，反映行政单位期末各项固定资产的账面价值，应当根据"固定资产"科目的期末余额减去"累计折旧"科目中"固定资产累计折旧"明细科目的期末余额后的金额填列。

"固定资产原价"项目，反映行政单位期末各项固定资产的原价，应当根据"固定资产"科目的期末余额填列。

"固定资产累计折旧"项目，反映行政单位期末各项固定资产的累计折旧金额，应当根据"累计折旧"科目中"固定资产累计折旧"明细科目的期末余额填列。

9. "在建工程"项目，反映行政单位期末除公共基础设施在建工程以外的尚未完工交付使用的在建工程的实际成本，应当根据"在建工程"科目中属于非公共基础设施在建工程的期末余额填列。

10. "无形资产"项目，反映行政单位期末各项无形资产的账面价值，应当根据"无形资产"科目的期末余额减去"累计摊销"科目的期末余额后的金额填列。

"无形资产原价"项目，反映行政单位期末各项无形资产的原价，应当根据"无形资产"科目的期末余额填列。

"累计摊销"项目，反映行政单位期末各项无形资产的累计摊销金额，应当根据"累计摊销"科目的期末余额填列。

11. "待处理财产损溢"项目，反映行政单位期末待处理财产的价值及处理损溢，应当根据"待处理财产损溢"科目的期末借方余额填列；如"待处理财产损溢"科目期末为贷方余额，则以"–"号填列。

12. "政府储备物资"项目，反映行政单位期末储存管理的各种政府储备物资的实际成本，应当根据"政府储备物资"科目的期末余额填列。

13. "公共基础设施"项目，反映行政单位期末占有并直接管理的公共基础设施的账面价值，应当根据"公共基础设施"科目的期末余额减去"累计折旧"科目中"公共基础设施累计折旧"明细科目的期末余额后的金额填列。

"公共基础设施原价"项目，反映行政单位期末占有并直接管理的公共基础设施的原价，应当根据"公共基础设施"科目的期末余额填列。

"公共基础设施累计折旧"项目，反映行政单位期末占有并直接管理的公共基础设施的累计折旧金额，应当根据"累计折旧"科目中"公共基础设施累计折旧"明细科目的期末余额填列。

14. "公共基础设施在建工程"项目，反映行政单位期末尚未完工交付使用的公共基础设施在建工程的实际成本，应当根据"在建工程"科目中属于公共基础设施在建工程的期末余额填列。

15. "受托代理资产"项目，反映行政单位期末受托代理资产的价值，应当根据"受托代理资产"科目的期末余额（扣除其中受托储存管理物资的金额）加上"库存现金"和"银行存款"科目中属于受托代理资产的现金余额和银行存款余额的合计数填列。

（二）负债类项目

1. "应缴财政款"项目，反映行政单位期末按规定应当上缴财政的款项（应缴税费除外），应当根据"应缴财政款"科目的期末余额填列。

2. "应缴税费"项目，反映行政单位期末应缴未缴的各种税费，应当根据"应缴税费"科目的期末贷方余额填列；如"应缴税费"科目期末为借方余额，则以"－"号填列。

3. "应付职工薪酬"项目，反映行政单位期末尚未支付给职工的各种薪酬，应当根据"应付职工薪酬"科目的期末余额填列。

4. "应付账款"项目，反映行政单位期末尚未支付的偿还期限在1年以内（含1年）的应付账款的金额，应当根据"应付账款"科目的期末余额填列。

5. "应付政府补贴款"项目，反映行政单位期末尚未支付的应付政府补贴款的金额，应当根据"应付政府补贴款"科目的期末余额填列。

6. "其他应付款"项目，反映行政单位期末尚未支付的其他各项应付及暂收款项的金额，应当根据"其他应付款"科目的期末余额填列。

7. "一年内到期的非流动负债"项目，反映行政单位期末承担的1年以内（含1年）到偿还期的非流动负债，应当根据"长期应付款"等科目的期末余额分析填列。

8. "长期应付款"项目，反映行政单位期末承担的偿还期限超过1年的应付款项，应当根据"长期应付款"科目的期末余额减去其中1年以内（含1年）到偿还期的长期应付款金额后的余额填列。

9. "受托代理负债"项目，反映行政单位期末受托代理负债的金额，应当根据"受托代理负债"科目的期末余额（扣除其中受托储存管理物资对应的金额）填列。

（三）净资产类项目

1. "财政拨款结转"项目，反映行政单位期末滚存的财政拨款结转资金，应当根据"财政拨款结转"科目的期末余额填列。

2. "财政拨款结余"项目，反映行政单位期末滚存的财政拨款结余资金，应当根据"财政拨款结余"科目的期末余额填列。

3. "其他资金结转结余"项目，反映行政单位期末滚存的除财政拨款以外的其他资金结转结余的金额，应当根据"其他资金结转结余"科目的期末余额填列。

"项目结转"项目，反映行政单位期末滚存的非财政拨款未完成项目结转资金，应当根据"其他资金结转结余"科目中"项目结转"明细科目的期末余额填列。

4. "资产基金"项目，反映行政单位期末预付账款、存货、固定资产、在建工程、无形资产、政府储备物资、公共基础设施等非货币性资产在净资产中占用的金额，应当根据"资产基金"科目的期末余额填列。

5. "待偿债净资产"项目，反映行政单位期末因应付账款和长期应付款等负债而相应需在净资产中冲减的金额，应当根据"待偿债净资产"科目的期末借方余额以"－"号填列。

另外应注意月报资产负债表与年报资产负债表"期末余额"编列的差异有以下几项：

（一）在"银行存款"项目下增加"零余额账户用款额度"项目，反映单位期末零余额账户用款额度的金额，应当根据"零余额账户用款额度"科目的期末余额填列。

（二）"财政拨款结转"项目的编列应当根据"财政拨款结转"科目的期末余额，加上"财政拨款收入"科目本年累计发生额，减去"经费支出——财政拨款支出"科目本年累计发生额后的余额填列。

（三）"其他资金结转结余"项目的编列应当根据"其他资金结转结余"科目的期末余额，加上"其他收入"科目本年累计发生额，减去"经费支出——其他资金支出"科目本年累计发生额，再减去"拨出经费"科目本年累计发生额后的余额填列。

"项目结转"项目，应当根据"其他资金结转结余"科目中"项目结转"明细科目的期末余额，加上"其他收入"科目中项目收入的本年累计发生额，减去"经费支出——其他资金支出"科目中项目支出本年累计发生额，再减去"拨出经费"科目中项目支出本年累计发生额后的余额填列。

🏃 能力训练

根据某行政单位 2015 年有关账户年初余额（见表 3-5-1）、发生额（见表 3-5-2）及年末余额（见表 3-5-3）编制 2015 年资产负债表。

表3-5-1　　　　　　　　资产类、负债类、净资产类有关账户余额

时间：2015 年 1 月 1 日　　　　　　　　　　　　　　　　　　单位：元

名称	借方	贷方
库存现金	8 100	
银行存款	263 000	
财政应返还额度	52 300	
预付账款	29 500	
存货	85 400	
固定资产原价	4 789 000	
固定资产累计折旧		2 143 000
无形资产原价	142 000	
累计摊销		25 000
政府储备物资	152 000	
应缴税费		1 300
应付职工薪酬	10 300	
应付账款		77 000
财政拨款结转		165 400
财政拨款结余		120 000
其他资金结转结余		12 000
其中：项目结转		8 000
资产基金		3 004 900
待偿债净资产	17 000	

表3-5-2　　　　　　　　资产类、负债类、净资产类有关账户累计发生额表

时间：2015 年度　　　　　　　　　　　　　　　　　　　　　　　　　　　单位：元

名称	借方	贷方
预付账款		27 300
存货	45 640	
固定资产原价	237 000	
固定资产累计折旧		58 600
无形资产原价	62 400	
累计摊销		10 500
政府储备物资		32 400
应付账款	55 600	
资产基金		95 620
待偿债净资产		15 600

2015 年 12 月 31 日部分资产类、负债类和净资产类账户余额。

表3-5-3　　　　　　　　　资产类、负债类、净资产类有关账户余额

时间：2015 年 12 月 31 日　　　　　　　　　　　　　　　　　　　　　　单位：元

名称	借方	贷方
库存现金	4 400	
银行存款	261 200	
财政应返还额度	34 773	
应缴税费		2 300
应付职工薪酬	10 400	
财政拨款结转		288 931
财政拨款结余		185 962
其他资金结转结余		24 000
其中：项目结转		13 000

（一）各项目年初余额的编列方法

除固定资产、无形资产项目外其他项目根据 2015 年 1 月 1 日资产类、负债类和净资产类账户余额直接填写。

"固定资产"项目＝固定资产原价－固定资产累计折旧

"无形资产"项目＝无形资产原价－累计摊销

（二）各项目期末余额的编列方法

1. 预付账款、存货、固定资产原价、固定资产累计折旧、无形资产原价、累计摊销、政府储备物资、应付账款、资产基金、待偿债净资产根据 2015 年 1 月 1 日资产类、负债类和净资产类账户余额和资产类、负债类、净资产类账户 2015 年累计发生额计算填写。

"预付账款"项目 = 年初借方余额 + 借方发生额 − 贷方发生额

"存货"项目 = 年初借方余额 + 借方发生额 − 贷方发生额

"固定资产原价"项目 = 年初借方余额 + 借方发生额 − 贷方发生额

"固定资产累计折旧"项目 = 年初贷方余额 + 贷方发生额 − 借方发生额

"固定资产"项目 = "固定资产原价"项目 − "固定资产累计折旧"项目

"无形资产原价"项目 = 年初借方余额 + 借方发生额 − 贷方发生额

"累计摊销"项目 = 年初贷方余额 + 贷方发生额 − 借方发生额

"无形资产"项目 = "无形资产原价"项目 − "累计摊销"项目

"政府储备物资"项目 = 年初借方余额 + 借方发生额 − 贷方发生额

"应付账款"项目 = 年初贷方余额 + 贷方发生额 − 借方发生额

"资产基金"项目 = 年初贷方余额 + 贷方发生额 − 借方发生额

"待偿债净资产"项目 = 年初贷方余额 + 贷方发生额 − 借方发生额

2. 库存现金、银行存款、财政应返还额度、应缴税费、应付职工薪酬、财政拨款结转、财政拨款结余、其他资金结转结余（其中：项目结转）直接根据 2015 年 12 月 31 日部分资产类、负债类和净资产类账户余额填写。

3. 计算与填写合计与总计

流动资产合计 = 库存现金 + 银行存款 + 财政应返还额度 + 预付账款 + 存货

资产总计 = 流动资产合计 + 固定资产 + 无形资产 + 政府储备物资

流动负债合计 = 应缴税费 + 应付职工薪酬 + 应付账款

负债合计 = 流动负债合计 + 长期应付款 + 受托代理负债

净资产合计 = 财政拨款结转 + 财政拨款结余 + 其他资金结转结余 + 资产基金 + 待偿债净资产

负债和净资产总计 = 负债合计 + 净资产合计

（三）编制 2015 年资产负债表（见表 3-5-4）如下。

表3-5-4   资产负债表

会行政 01 表

编制单位：某行政单位   2015 年 12 月 31 日   单位：元

资产	年初余额	期末余额	负债和净资产	年初余额	期末余额
流动资产：			流动负债：		
库存现金	8 100	4 400	应缴财政款	0	0
银行存款	263 000	261 200	应缴税费	1 300	2 300
财政应返还额度	52 300	34 773	应付职工薪酬	−10 300	−10 400
应收账款	0	0	应付账款	77 000	21 400
预付账款	29 500	2 200	应付政府补贴款	0	0
其他应收款	0	0	其他应付款	0	0

续表

资产	年初余额	期末余额	负债和净资产	年初余额	期末余额
存货	85 400	131 040	一年内到期的非流动负债	0	0
流动资产合计	438 300	433 613	流动负债合计	68 000	13 300
固定资产	2 646 000	2 824 400	非流动负债：		
固定资产原价	4 789 000	5 026 000	长期应付款	0	0
减：固定资产累计折旧	2 143 000	2 201 600	受托代理负债	0	0
在建工程	0	0	负债合计	68 000	13 300
无形资产	117 000	168 900			
无形资产原价	142 000	204 400			
减：累计摊销	25 000	35 500			
待处理财产损溢	0	0	财政拨款结转	165 400	288 931
政府储备物资	152 000	184 400	财政拨款结余	120 000	185 962
公共基础设施	0	0	其他资金结转结余	12 000	24 000
公共基础设施原价	0	0	其中：项目结转	8 000	13 000
减：公共基础设施累计折旧	0	0	资产基金	3 004 900	3 100 520
公共基础设施在建工程	0	0	待偿债净资产	−17 000	−1 400
受托代理资产	0	0	净资产合计	3 285 300	3 598 013
资产总计	3 353 300	3 611 313	负债和净资产总计	3 353 300	3 611 313

知识归纳

资产负债表是反映行政单位在某一特定日期财务状况的报表，一般按照资产、负债和净资产分类、分项列示，其平衡原理是会计平衡公式。

资产负债表各项目反映的内容分"年初余额"和"期末余额"两栏。"年初余额"根据上年年末资产负债表"年末余额"栏内数字填列；"年末余额"主要根据期末结转后有关总账账户和明细账户期末余额填列。

在编制月报的资产负债表时要注意"零余额账户用款额度""财政拨款结转""其他资金结转结余"三个项目的填列方法与年报有所不同。

年报资产负债表编制的基本程序是：（1）年终清理；（2）办理年终结转；（3）试算平衡；（4）编制年报。

复习思考

· 什么是资产负债表？资产负债表的平衡原理是什么？

· 资产负债表的项目是如何列示的？资产负债表反映的内容有哪些？

· 年报的资产负债表与月报的资产负债表在编制时有什么不同？

学习任务二　收入支出表的编制

知识目标

· 了解行政单位收入支出表的定义与格式；
· 熟悉行政单位收入支出表的内容与编列要求；
· 掌握行政单位收入支出表编制的程序。

能力目标

· 学会行政单位收入支出表月报编制的方法；
· 学会行政单位收入支出表年报编制的方法。

知识精讲

一、收入支出表的定义与格式

收入支出表是反映行政单位在某一会计期间全部预算收支执行结果的报表。收入支出表一般应当按照收入、支出的构成和结转结余情况分类、分项列示。收入支出表的格式如表 3-5-7 所示。收入支出表的基本原理是：

收入－支出＝收支差额（结转结余）

期初结转结余＋本期结转结余调整与变动＋本期收支差额＝期末结转结余

二、收入支出表的内容与编列要求

收入支出表月报各项目反映的内容分"本月数"和"本年累计数"两栏，"本月数"栏反映各项目的本月实际发生数，"本年累计数"栏反映各项目自年初起至报告期末止的累计实际发生数。

收入支出表年报各项目反映的内容分"上年数"和"本年数"两栏，即编制年报时将"本月数"栏改为"上年数"栏，将"本年累计数"栏改为"本年数"栏。"上年数"栏，反映上年度各项目的实际发生数；如果本年度收入支出表规定的各个项目的名称和内容同上年度不一致，应对上年度收入支出表各项目的名称和数字按照本年度的规定进行调整，填入本年度收入支出表的"上年数"栏。

收入支出表"本月数"栏各项目的内容和编列要求如下：

（一）"年初各项资金结转结余"及其所属各明细项目，反映行政单位本年初所有资金结转结余的金额。各明细项目应当根据"财政拨款结转""财政拨款结余""其他资金结转结余"及其明细科目的年初余额填列。本项目及其所属各明细项目的数额，应当与上年度收入支出表中"年末各项资金结转结余"中各明细项目的数额相等。

"年初各项资金结转结余"及其所属各明细项目，只在编制年度收入支出表时填列。

（二）"各项资金结转结余调整及变动"及其所属各明细项目，反映行政单位因发生需要调整以前年度各项资金结转结余的事项，以及本年因调入、上缴或交回等导致各项资金结转结余变动的金额。

1."财政拨款结转结余调整及变动"项目，根据"财政拨款结转""财政拨款结余"科目下的"年初余额调整""归集上缴""归集调入"明细科目的本期贷方发生额合计数减去本期借方发生额合计

数的差额填列；如为负数，以"－"号填列。

2."其他资金结转结余调整及变动"项目，根据"其他资金结转结余"科目下的"年初余额调整""结余调剂"明细科目的本期贷方发生额合计数减去本期借方发生额合计数的差额填列；如为负数，以"－"号填列。

（三）"收入合计"项目，反映行政单位本期取得的各项收入的金额。本项目应当根据"财政拨款收入"和"其他收入"科目的本期发生额的合计数填列。

1."财政拨款收入"及其所属明细项目，反映行政单位本期从同级财政部门取得的各类财政拨款的金额。本项目应当根据"财政拨款收入"科目及其所属明细科目的本期发生额填列。

2."其他资金收入"及其所属明细项目，反映行政单位本期取得的各类非财政拨款的金额。本项目应当根据"其他收入"科目及其所属明细科目的本期发生额填列。

（四）"支出合计"项目，反映行政单位本期发生的各项资金支出金额。本项目应当根据"经费支出"和"拨出经费"科目的本期发生额的合计数填列。

1."财政拨款支出"项目及其所属明细项目，反映行政单位本期发生的财政拨款支出金额。本项目应当根据"经费支出——财政拨款支出"科目及其所属明细科目的本期发生额填列。

2."其他资金支出"项目及其所属明细项目，反映行政单位本期使用各类非财政拨款资金发生的支出金额。本项目应当根据"经费支出——其他资金支出"和"拨出经费"科目及其所属明细科目的本期发生额的合计数填列。

（五）"本期收支差额"及其所属各明细项目，反映行政单位本期发生的各项资金收入和支出相抵后的余额。

1."财政拨款收支差额"项目，反映行政单位本期发生的财政拨款资金收入和支出相抵后的余额。本项目应当根据本表中"财政拨款收入"项目金额减去"财政拨款支出"项目金额后的余额填列；如为负数，以"－"号填列。

2."其他资金收支差额"项目，反映行政单位本期发生的非财政拨款资金收入和支出相抵后的余额。本项目应当根据本表中"其他资金收入"项目金额减去"其他资金支出"项目金额后的余额填列；如为负数，以"－"号填列。

（六）"年末各项资金结转结余"及其所属各明细项目，反映行政单位截至本年末的各项资金结转结余金额。各明细项目应当根据"财政拨款结转""财政拨款结余""其他资金结转结余"科目的年末余额填列。

"年末各项资金结转结余"及其所属各明细项目，只在编制年度收入支出表时填列。

能力训练

根据某行政单位 2015 年下列资料编制 2015 年度收入支出表（只填写本年数）。

1. 2015 年 1 月 1 日财政拨款结转账户余额为 65 800 元，财政拨款结余账户余额为 98 500 元，其他资金结转结余账户余额为 12 000 元。

2. 2015 年财政拨款结转结余调整及变动数为 48 000 元，其中：归集调入财政拨款结转资金 48 000 元，从财政拨款结余调入财政拨款结转资金 30 000 元（结转结余内调入与调出相抵为零）；

其他资金结转结余调整及变动数位 18 000 元。

3. 2015 年各收支账户及其明细账户累计发生额如表 3-5-5 所示。

表3-5-5 各收支账户及其明细账户累计发生额

时间：2015 年度 单位：元

总账科目	明细科目	借方	贷方
财政拨款收入	基本支出拨款		3 574 000
	项目支出拨款		889 000
其他收入	项目资金收入		451 000
	非项目资金收入		147 000
经费支出	财政拨款支出（基本支出）	3 456 000	
	财政拨款支出（项目支出）	862 000	
	其他资金支出（基本支出）	128 000	
	其他资金支出（项目支出）	432 000	

（一）收入支出表各项目本年累计数填写与计算方法如表 3-5-6 所示。

表3-5-6 收入支出表各项目本年累计数填写与计算方法

项目	本年累计数	数据填写与计算方法
一、年初各项资金结转结余	176 300	164 300+12 000
（一）年初财政拨款结转结余	164 300	65 800+98 500
1.财政拨款结转	65 800	直接取数
2.财政拨款结余	98 500	直接取数
（二）年初其他资金结转结余	12 000	直接取数
二、各项资金结转结余调整及变动	66 000	48 000+18 000
（一）财政拨款结转结余调整及变动	48 000	直接取数
（二）其他资金结转结余调整及变动	18 000	直接取数
三、收入合计	5 061 000	4 463 000+598 000
（一）财政拨款收入	4 463 000	3 574 000+889 000
1.基本支出拨款	3 574 000	直接取数
2.项目支出拨款	889 000	直接取数
（二）其他资金收入	598 000	147 000+451 000
1.非项目收入	147 000	直接取数
2.项目收入	451 000	直接取数
四、支出合计	4 878 000	4 318 000+560 000
（一）财政拨款支出	4 318 000	3 456 000+862 000
1.基本支出	3 456 000	直接取数

续表

项目	本年累计数	数据填写与计算方法
2. 项目支出	862 000	直接取数
（二）其他资金支出	560 000	128 000+432 000
1. 非项目支出	128 000	直接取数
2. 项目支出	432 000	直接取数
五、本期收支差额	183 000	145 000+38 000
（一）财政拨款收支差额	145 000	44 63 000−4 318 000
（二）其他资金收支差额	38 000	598 000−560 000
六、年末各项资金结转结余	425 300	357 300+68 000
（一）年末财政拨款结转结余	357 300	164 300+48 000+145 000
1. 财政拨款结转	288 800	65 800+48 000+145 000+30 000
2. 财政拨款结余	68 500	98 500−30 000
（二）年末其他资金结转结余	68 000	12 000+18 000+38 000

（二）根据上表计算结果编制某行政单位 2015 年收入支出表如表 3-5-7 所示。

表3-5-7　　　　　　　　　　　收入支出表

会行政 02 表

编制单位：某行政单位　　　　　　2015 年　　　　　　单位：元

项目	本月数	本年累计数
一、年初各项资金结转结余		176 300
（一）年初财政拨款结转结余		164 300
1. 财政拨款结转		65 800
2. 财政拨款结余		98 500
（二）年初其他资金结转结余		12 000
二、各项资金结转结余调整及变动		66 000
（一）财政拨款结转结余调整及变动		48 000
（二）其他资金结转结余调整及变动		18 000
三、收入合计		5 061 000
（一）财政拨款收入		4 463 000
1. 基本支出拨款		3 574 000
2. 项目支出拨款		889 000
（二）其他资金收入		598 000
1. 非项目收入		147 000

续表

项目	本月数	本年累计数
2.项目收入		451 000
四、支出合计		4 878 000
（一）财政拨款支出		4 318 000
1.基本支出		3 456 000
2.项目支出		862 000
（二）其他资金支出		560 000
1.非项目支出		128 000
2.项目支出		432 000
五、本期收支差额		183 000
（一）财政拨款收支差额		145 000
（二）其他资金收支差额		38 000
六、年末各项资金结转结余		425 300
（一）年末财政拨款结转结余		357 300
1.财政拨款结转		288 800
2.财政拨款结余		68 500
（二）年末其他资金结转结余		68 000

知识归纳

收入支出表是反映行政单位在某一会计期间全部预算收支执行结果的报表。收入支出表一般应当按照收入、支出的构成和结转结余情况分类、分项列示。收入支出表的基本原理是：

收入－支出＝收支差额（结转结余）

期初结转结余＋本期结转结余调整与变动＋本期收支差额＝期末结转结余

收入支出表月报各项目反映的内容分"本月数"和"本年累计数"两栏，"本月数"栏反映各项目的本月实际发生数，"本年累计数"栏反映各项目自年初起至报告期末止的累计实际发生数。收入支出表年报各项目反映的内容分"上年数"和"本年数"两栏，即:编制年报时将"本月数"栏改为"上年数"栏，将"本年累计数"栏改为"本年数"栏。

复习思考

· 什么是收入支出表？收入支出表的基本平衡原理是什么？

· 月报的收入支出表与年报的收入支出表在编制时有什么区别？

学习任务三　财政拨款收入支出表的编制

知识目标

· 了解行政单位财政拨款收入支出表的结构及各栏目间的关系；
· 熟悉行政单位财政拨款收入支出表列示的内容及数据来源。

能力目标

· 初步学会行政单位财政拨款收入支出表编制的程序和方法。

知识精讲

一、财政拨款收入支出表的定义与格式

财政拨款收入支出表是反映行政单位在某一会计期间财政拨款收入、支出、结转及结余情况的报表。

财政拨款收入支出表各栏根据影响单位年度财政拨款增减变动的因素从左到右按照"年初结转结余""调整年初结转结余""归集调入或上缴""单位内部调剂""本年财政拨款收入""本年财政拨款支出""年末结转结余"列示。

财政拨款收入支出表各项目根据单位取得财政预算资金的性质从上到下按照"公共财政预算资金""政府性基金预算资金"及其他财政拨款列示；每一项目按基本支出和项目支出列示；基本支出按人员经费和日常公用经费列示，项目支出按单位承担的具体项目列示。

财政拨款收入支出表的格式如表3-5-8所示。

表内各栏目之间的关系用公式表示如下：

年末财政拨款结转结余 = 年初财政拨款结转结余

　　　　　　　　± 调整年初财政拨款结转结余

　　　　　　　　± 归集调入或上缴

　　　　　　　　± 单位内部调剂

　　　　　　　　+ 本年财政拨款收入

　　　　　　　　- 本年财政拨款支出

二、财政拨款收入支出表的内容与编列要求

（一）本表"项目"栏内各项目，应当根据行政单位取得的财政拨款种类分项设置；其中"项目支出"下，根据每个项目设置；行政单位取得除公共财政预算拨款和政府性基金预算拨款以外的其他财政拨款的，应当按照财政拨款种类增加相应的资金项目及其明细项目。

（二）本表各栏及其对应项目的内容和填列方法：

1.　"年初财政拨款结转结余"栏中各项目，反映行政单位年初各项财政拨款结转和结余的金额。各项目应当根据"财政拨款结转""财政拨款结余"及其明细科目的年初余额填列。本栏目中各项目的数额，应当与上年度财政拨款收入支出表中"年末财政拨款结转结余"栏中各项目的数额相等。

2."调整年初财政拨款结转结余"栏中各项目，反映行政单位对年初财政拨款结转结余的调整金额。各项目应当根据"财政拨款结转""财政拨款结余"科目中"年初余额调整"科目及其所属明细科目的本年发生额填列。如调整减少年初财政拨款结转结余，以"－"号填列。

3."归集调入或上缴"栏中各项目，反映行政单位本年取得主管部门归集调入的财政拨款结转结余资金和按规定实际上缴的财政拨款结转结余资金金额。各项目应当根据"财政拨款结转""财政拨款结余"科目中"归集上缴"和"归集调入"科目及其所属明细科目的本年发生额填列。对归集上缴的财政拨款结转结余资金，以"－"号填列。

4."单位内部调剂"栏中各项目，反映行政单位本年财政拨款结转结余资金在内部不同项目之间的调剂金额。各项目应当根据"财政拨款结转"和"财政拨款结余"科目中的"单位内部调剂"及其所属明细科目的本年发生额填列。对单位内部调剂减少的财政拨款结转结余项目，以"－"号填列。

5."本年财政拨款收入"栏中各项目，反映行政单位本年从同级财政部门取得的各类财政预算拨款金额。各项目应当根据"财政拨款收入"科目及其所属明细科目的本年发生额填列。

6."本年财政拨款支出"栏中各项目，反映行政单位本年发生的财政拨款支出金额。各项目应当根据"经费支出"科目及其所属明细科目的本年发生额填列。

7."年末财政拨款结转结余"栏中各项目，反映行政单位年末财政拨款结转结余的金额。各项目应当根据"财政拨款结转""财政拨款结余"科目及其所属明细科目的年末余额填列。

🏃 能力训练

假定某行政单位 2015 年"财政拨款收入"均属"公共财政预算资金"，"公共财政预算资金"也不区分"基本支出"和"项目支出"。当年财政拨款与支出的有关资料如下：

1."财政拨款结转"的年初余额为 350 100 元，"财政拨款结余"的年初余额为 38 400 元；

2.因技术性差错当年曾调增财政拨款结转 1 000 元，调减财政拨款结余 1 000 元；

3.当年曾从其他单位调入财政拨款结余资金，调增财政拨款结转 50 000 元；

4.当年曾上缴财政拨款结转，调减财政拨款结转 30 000 元；

5.当年曾上缴财政拨款结余，调减财政拨款结余 10 000 元；

6.当年曾发生单位内部调剂结余资金，调增财政拨款结转 20 000 元；

7.当年曾发生单位内部调剂结余资金，调减财政拨款结余 20 000 元；

8.当年曾将完成项目的结转资金转入财政拨款结余，调减财政拨款结转 50 000 元；

9.当年曾将完成项目的结转资金转入财政拨款结余，调增财政拨款结余 50 000 元；

10.当年"财政拨款收入"的本年发生额为 3 533 900 元；

11.当年"经费支出"中的"财政拨款支出"本年发生额为 3 348 000 元；

12.当年"财政拨款结转"的年末余额为 516 000 元；

13.当年"财政拨款结余"的年末余额为 68 400 元。

请根据以上资料编制某行政单位 2015 年财政拨款收入支出表。

某行政单位 2015 年"财政拨款收入支出表"的数字来源及相关说明如下：

（一）"年初财政拨款结转结余"

"年初财政拨款结转结余"的"结转" = "财政拨款结转"的年初余额
$$= 350\,100（元）$$
"年初财政拨款结转结余"的"结余" = "财政拨款结余"的年初余额
$$= 38\,400（元）$$

（二）"调整年初财政拨款结转结余"

"调整年初财政拨款结转结余" = "财政拨款结转"的"年初余额调整"发生额
$$+ "财政拨款结余"的"年初余额调整"发生额$$
$$= 1\,000 - 1\,000$$
$$= 0（元）$$

（三）"归集调入或上缴"

"归集调入或上缴" = "财政拨款结转"的"归集上缴"发生额
$$+ "财政拨款结转"的和"归集调入"发生额$$
$$+ "财政拨款结余"的"归集上缴"发生额$$
$$+ "财政拨款结余"的"归集调入"发生额$$
$$= 50\,000 - 30\,000 - 10\,000$$
$$= 10\,000（元）$$

（四）"单位内部调剂"

"单位内部调剂"的"结转" = "财政拨款结转"的"单位内部调剂"
$$= 20\,000 - 50\,000$$
$$= -30\,000（元）$$
"单位内部调剂"的"结余" = "财政拨款结余"的"单位内部调剂"
$$= -20\,000 + 50\,000$$
$$= 30\,000（元）$$

财政拨款结转调整及变动额 $= 1\,000 + 50\,000 - 30\,000 + 20\,000 - 50\,000 = -9\,000（元）$

财政拨款结余调整及变动额 $= 50\,000 - 1\,000 - 10\,000 - 20\,000 = 19\,000（元）$

财政拨款结转结余调整及变动 $= -9\,000 + 19\,000 = 10\,000（元）$

（五）"本年财政拨款收入"

"本年财政拨款收入" = "财政拨款收入"的本年发生额
$$= 3\,533\,900（元）$$

（六）"本年财政拨款支出"

"本年财政拨款支出" = "经费支出"的"财政拨款支出"本年发生额
$$= 3\,348\,000（元）$$

（七）"年末财政拨款结转结余"

"年末财政拨款结转结余"的"结转" = "财政拨款结转"的年末余额
$$= 516\,000（元）$$

"年末财政拨款结转结余"的"结余"＝"财政拨款结余"的年末余额

$$= 68\ 400（元）$$

年末财政拨款结转结余＝年初财政拨款结转结余

　　　　　　　　　± 调整年初财政拨款结转结余

　　　　　　　　　± 归集调入或上缴

　　　　　　　　　± 单位内部调剂

　　　　　　　　　＋本年财政拨款收入

　　　　　　　　　－本年财政拨款支出

$$=（350\ 100 + 38\ 400）+ 0 + 10\ 000 +（30\ 000 - 30\ 000）$$

$$+ 3\ 533\ 900 - 3\ 348\ 000$$

$$= 584\ 400（元）$$

根据上述资料与计算结果编制某行政单位财政拨款收入支出表如表 3-5-8 所示。

表3-5-8　　　　　　　　　　　　　　**财政拨款收入支出表**

会行政 03 表

编制单位：某行政单位　　　　　　　　　2015 年度　　　　　　　　　单位：元

项目	年初财政拨款结转结余		调整年初财政拨款结转结余	归集调入或上缴	单位内部调剂		本年财政拨款收入	本年财政拨款支出	年末财政拨款结转结余	
	结转	结余			结转	结余			结转	结余
一、公共财政预算资金	350 100	38 400	0	10 000	−30 000	30 000	3 533 900	3 348 000	516 000	68 400
（一）基本支出										
1. 人员经费										
2. 日常公用经费										
（二）项目支出										
1.×× 项目										
2.×× 项目										
……										
二、政府性基金预算资金										
（一）基本支出										
1. 人员经费										
2. 日常公用经费										
（二）项目支出										
1.×× 项目										
2.×× 项目										
……										
总计	350 100	38 400	0	10 000	−30 000	30 000	3 533 900	3 348 000	516 000	68 400

知识归纳

　　财政拨款收入支出表是反映行政单位在某一会计期间财政拨款收入、支出、结转及结余情况的报表。财政拨款收入支出表各栏从左到右根据影响单位年度财政拨款增减变动的因素列示；各项目从上到下根据单位取得财政预算资金的性质列示。

　　单位财政拨款收入支出表中各项目的年初数、当年调整与变动数、本年收支数、期末数应与其收入支出表中的财政拨款收支项目对应；与其资产负债表中的财政拨款结转、财政拨款结余的年末数对应。

复习思考

- 财政拨款收入支出表各栏目之间有什么关系？
- 财政拨款收入支出表与收入支出表有什么对应关系？
- 财政拨款收入支出表与资产负债表有什么对应关系？